西明中文與生命價值

礦癡 著

鏡報文化企業有限公司　出版

本書內容不代表出版機構立場，作者文責自負。

書　名	**中西文明與生命價值**

作　者	礦　癡
責任編輯	鏡報編輯部
設　計	白宜建

出　版	**鏡報文化企業有限公司**
	香港灣仔告士打道 227-228 號生和大廈 2 樓全層
發　行	**聯合新零售（香港）有限公司**
	香港新界荃灣德士古道 220-248 號荃灣工業中心 16 樓
印　刷	**美雅印刷製本有限公司**
	香港九龍官塘榮業街 6 號海濱工業大廈 4 樓 A 室
版　次	2022 年 2 月第 1 版
規　格	152mmX230mm
定　價	港幣八十八元

國際書號	**ISBN 978-962-7315-61-2**

目錄

第二章   中西哲學比較   **141**

前言

本書從宏觀高度簡明地比較「中西文明」，旨在通過兩種「文明」的比較了解人類社會的整體發展歷史和現狀，探討「網絡全球化時代」人類社會價值觀重建的必要性和總體方向。

本書將人類社會分為五個層次，經濟、政治、社會、信仰、文化。人類社會是一個整體，分為五個層次只是為了便於觀察和總結，五個層次相互作用，經濟影響政治，政治也影響經濟；五個層次之間既有下一層與上一層之間的相互影響，也有隔層的影響；對不同層次的觀察最終都要放在人類社會這個整體中去理解與判斷。人類社會最高的層次是「文化」，「文化」[1]囊括人類社會所有領域的成就。人類文化是由具體「文明」[2]集合而成。按照《文明的衝突》的作者亨廷頓教授的分類，人類社會大致分為六個主要「文明」，本書是從這個角度使用「文明」這個術語，即帶引號的「文明」指「文化」的一個具體形態或發展路徑。「文明比較」是人類社會不同「文明」發展特點和發展路徑之間的比較，涵蓋了經濟、政治、社會、信仰和文化（「文明」的文化特點）之間的比較。

本書探討的「中西文明」指的是在發現「新大陸」之前歐亞大陸東端的「中華文明」和歐亞大陸西端、南端的所有原生的主要「文明」，統稱「西方文明」。「中西文明比較」是這兩大「文明」體系之間的比較，比較時間範圍從十幾萬年（舊石器時期）迄今。這樣定

【1】筆者經常用引號標示本書的專有名詞，與常用概念相區別。

【2】帶引號的「文明」指的是具體文明，不是人類整體性文明。

義「中西文明」的原因是，這是體量最大、差異最明顯、平行發展歷史最長的兩種不同「文明」。把亨廷頓教授六種「文明」的比較簡化為「中西文明」之間的比較，有利於捕捉人類社會的發展特點，有利於揭示「文明」發展不同路徑對當代人類社會發展的影響，有利於了解人類社會宏觀發展的整體脈絡。

人類社會五個層次的發展特點不盡相同，其中特點最為突出的是在經濟層次和政治層次。在這兩個層次，人類所有不同「文明」毫無例外地遵循兩個機制，一個是「市場經濟機制」（經濟領域），一個是「現代國家機制」（政治領域）。換句話說，在社會、信仰、文化這三個層次，不同「文明」還保持着各自的特色和不同的發展路徑，但是在經濟和政治兩層次，不同「文明」全部主動或被動地接受「市場經濟機制」和「現代國家機制」，也就是說，在人類社會發展歷史中，人類首次在兩個社會層次實現了「大一統機制」。礦癡把這個「大一統機制」稱為「現代社會結構」，即「市場經濟機制」與「現代國家機制」的結合。「現代社會結構」在全球全面普及（實現「大一統」）的時間並不很長，實現的標誌性事件是中國通過「改革開放」徹底改變了五千年「自然經濟」（後期為「計劃經濟」）的發展模式，全面融入了「市場經濟」。這是一個重大的歷史事件，它加速了「蘇東集團」為代表的「計劃經濟機制」的崩潰，令冷戰以「市場經濟機制」的勝利而結束。冷戰結束是這個「大一統」機制全面形成的第二個標誌。冷戰後，人類社會看到了在全球實現統一協調管理的可能性，世界貿易組織是人類社會在經濟領域走向國際協調管理的第一步。與此同時，網絡經濟為「經濟全球化」提供了強大的工具（信息公路），推動了經濟發展模式的變化，「全球化」發展形勢一片大好。人類開啟了一個嶄新的時代，本書稱其為「網絡全球化時代」。很顯然，「現代社會結構」是「網絡全球化」進一步發展最重要的社會基礎結構。

「市場經濟機制」在工業革命後形成，「現代國家機制」在「三十年戰爭」後形成，共同發展了數百年，其間發生了諸多變化，世界政治經濟發展格局從「帝國競爭」發展到「主義競爭」，最終實現了「大一統」。雖然當代政治經濟發展格局依然以「帝國競爭」和「主義競

爭」為主要特點，冷戰後的競爭出現了新的內涵，即「文明競爭」的內涵。換句話說，雖然人類社會的經濟政治結構實現了「大一統」，但是社會結構、信仰結構、文化結構的差異令不同「文明」對「大一統機制」不斷地作出各自的修正，「現代社會結構」內部出現了許多不同的發展道路，「文明衝突」越來越明顯，越來越深刻。

例如，基於「帝國競爭」和「主義思維」，蘇聯和美國都先後佔領了阿富汗，兩個超級大國都在阿富汗建立了符合自己價值觀的「社會結構」，然而，社會、信仰、文化的綜合能量令阿富汗變為「帝國墳墓」，實質性地消弱了兩個超級大國。阿富汗用了三十多年的時間，充分顯現了「文明」（文化）的內在能量，充分證明政治經濟理論和政治經濟機制無力改變「文明基因」【3】，充分證明「帝國」實力和「主義」理論無法征服以「文化國民」為核心的「現代國家」。

又如，中國戰勝新冠疫情依靠的是「文明基因」。沒有全民的自覺行動只靠政府的行政能量，中國不可能形成抗擊疫情的全民機制，不可能在青島實現七天測試兩千萬人次的奇跡。重視生命是中華民族價值觀最基礎的要素。居家隔離失去行動自由一個月，對任何人來說都十分痛苦，在沒有疫苗的情況下隔離是避免生病和抑制病毒傳播的唯一辦法，在不得不對生命與自由二者擇一的時候，中華民族選擇生命，這一價值觀幾千年來始終存在於中華民族的基因之中（文明基因）。這種價值觀與美國疫情期間民眾表現出來的價值觀截然不同。用百姓的話來說，華人認為，沒有了生命，要自由幹什麼？西人認為，沒有了自由，要生命幹什麼？這種價值觀的差異不是主義思維的產物，而是千年「文明」發展路徑不同導致的歷史慣性。

再如，中國的改革開放不僅把中國五千年「自給經濟」融入了「市場經濟機制」，而且加速了蘇東集團「計劃經濟機制」的崩潰，對世界形成「大一統」的政治經濟結構作出了重要貢獻。中國改革開放之後的「社會主義市場經濟」與蘇聯的「社會主義經濟」並不完全相同，遵循「市場經濟機制」，不僅有「主義思維」的影響，還有幾千年「家國情懷」和「大同世界」的影響。中華民族家庭與國家的關係建立在

【3】具體定義在第一章中說明。

「共生」價值的基礎之上，中國的國民是「文化國民」。換句話說，「文明基因」令中國在融入「現代社會結構」的時候，走了一條不同的道路。美國是缺乏文化凝聚力的移民國家，不同民族「共存」[4]於「現代國家機制」中，美國國民是集合在國家機制中的「利益國民」。在國家整體處於上升時期，「利益國民」高度團結，在國家整體處於下降時期，「利益國民」趨向分裂，在國家衰敗時期，「利益國民」各自東西，帝國分裂。這是歷史上「西方文明」中所有帝國的共同特點。美國在特朗普總統任期後期表現出來的族群分裂和價值觀分裂，充分顯現了「現代國家機制」和「利益國民」的特點。

最後，當代最重要的國際政治經濟衝突是「中美衝突」，特朗普總統開啟「中美貿易戰」是以「市場經濟機制」為主與中國競爭，拜登總統建立「民主統一戰線」是以「現代國家機制」為主與中國競爭，兩者都清晰地展現了「大一統」的「現代社會結構」具有內部分裂趨勢。雖然「中美衝突」主要表現為經濟和政治層面的競爭，但是絕對不可能僅僅局限於在政治經濟兩個層次，在其他三個層次上的衝突不僅十分明顯，而且具有強大的歷史慣性。在社會（種族）結構層次，中國以單一民族為主，美國以多源外來移民為主；在精神信仰層次，中國以哲學（人倫）信仰為主，美國以宗教信仰為主；在「文化」層次，中國以「融合文化」為特點，美國以「競爭文化」為特點。因此，「中美衝突」的深層次本質是「文明衝突」。再深入一步思考，當代美國是「西方文明」的集大成者，中國依然保留着五千年歷史形成的文化傳統，「中美衝突」本質上是「中西文明」衝突。很顯然，「中美衝突」（中西文明衝突）不僅限於經濟機制和政治機制，這兩個層次的矛盾衝突是顯性問題，「中西文明」在社會、信仰、文化三個層次的差別很大，認清這些差異對解決經濟和政治層次的問題至關重要。換句話說，如何看待「中西文明」差異關係到如何發展人類文明的問題。根據西方哲學的「存在論」，存在的即是哲學的，即是歷史的，即是合理的；從這個角度思考，本書「中西文明」的概念來源於社會實踐，

【4】在本書中，「共生」與「共存」是兩種截然不同的存在狀態。前者為互補結構，後者為零和結構。

而非學術概念，既有現實意義又有歷史意義。

迄今為止，探討「文明衝突」最為系統的理論是亨廷頓教授提出來的「文明衝突論」。亨廷頓教授用大量歷史研究證明「文明」的歷史慣性是導致當代社會矛盾的最深層次原因，這一理論遠遠超越了冷戰期間形成的「主義思維」，把人類觀察和研究「存在」的視野從政治、經濟、信仰層次提高到了「文化」（文明）層次。「文明衝突論」的總體判斷是，「文明」差異導致「文明」衝突，「文明」之間是相互征服的關係。換句話說，「中美衝突」（「中西文明衝突」）最終結果是一決雄雌，說直白些，導致一生一死的戰爭。礦癡同意「文明衝突」可能導致戰爭的判斷，但是認為，「文明差異」不是導致「文明」之間發生戰爭的根本原因，對「文明差異」的起源、特點和性質缺乏正確認識，是導致「文明」之間爆發戰爭的主要原因。戰爭，毫無例外，都是幼稚、愚昧、野蠻的結果，「文明」之間的戰爭也不例外，是人類文明尚處於幼稚階段的標誌，說明人類的意識形態中有許多「不文明」[5]的內涵。換句話說，衝突中的不同「文明」都認為自己是「正確」的，唯我獨尊，或者說得直率些，我的「文明」是文明的，對方的「文明」是不文明（野蠻）的，戰爭是決定勝負的唯一手段。

「文明差異」可以導致三種結果，一是衝突（戰爭），二是共存（和平共處），三是共生（優勢互補）。亨廷頓教授令人類社會首次從「文明」層次看社會問題，只看到「衝突」無可厚非。然而，在「文明衝突論」出現了幾十年之後，人類學界依然只研究「衝突」一途，卻是有着十分深刻的哲學原因和歷史背景。很顯然，只有正確認識「文明差異」的起源、特點和性質，從「共生」的角度看「文明」的發展方向，才能正確把握「文明」之間的關係。「中美衝突」也有三條道路，戰爭、共存和共生。由此可見，正確認識「中西文明」的起源、特點和性質是一項十分緊迫、十分重要的工作。

用男女之間差異來形容「文明」之間差異最為形象。如果不能正確認識男女之間的差別，男女結合為家庭，一定導致「衝突」，嚴重

【5】這個「文明」是形容詞，是人性超越物性的生存狀態。

的會導致「打架」，更為嚴重的導致傷亡。人類不同「文明」相互共存了數千年，各自形成了不同的「文明基因」，猶如男女形成了不同的「性別基因」。「網絡全球化」和「現代社會結構」第一次將所有「文明」放在同一個體系之中，猶如男女第一次共同組成「家庭」。在這個「大家庭」中，經濟利益、政治利益不斷刺激和放大不同「文明」之間的相互誤解，猶如柴米油鹽、孩子教育等問題，不斷暴露父母之間的性格差異。男女結婚成家，可以是打打罵罵一輩子，暴力家庭是後代繁衍的不利因素，嚴重的可以導致家庭絕種；男女結婚成家，也可以是相互理解一輩子，和諧家庭是後代繁衍的有利條件。「中西文明」之間為什麼只有衝突（打架），而沒有相互理解呢？有兩個原因。第一是迄今為止解釋「中西文明」的思想體系有些問題，即人類的哲學體系出現了問題，導致人類尚沒有清醒地認識「人類自我」這個整體，因此導致各種「文明」自高自大，相互衝突，人類整體上處於「精神分裂狀態」；第二是，人類從遠古迄今尚沒有一種社會機制培育人類的「整體意識」，人類不習慣從整體上看人類社會，尚沒有對「人類根本利益」形成共識。在這個大背景下，「中西文明」全面接觸和融合僅僅不到二百年，看清「文明」之間「精神分裂」的現狀尚需時日，人類社會更沒有找到融合兩種「文明」價值觀的方法，這是十分正常的現象。

　　人類實現「共生價值」的第一步是正確地認識人類自我，最重要的是正確認識人類整體，實現「人類自覺」。「市場經濟機制」通過競爭機制培育「個體自覺」，「現代國家機制」通過國家內部利益分享機制培育「群體自覺」（國家意識），迄今為止，人類尚沒有任何一種機制在培育「整體自覺」（人類自覺）。「網絡全球化」把人類整體顯現出來了，「大一統」機制（共存機制）強迫人類遵守一些共同約定，社會生產力的高速發展令「人類共同利益」顯現出來了（如環保意識），人類到了認真地看看人類整體的時候了，人類到了仔細想想如何建立「人類整體的共生機制」的時候了。「網絡全球化時代」呼喚思想革命，需要人類思想精英「轉變思想觀念」，不僅要認識到「文明」具有衝突、競爭、排他的性質，而且要認識到「文明」也有

互補、和諧、共生的性質。這一「轉變思想觀念」的過程即是形成「人類自覺」的過程。「中西文明」各自的發展歷史證明，社會跳躍性發展之前都有一個「轉變思想觀念」的階段，中國的改革開放、歐洲的啟蒙運動都是人類歷史上最重要的「轉變思想觀念」時期，都為實現社會跳躍性發展奠定了思想基礎。「自覺運動」【6】將是人類社會實現下一次飛躍的思想昇華運動。

本書分為三個部份。第一部份是「中西文明」歷史的比較，旨在說明「文明」差異確實存在，揭示差異是如何形成的，展現差異在當代人類社會發展進程中的具體表現。第二部份是「中西哲學」的比較，旨在說明中西哲學（信仰）都有各自的合理性和偏執性，揭示中西哲學（信仰）內在的互補性，提出治療人類「精神分裂症」的具體思路。第三部份是生命價值，旨在說明個體、群體、整體之間的關係，探討個體人認識生命價值和形成價值觀的修養過程。三個部份內在一體，互相印證，立體地剖析人類社會發展的歷史、現狀和未來。換句話說，三個部份都證明「文明共生」和「男女成家」是相同性質的社會問題，是人類社會的發展現實。

「自覺」是了解自我的生存狀態，是生命生發的基礎，是生命力增強的基礎。「人」有了「自覺」，才會有方向和動力。「自覺」程度的比較是「真」的比較，「自覺」是對自我生命所處真實狀態的認識。「自覺」有三個層次，「個體自覺」、「群體自覺」、「整體（人類）自覺」，簡稱「三自覺」。「三自覺」內在一體，缺乏任何一個，「自覺」不圓滿。例如，清晰了解（崇尚）「中華文明」價值觀但是排斥（貶低）「西方文明」價值觀的人，具有「群體自覺」缺乏「整體自覺」，反之亦然。生命品質的標準之一是「三自覺」的內在統一的程度，缺一個或者偏兩個都會導致精神分裂，在個體、群體、整體三個層次都具有「自覺意識」是生命品質高的標誌，是生命自然生發最愉悅的狀態。

歷史比較和哲學比較，側重從「群體自覺」和「整體自覺」兩個

【6】礦癡自創的名詞，用以與「啟蒙運動」相對應，指的是在網絡全球化時代實現「人類自覺」的思想革命運動。具體內涵是本書探討的主題之一。

層次探討「自覺」。對「生命價值」的探討，側重從「個體自覺」角度探討「自覺」，側重「個體自覺」與「群體自覺」、「整體自覺」之間的關係。本書從「生命與意識」、「生命與問題」、「生命與時間」三個角度認識生命生發過程和生命價值，認識「個體人」百年之壽的意義。在「人類自覺」的層次認識個體社會實踐的意義，是避免陷入精神分裂的必要條件；以「人類根本利益」為標準的社會實踐是提升和融合「三自覺」的最佳方法，有利於認識生命意義，有利於提高生命品質。由此產生的「敬業精神」是人類社會發展的無窮動力。通俗地說，社會存在「文明差異」，不了解「文明差異」對個體的影響，各行各業的從業者，無論事業做的大小，不能從「文明差異」這個層次了解自己，不了解如何向不同文明學習，肯定會限制個體的發展。只要稍許了解一些，不僅對事業，而且對提高自我修養會有益處。

筆者從事礦業約四十年，自嘲為「礦癡」。由於習慣於從礦業實踐看社會發展，形成了「從行業看天下」並「從天下看行業」的特殊視角，本書是一部長篇著作的簡寫版，涉及歷史學、哲學、社會學、政治經濟學等學科。礦癡並非這些學科的專業學者，因此觀察歷史的角度與專業學者截然不同。簡單說，學術界是用邏輯思維在研究歷史和社會，通過史實分析，抽象為概念，展開邏輯推導，得出學術觀察，建立理論體系。礦癡是用形象思維在觀察歷史和社會，通過判斷大輪廓，歸納出共象（共性）與具象（特性），展開比較與綜合，看清歷史脈絡。所有比較與綜合都始終與現實「存在」一脈相連。如果說現代社會科學是一幅強調寫真的西方油畫，本書則是一幅強調透視的中華水墨畫。本書中的術語「文化基因」和「文明基因」就是中國畫中的黑白二色。再換個角度說明，現代學術體系是以「史實」為根據展開邏輯推導，即邏輯思維的方法；礦癡是以「輪廓」為脈絡描述進程，即形象思維的方法；一個從下（具體）向上看，得出判斷、分析和體系；一個從上（整體）向下看，得出脈絡、特徵和共性。社會科學界甚至尚沒有系統地探索如何用形象思維做歷史和社會研究，礦癡作此探索，實為拋磚引玉，供學者們批判研究。本書與傳統學術研究的標準還有很大的距離，書中所用學術術語以及自創的術語從專業學術角

度看，未必準確，未必清晰，礦癡對由此產生的問題和誤導深表歉意。

與學術著作不同，書中觀點主要來自對社會發展的觀察，來自社會實踐的心得。由於注重脈絡和色彩，觀察歷史不受學科分類的束縛，不受學術術語的約束，渾然一體地融合各類學科。與其說本書是學術著作，不如說是生命日記，這一角度對分科別類地研究社會科學的學者們，或有借鑒意義。社會實踐的視角有利於將學術觀點、哲學觀點回歸到生活之中，有利於啟發從事各種行業的敬業者，大家都可從自己的社會實踐中觀察到「人類根本利益」，觀察到「個體自覺」、「群體自覺」、「人類自覺」的狀態，觀察到人類社會的整體方向，進而不斷提高「敬業」的層次與能量。

礦癡建立了一個網絡平臺，供有心得的讀者交流並對本書提出修改意見。由於中文關於「人類自覺」的網站設置已經被佔了，只能用英文設置，特此致歉。網站可以用中文和英文交流。交流網址是：https://mankindconsciousness.org

第一章

第一章
中西文明歷史的比較

在全面進入「中西文明」比較之前，礦癡試用最為宏觀的視野、最為抽象的概念高度概括人類社會從遠古走到今天所經歷的四個階段以及目前正在進入的一個新階段，共有五個階段。這五個階段是礦癡人為界定的，主要為了便於理解人類社會發展的階段性，它們對於分析「中西文明」差異也有重要作用。首先展現人類社會（包括中西文明兩者）整體發展的輪廓，有利於形成整體視野，令隨後展開的「中西文明」的比較有一個整體的宏觀背景，有利於防止精神分裂。這個宏觀背景框住了「中西文明」比較的範圍，即「中西文明」比較的本質是人類社會整體發展中不同「文明」或不同發展路徑的比較。

人類社會發展的第一個階段是「工具階段」，從遠古時期到「舊石器時期」。人類因為能夠利用「工具」開始與其他動物不同，不是依靠強大的肢體謀求生存，而是依靠大腦與肢體之間的協調運作謀求生存，這一特性延續迄今。在這個階段，「人」以遊獵採摘維生，沒有完全脫離動物發展的特點，最主要的野蠻特徵有兩個，一個是普遍有「人吃人」的現象，另一個是「亂交」。因此，對此時的「人」更為準確的稱謂是「類人」，即有發展為「人」的可能性，沒有發展為「人」的必然性。

人類社會發展的第二個階段是「定居」，形象地說，「人」從「動」物，變為「定（居）」物。第一，耕種養蓄令人類獲取食物的方法開始與所有動物完全不同，其結果是「人吃人」基本滅絕。石器、木器、

青銅器、鐵器是「物理工具」，這是人類認識外部世界的第一次飛躍；耕種養蓄是利用「生物資源」，這是人類認識外部世界的第二次飛躍。第二，「定居」令「人」開始形成家庭與社會結構，人與人之間的關係變化了，這一變化的直接結果是「亂交」現象逐步消亡，結果是優化了生育，人的品質（腦力或心智）提高更快。從這個意義上說，「定居」是人類文明[7]的隱性起點，是「類人」成為「人」的決定性階段。

人類社會發展的第三個階段是「文字」，「人」發明了記錄心得和總結經驗的「工具」，「用腦」[8]的成果被繼承下來，「人性」被充分釋放了。從這個意義上說，「文字」是「人類文明」的顯性起點。人類的心得與經驗大致分為兩種，一種是哲學，現在稱為「社會科學」；一種是科技，現在稱為「自然科學」。簡單地說，人類從「軸心時代」開始了系統性的「哲學思維」，雖然有了許多進展，學派主義之多，到了令人眼花繚亂的地步，但是對「軸心時代」提出來的一些根本性的問題，迄今尚沒有理想的答案。

人類社會發展的第四個階段是「科技」，從工業革命開始迄今，「科技」發展速度越來越快，網絡科技與傳統工具不同，不僅改變了人類的生產結構，而且改變了人類的社會結構，出現了意識形態意義上的「人以群分」[9]。總體上看，在這個階段，「社會科學」躊躇不前，「自然科學」突飛猛進。準確地說，「科技階段」是人類「工具階段」的高級形態，人類在認識「物質世界」方面實現了飛躍，在認識「人性」方面還沒有解決兩千年前想到的一些基本問題。歷史證明，「工具」先進滅絕不了「人吃人」的現象；歷史也在證明，「科技」發達提高「人殺人」（戰爭）的能力。起源於「定居階段」的「人倫意識」，沒有什麼重要的突破，人類對什麼是人，什麼是人類，什麼是「人類根本利益」沒有共識。「社會科學」不能指導人類社會實踐是人類社會不斷在戰爭與和平之間搖擺的根本原因。

【7】整體意義上的「文明」指的是人類的「人性」發展超越了「物性」的發展。

【8】嚴格來說，中華哲學談及人類「靈性」不言「用腦」，而言「用心」。後文採用括弧加心字表述。

【9】這個「群」指的是以「群主」為核心的信息交流群，以及個人所建立的社交群。它與遠古的「族群」截然不同，是更為高級的「集群」現象。

人類社會發展的第五個階段是「自覺」。「自覺階段」是人類「定居階段」的高級形態，是「人文心得」和「社會經驗」實現飛躍的階段，是人類正確認識人類整體的發展階段。「自覺」是人類社會發展的必由之路，雖然這個階段尚未到來，現在看，人類尚有實現「整體自覺」的機會。「自覺階段」未必一定到來，沒有「自覺」的人類只能有一個結局，在內鬥中自我毀滅，「文明衝突論」證明了這條道路的可能性，美國社會融合不同「文明」出現的困局，顯示了這條道路的現實性。

很顯然，五個階段的劃分重在描述人類社會整體的發展脈絡，「中西文明」都經歷了這五個階段，在進行「中西文明」的歷史比較即將結束的時候我們會再次回到「五個階段」，從特性比較回到共性歸納。

在人類社會發展的漫長歷史進程中，「中西文明」始終平行發展，雖然兩者之間的溝通從來沒有間斷，但是兩者始終沒有面對面地、全面地互相影響，一種文明（西方文明）統攝人類社會發展的現象只是近代 200 年左右（清末迄今）的現象。還用同一個例子，「男女」都聽到過對方一些情況，到鴉片戰爭時才初次見面，當時各自視對方為蠻夷，充分說明「男女」之間互不了解的狀態。「中西文明」全面接觸是在鴉片戰爭之後，在這 200 年左右的時間內，兩種「文明」尚沒有實現真正的相互了解，更沒有找到實現融合的切實路徑，甚至兩種「文明」價值觀的關鍵名詞術語在學術領域也沒有形成統一認識，沒有做到名詞統一。例如，「正義」與「仁義」是「中西文明」兩種價值觀的核心價值要素，兩個概念截然不同，一字之差，天壤之別。簡而言之，人類社會尚處於「精神分裂」狀態。換句話說，「現代社會結構」給出了「文明」融合的假象，「現代社會結構」猶如一紙婚約，依靠「婚約」維繫的共存，打架顯然是難免的。

當今人類社會的精神分裂（價值觀分裂）有三種狀態。世界上絕大多數受過中等教育的人（知識大眾）並沒有認識到人類存在這種「精神分裂」現象，不妨稱之為「無意識精神分裂」，一旦遇到系統性問題，他們「無意識地」用自己知道的價值觀作為衡量標準，他們大約佔「知識大眾」的 80%。這是第一種分裂狀態。「知識大眾」中少數

人（約佔總數的 20%），往往是大學學歷以上的部份人，認識到當今存在中西兩種不同的價值體系，如基辛格先生，法國總統馬克龍先生，其中大多數人「下意識地」傾向於認為自己熟悉的價值觀是正確的，不妨稱之為「下意識精神分裂」，這是第二種分裂狀態。「知識大眾」中極少數學者，第二類人總數的 20%【10】，往往是高水準的專業學者，他們深刻地了解中西價值觀的系統性差異，其中絕大多數人「主動地」而且堅定地信奉一種價值觀並排斥另一種價值觀，不妨稱之為「主動性精神分裂」，或許「重度精神分裂」更符合醫學說法，這是第三種分裂狀態。這個大致的、輪廓性的判斷說明了人類社會精神分裂狀態的普遍性和嚴重性。雖然歷史上許多哲學家、思想家提出過融合中西價值觀的設想，迄今為止，無論是在理論上還是實踐中，這一設想的進展微乎其微。迄今為止，這種設想在追求純粹的「學究界」，仍然被視為「異想天開」。礦癡希望通過系統的、簡明的「中西文明」歷史的比較，看清「中西文明」差異的起源、發展歷史和分裂現狀，在深刻認識多重價值差異的基礎上，認識融合中西價值觀的合理性、可行性和必然性，進而扭轉人類「精神分裂症」的惡化趨勢，與此同時，探索「中西文明」融合發展的理想路徑，推動實現人類的「整體自覺」（以下稱「人類自覺」）。

本書將中西「文明」（文化）歷史的比較分成三個時期：第一是遠古時期，重點是「石器文化」與「木器文化」的比較，比較的核心是以萬年為時間單位形成的「文化基因」，猶如「男女基因」；第二是中古時期，重點是遊牧文明（工商經濟）與農耕文明（自給經濟）的比較，比較的核心是以千年為時間單位形成的「文明基因」，猶如男女行為習慣；第三是現代時期，重點是「現代社會結構」的發展規律和內在悖論，比較的核心是以百年為時間單位形成的「社會結構」，猶如「男女婚約」。「現代社會結構」是以「西方文明」為主導形成的，是人類歷史上首次由一種文明主導、全世界通行的社會發展結構。萬年「文化基因」、千年「文明基因」、百年「社會結構」都具有極大的歷史慣性，都反映在以十年為單位的「社會潮流」中。因此，本書

【10】這裡的數字是應用二八率，而非實證數據，是為了說明問題的大致分類。

會反復使用「千年基礎」（文化）、「百年結構」（社會）、「十年潮流」（思想）這三個概念，以此形成立體的「文明」比較並彰顯「文明」發展脈絡。通過歷史比較，我們可以看到這種歷史慣性不僅深刻地影響了兩種「文明」的形成與發展，還會深刻地影響人類社會未來的整體發展，不但能夠捕捉到當前人類社會一些重大社會問題的來龍去脈，而且能夠展望人類社會未來的發展趨勢。

1. 遠古時期

遠古時期與中古時期的界限是「定居」【11】和「文字」的出現。「定居」始於一萬多年前，「文字」出現於六千多年前，兩者共同構成了文明的起點；遠古時期若取文明的隱性標誌始於一萬年前，若取文明的顯性標誌始於約六千年前。如前所述，本書以「大輪廓」為原則，時期的時間劃分是相同原則。為了避免人類學關於人類起源問題的爭論與分歧，「遠古時期」以舊石器時代為主，到非洲「古人」【12】遷徙到歐亞大陸東西兩端形成「定居文明」為止，從這個時期的特點看人類社會發展路徑的差異。

歐亞大陸東西兩端遠古文化發展環境有三個最為重要的、客觀性、基礎性差異：1）地理氣候，2）生物資源，3）工具資源。三大客觀條件的截然不同以萬年為時間單位塑造了中西「古人」不同的「文化基因」。在三大差異之中，「工具資源差異」對遠古時期「文化基因」的形成和發展方向，影響最為明顯，最容易判斷。

1.1. 工具資源差異

遠古時期中西古代文化的客觀分界限是「默韋斯界限（Movius Line）」（亦稱「莫維斯線」），參見（**圖1**）。「默韋斯界限」標示出舊石器時代「古人」主要工具「阿舍利手斧」（**圖2**）的分佈界限，界限南方「阿舍利手斧」多，界限北方「阿舍利手斧」少，甚至沒有。這是百萬年左右「類人」生存條件不同的最鮮明反差，換句話說，它

【11】筆者常用引號表現：1）專有名詞（漢字沒有專有名詞標識方式），2）字數較多的概念，3）強調（猶如黑體字的作用）。這裡是第一個用途。

【12】本書的專有名詞，泛指「遠古時期」的人類的祖先，為了避免陷入人種學的細節。

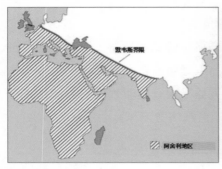

圖 1 默韋斯界限

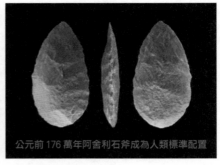

公元前 176 萬年阿舍利石斧成為人類標準配置

圖 2 阿舍利手斧

是石器工具（文化）與木器工具（文化）的分界線。西方遠古文化可以稱為「石器文化」，中華遠古文化可以稱為「木器文化」。

證明百萬年左右古人發展特色的「史實」很少，有兩個歷史事實可以說明「石器文化」與「木器文化」發展特色不同。

一個是西方「古人」最早的大規模定居地是山麓地區（如新月地帶），中華「古人」最早的大規模定居地是河灘湖灘（如良渚文化），兩種定居文明出土的石器工具數量、石器建築的數量，差別極大。從石器數量（大輪廓）中可以知道「中西文明」發展的客觀環境不同。

第二個是在八十萬年前，一顆大型隕石墜落到中國百色地區，形成百色盆地，持久的大火焚毀了原始深林，當地開始出現阿舍利手斧，數百年後原始森林恢復原貌，阿舍利手斧消失。很顯然，界限以北阿舍利手斧稀少，不是因為當地「古人」製作工具的能力有限，而是因為原始植被茂密，製造大量石器工具的資源較少。把「默韋斯界限」視為古人類智力高低的界限是十分膚淺的判斷。

提出「木器工具」的概念並不是說在遠古時期「默韋斯界限」以北的中華「古人」不用石器工具，或西方「古人」不用木器工具，而是強調界限以北的「古人」以木器工具為主，石器工具為輔。「木器文化」這個術語沒有推翻舊石器時代、新石器時代的歷史劃界方法，只是強調在「遠古時期」，中華「古人」的大型土木工程用木器工具多些，因此，「木器文化」的術語更能夠反映中華「古人」社會發展的特色，更能突出「中西文明」遠古時期生存條件的核心差異。通過

「默韋斯界限」觀察遠古時期「石器文化」與「木器文化」的差別，有利於把握中西文明在中古時期的發展脈絡。

根據基因研究，「古人類」遷徙路徑有兩條，一是沿着石器較為豐富的地區從南向北進入現代中亞，再從西向東進入東亞次大陸；一是沿海岸線進入南亞，再向北進入東亞次大陸；非洲「古人」進入亞洲大約在 3-6 萬年【13】前。這表明擁有石器之利的「古人」在遷徙過程中有一個征服和同化當地「古人」的過程。

進入歐亞大陸東端的兩條遷徙路線中，南方路線的「古人」在現代中國南部形成具有「石器文化」特點的群體，如三星堆和西藏南部古「文明」；北方路線的「古人」進入黃河中下游流域，流域覆蓋着茂密的原始森林，被當地「木器文化」改造，如半坡文化、紅山文化。這兩條路線的文化發展差異性對中華文明的發展始終有着重要影響，在「中古早期」表現為夏夷之別，殷人重「神」，周人重「天」，在中華文明形成「大一統」文化之後表現為湘楚文化與陝北文化之間的差別，稱其為中華文明的「南北兩脈」，十分貼切。

無獨有偶，「古人」在歐亞大陸西端也形成了兩條發展路徑，南方路線在現代歐洲形成了典型的「石器文化」，如埃及、蘇美爾、赫梯、克里特等「文明」，這些「文明」都有極強的宗教意識；北方路線在歐洲形成了特殊的「木器文化」。歐洲的「木器文化」在遠古時期不甚明顯，但是在中古時期北方「木器文化」形成的社會有兩次給歐洲南部構成重大影響，一是雅利安人南遷，二是「蠻族」征服羅馬帝國；在中古時期的後期，天主教與新教的分裂背景也有「石器文化」與「木器文化」差異的影響；遠古時期的「木器文化」是現代北歐社會意識形態最深遠的歷史背景。將這兩種文化的共同發展稱為「西方文明」發展的「北南兩脈」，十分貼切。

「石器文化」與「木器文化」的術語主要是指的在「定居」和「文字」出現之前中西「古人」生存方法的差異，包括非洲「古人」大遷徙之前不同自然環境對歐亞大陸不同地區各類「古人」的塑造，也包括 6 萬年前到 1 萬年前這一時期非洲「古人」征服當地「古人」同時

【13】時間不同是不同研究的判斷不同，不影響以萬年時間單位形成「文化基因」的判斷。

受當地「古人」影響所形成的文化差異，這些差異以萬年為時間單位形成「文化基因」，這一判斷來自對遠古時期「中西古人」生存條件差異的思考。

雖然歐亞大陸東西兩端都有原始的「木器文化」，但是，兩者的整體發展環境完全不同，「中華文明」是「木器文化」持續發展的結果，與「石器文化」為基礎的「西方文明」構成了人類文明的「東西兩脈」。這個大輪廓是我們展開「中西文明」比較的最為宏觀的文化背景，是「古人」遺傳給人類最深層次的烙印。

1.2. 工具是人與動物分界的起點

遠古時期的「古人」依賴「工具之利」成為動物世界的征服者，然而，此時的「人」本身依然是以動物特性為主，稱為「類人」（類似人）較為準確。「工具」是「人」與動物分界的起點，「類人」認識到可以利用自然條件（石器）保護自己，獲取獵物。這一「意識」來自對自然的認識[14]。

徐進先生認為，人類文明首先起始於認識「天」，根據星象判斷方向和季節變化，徐先生稱其為「識天文明階段」[15]，大約在十萬年前；此後是「識音文明階段」，大約9000年到10000年前；再後是「識字文明階段」，大約5000年到8000年前；此後有文字的人類歷史亦稱為文明史。徐先生通過區別「識」的內涵，界定人類意識形態發展的階段性，豐富了對遠古早期「人類」發展階段性的觀察方法，也是一種界定「文明」的角度，極具創造性。礦癡因此也使用他的這種階段分類法作為本書階段性劃分的輔助性參照，將此「遠古時期」或「類人文化」發展階段同時稱為「識天文化」階段。

把「識天」階段稱為「識天文化」而不是「識天文明」主要的考慮是擁有「工具」的「類人」有變成「人」的可能性，沒有變成「人」的必然性。因此，一萬年以前的「遠古文化」是人類發展的「原始階段」，以動物特性為主，雖然不同區域的「類人」逐步形成了各自的

【14】採石料、加工石料是當時的「高科技」行業，是人類認識外部世界的原始過程。

【15】這裡「文明」一詞不是單一「文明」的概念，是人類整體文明的概念。

「文化基因」，例如，形成了族群內部溝通的語言，但是尚沒有形成人類的「文明基因」，「獸性」大於「人性」。「原始時期」或「類人時期」的判斷主要來自三個角度的觀察。

第一，「人食人」的現象比較普遍。由於語言能力較弱，語言溝通不便，「類人」族群之間無法溝通，或溝通能力很差，大的族群之間是你死我活的生存競爭關係，這與動物族群的生存方式差異不大。族群間的敵視現象在現代非洲「現代文明」發育較弱的地區依然存在。

第二，血緣關係混亂。「類人」依賴遊獵採摘維生，族群始終在遷移過程中，尚未形成穩定的社會結構，族群內部血緣關係混亂，「性亂交」現象比較普遍，此時的族群屬於動物群居的性質並不具有「人類社會」的性質。「中古時期」遊牧民族搶親的習慣是「類人文化」的殘留。在澳大利亞土著人保護區，「亂交」現象依然存在。

第三，知識水平十分「原始」。遊獵採摘是利用「工具」獲取外部資源，知識水平尚在「物理知識」的水平，或「原始水平」，尚沒有上升到「生物知識」的水平，生存方式對腦力需求較低，因此，「類人」的智商水平低下，尚沒有到「人類」的水平。在澳大利亞，迄今依然依靠遊獵採摘生存的土著人，普遍智商較低，在 60 以下。

1.3. 定居是人類文明的起點

「定居文明」早期沒有文字，如新月地區文化和良渚文化。耕種蓄養與遊獵採摘不同，是人類生存方式（經濟基礎）的質的變化，人類學會了培育自己的食物，生存方式從「動」轉為「定」，從此開始與其他動物截然不同。耕種蓄養需要人群管理，需要穩定的家庭關係；需要總結生產規律，需要記事方法，如結繩記事；這些都是人類生產關係和社會關係的重要變化。

對於文明的起點，學者們眾說紛紜，礦癡贊成徐進先生對「識天」能力的重視，「文化」起始於對「天」的認識，沒有對「天」的認識，沒有對季節的掌握就沒有耕種定居。然而，只有到了耕種蓄養的階段，「識天」內涵更加豐富了，才令「文化」發生質變，成為「文明」的最早標誌，因此「定居」是人類認識「天道」的真正起點。

「定居」成為「文明」起點的最重要原因是「人類」知識水平從物理知識（工具理性）上升到「生物知識」（有機意識），這一點至關重要，因為「用腦」這一人類特點得到充分發揮，結果很明顯，依靠「腦力」（智商）「定」於一地的「人類」能夠戰勝南征北戰、能征善戰的「類人」。知識內涵的變化是人腦更為發育的前提。因此，以新月地區和良渚文化為代表的「定居文明」（耕種蓄養）是人類文明的最早形態（起點），是「人」作為一類動物，與其他動物發展路徑不同的起點與標誌，「定居」是文化的昇華，文化昇華為文明，是「人類社會」的起源。換句話說，「人類」成為「定」物，「類人」依然是「動」物。

「定居文明」帶來的一個最重要變化是出現了家庭和複雜的社會管理結構，其意義遠遠大於對外部世界的認識。人與人之間的關係發生了重大變化，倫理價值出現了，證明人類社會進入了「識音文明」，即通過語言實現人類內部的充分溝通。家庭帶來的外在變化是「人食人」和「亂交」的「獸性」現象減弱直至消失，內在變化是優生優育，「社會結構」的變化所形成的物種進化（飛躍）令人類開始與動物截然不同。

遊獵採摘文化最高階段是原始的「識音文化」，無法達到「識音文明」，即無法表達深層次的情感意識，更不需要文字；耕種畜養文化需要文字，更重要的是，需要形成穩定的社會結構。我們從當代人類社會「文明」發展過程中是否有「中古時期」的「定居」歷史，可以看出不同「文明」的文化差異。

歐洲人殖民非洲之前，南部非洲「人」以遊獵採摘維生，沒有「定居文明」；澳大利亞許多土著人迄今在保護區內以遊獵採摘維生，不適應「定居文明」；兩者都屬於「類人文化」，不屬於人類文明。澳洲的土著文化歷史悠久，一些岩洞在 4-5 萬年前就有「類人」長期居住，人倫關係混亂是澳洲土著保護區內的一種社會現象。類似的原始社會在亞馬遜森林等與世隔絕的地區依然存在，這些社群是人類遠古時期的「活化石」。「原始文化」以萬年為時間單位培育「文化基因」，速度慢是因為遊獵採摘的生存方式與耕種蓄養的生活方式相比較，工

具十分簡陋，對提高智力水平的需求較少。由此可見，「工具」雖然具有令人類發展智力的功能，但是，如果生產方式和生存方式不改變，完全依賴自然，「古人」最多發展到「類人」階段。

這一觀察對於「科技」時代的人類發展有着十分重要的啟迪。「科技」（工具屬性）的高速發展不能改變「人吃人」的「獸性」。同時，由於知識內涵的變化（電子網絡），人類社會結構和倫理意識隨之產生變化，科技的社會屬性令「人類自覺」成為可能。人類需要改變社會結構以適應知識內涵的變化，才能提升人類的「人性」水平，才能實現再一次的飛躍。對於「科技」的工具屬性的觀察心得，在「現代時期」一節再進一步展開討論。

由於歐洲早期對非洲的殖民形成「定居文明」，非洲社會出現跳躍性發展，從整體上進入了人類文明的發展軌道（現代文明）。然而，非洲鄉村社區目前依然以部落文化和口語文化為主，非洲自有的文明基礎（文字和信仰）剛剛開始發育，非洲雖然採用了「現代社會結構」，但是社區還需要時間逐步適應「現代社會結構」，逐步夯實非洲自己的文明基礎。

中國苗族文化在西方傳教士到達以前，是刀耕火種的「定居文明」，沒有自己的文字。由於地處偏僻，且有很強大的種族信仰，「中華文明」數千年都沒有能夠同化苗族文化。傳教士柏格理（Samuel Pollard）和幾位中華學者借助拉丁拼音方法，採用苗族服飾上的一些線條符號，為苗族創造了拼音文字（老苗文），借助「老苗文」（拼音文字），石門檻地區的苗族人很快學會了英語，苗族整體文化水平得到了迅速的提高，甚至超越了當時清朝漢族的平均文化水平。苗族文化的發展歷史充分說明了「定居文明」（刀耕火種）與「文字文明」之間的關係。最為重要的啟發是，如果有了「定居文明」，「文字文明」可以迅速建立起來，這與非洲不同「文明」的發展規律十分吻合，文明發展出現了「一年等於十年」的驚人速度。苗族「文明」與非洲「文明」的發展，相互印證了「定居文明」的重要性。

從智商角度也可以看出來「定居文明」對「人」的整體影響。經歷過「定居文明」的歐洲白人，平均智商約 100，受歐洲白人「定居

文明」影響數百年的美國非洲黑人平均智商接近 90，沒有「定居文明」的澳洲土著人平均智商 60 左右。很顯然，「定居文明」（識音文明）是人類聰明才智發生飛躍的重要階段，稱其為「文明起點」恰如其分。

研究非洲歷史的時候，可以將非洲分為「有古代定居文明地區」和「無古代定居文明地區」兩大類，兩種地區的社會發展特點不同。例如，當代非洲面臨的最大健康問題之一是愛滋病的影響。非洲愛滋病疫情嚴重程度的地理分佈圖（用顏色標明嚴重程度）說明，北非愛滋病疫情很少，越往南方，愛滋病疫情越嚴重。很顯然，北非近萬年的「定居文明」（古埃及文化和迦太基文化）和數千年的文字文明令北非人形成了較為清晰的倫理意識，這是一種深層次的社會意識，猶如基因變異，導致這些地區「亂交」的性行為較少。非洲愛滋病分佈圖與非洲古代「定居文明」分佈圖說明以萬年為時間單位形成的「文化基因」和以千年萬年為時間單位形成的「文明基因」對人類社會的深刻影響。定居的生產活動形成勞動意識和倫理社會，這些都是南部非洲必須補上的歷史課內容。

把澳洲土著人的自然生存狀態與「非洲南部文明」發展進程、「苗族文明」發展進程三者在「現代文明」框架下進行比較，可以得出一個「常識」判斷，人類整體文明的形成時間僅僅一萬年左右（定居開始），人類從動物生存狀態（原始文化）進化到現在的生存狀態（現代文明）的時間很短，人類賴以自豪的精神世界在這一萬年期間得到了突飛猛進的發展，這一跳躍式發展的起點是人類改變了動物生存的模式，從「動」到「定」，從追逐食物轉變為培育食物。

「前文字定居時期」是從「定居文明」出現到「文字」出現之間的數千年時間，這一階段是「人類文明」的孕育階段，猶如嬰兒時期。人類四大古代「流域文明」都經歷過這個階段，例如，中華「古人」種植稻穀和粟黍的歷史約有一萬年，賈湖古笛（識音文明）出現在 9000 年前，文字符號（賈湖刻符）的出現約 8000 年，良渚文化的莊橋墳遺址出現了早期刻畫文字，比甲骨文早了 1000 多年，「中華文明」大約有 5000 年文字孕育時期。「西方文明」從「新月地區」（一萬年前）開始「定居文明」，到蘇美爾農耕文明時期產生了以象形為

特點的楔形文字（6000 年前），其間大約有 4000-5000 年文字孕育時期。很顯然，「前文字定居文明」是歐亞大陸兩端產生「文明標誌」（文字）的決定性階段，是「人」作為一類動物（人類），從「動物生態」（原始文化）進入「人類文明」的關鍵時期。這一時期對「文字」形成的方法和文字形態具有重要影響，這是「文化基因」顯性表達的開始。

在這裡必須強調，「石器文化」強於認識物理世界，「木器文化」強於認識生物世界，雖然「石器文化」考古遺跡較多，並不等於「石器文化」在意識能力開發上高於「木器文化」，很可能恰恰相反，因為利用木器工具的難度遠遠大於利用石器工具；同時，對外部世界的理解，生物角度更為複雜，理解難度更大。這正是「工具」是文化的開端而「定居」才是「文明」開端的根本原因。

1.4. 產生「文化基因」差異的三個客觀條件

簡而言之，工具資源、地理氣候、生物資源三大客觀條件的差異是「古人」三萬年至六萬年前進入東亞之後逐步形成不同「文化基因」的主要客觀原因，因此，「文化基因」是以萬年為時間單位形成的。「中西文明」從「定居文明」到「文字文明」之間有 4000-6000 年的「文明孕育期」（前文字定居時期），在這個時期，「中西文明」的「文化基因」得到充分發育，差異在進一步擴大、固化，最終導致「中西文明」形成各自不同的「文明基因」。

1.4.1. 中華遠古文化是「木器文化」

四大「古代文明」中只有「中華文明」在「遠古時期」全部處於「默韋斯界限」的北方，屬於「木器文化」。這一差異怎麼強調也不過分，這是「中華文明」持續五千年不斷的根本原因。「木器文化」的特點在「前文字定居時期」有充分表現，良渚「古人」建築了底寬10多米、長 5 公里的水壩和 30 萬平方米、高 10 米的地基，這些規模巨大的土木工程即便在現代也頗費時日，重要的是，良渚文化石器數量、石頭建築遠遠少於西方古代定居點，這說明中華「古人」用木器工具在湖灘地區可以形成大型社會。

1.4.2. 西方遠古文化是「石器文化」

西方三大「古代流域文明」都處於「默韋斯界限」南方，屬於「石器文化」。「西方文明」最早出現「定居文明」的新月地區是山麓地帶，不僅工具以石器為主，建築主要結構亦用石材較多。相比之下，在「前文字定居時期」中華「古人」不可能用石材做建築。

1.4.2.1. 工具差異和環境差異產生思維方式側重差異

石器和木器兩種工具的差異，山麓地區與森林地區的環境差異，導致中西「古人」觀察外部世界的角度截然不同，思維方式和思維習慣的不同是兩種文化發展結果不同的最基礎性的原因。礦癡稱這種思維方式側重的差異為「文化基因」差異，是以萬年為時間單位逐步形成的，迄今依然表現在「中西文明」社會發展的方方面面。

「石器文化」重視工具製作，長於工具理性，生成「造物主」意識，重視開發外部世界；迄今為止，西方宗教與哲學始終在論述和研究「造物主」或「初始動力」或「絕對真理」。西方哲學以「本質」為核心界定「本體」的「本體論」來自「石器文化」的影響。總而論之，「石器文化」側重於邏輯思維方式。

「木器文化」重視生物生長規律，長於感悟理性，生成「天地人」意識，重視開發內部潛力；迄今為止，中華宗教與哲學始終在論述和研究「陰陽五行」或「天道性理」或「常理」。「中華哲學」以「整體」為核心界定「本體」的「本體論」來自「木器文化」的影響。總而論之，「木器文化」側重於形象思維方式。

「石器文化」的工具效率更高，經濟發展速度更快，社區規模較大，「定居文明」的古代歷史遺跡較多；相比之下，「木器文化」的工具效率較低，經濟發展難度較大，社區規模較小，「定居文明」的古代歷史遺跡較少。伊安·默里斯先生所創的「東西文明發展水平比較曲線」充分說明了「西方文明」在「前文字定居時期」的發展程度高於「中華（東方）文明」，這是兩種「文明」發展差異的顯性標誌。

中華古代社會能夠克服工具不便，保持與西方古代社會大致

平行發展的勢態，證明「木器文化」具有獨特的創造性。例如，由於石器資源有限，「中華文明」發明陶器遠遠早於西方文明，陶器的發明說明中華「古人」的創造能力已經到了可以改變原始資源結構的水平。根據陶器出現較早的現象，有學者推測，西方古代社會是「烤食文化」，中華古代社會是「煮食文化」，兩種「古人」卡洛里攝取量的差異支持這一判斷。

1.4.3. 地理氣候差異和生物資源差異的影響

中西遠古社會在地理氣候和生物資源兩個領域有重大不同，這些客觀條件以萬年為時間單位影響着「中西文明」的發展方向，這些客觀條件迄今沒有很大變化，只是對社會發展的影響力從顯性變為隱性。這些客觀條件在「遠古時期」對中西兩種「定居文明」的發展路徑具有重大影響，發展路徑的差異持續至今。

西方「定居文明」處於歐亞大陸西部南緣，特點是：（1）地理結構複雜、氣候種類眾多，不同地區物產、資源的差異較大；（2）單一「文明」的發展縱深不大，區域「文明」各自獨立發展，「文明」之間發展差距較大，發展差距過大的時候出現征服性戰爭；（3）遊牧經濟與農耕經濟並存，遊牧經濟十分發育。例如，「古埃及文明」地處「一河流域」，「巴比倫文明」和「古印度文明」地處「兩河流域」，流域範圍限制了「流域文明」的發展範圍，都是範圍有限的「地理閉路體系」【16】。這些特點決定了西方「定居文明」的文明孕育路徑，這一路徑的主要特點包括：「區域文化（文明）」具有資源互補（貿易）的關係，同時具有爭奪資源的動力；貿易很早成為西方古代社會發展的經濟基礎。例如，蘇美爾「農耕文明」缺乏石料資源，依賴「貿易」從上游流域獲得「石器工具」和石料。

中華「定居文明」地處「東亞次大陸」，特點是：（1）地理區域面積相對較大，處於面對季風的北溫帶，氣候變化規律性較強，相比「西方文明」東亞次大陸整體的地理氣候共性較多；（2）單一文化（文明）發展縱深較大，地理區域宏觀氣候差別較小導致物產資源的差異較少，農耕經濟十分發育，貿易與遊牧經濟不甚發育；（3）

【16】許倬雲先生描述古埃及文明時的術語，本書多次、多層次地採用這一術語。

地理構造的切割形成獨立發展的小型「地理閉路體系」，各個區域宏觀聯繫較多，微觀自成體系，由此形成「大一統」且「重割據」的文化特點。三個宏觀條件的不同使得「中華文明」的「區域文化」之間的差異與「西方文明」的「區域文化」之間的差異相比較，相對較小。地理區域面積大和氣候一致性是東亞「古流域文明」與西方「古流域文明」發展路徑不同的決定性原因之一。例如，中華古流域「文明」起源於兩河流域（長江和黃河），逐步擴展到四河流域，包括珠江和黑龍江。在中華「古流域文明」擴展到最大的時候（唐朝），西方三大「古流域文明」已經基本消失。由此可見，地理區域大是導致「中華文明」歷史延續性強的主要客觀原因之一。

西方遠古社會地理氣候、生物種群的「多元化」與中華遠古社會地理氣候和生物種群的「一元化」對兩種社會的經濟、政治、社會的發展模式具有重大影響。「西方文明」此後的「遊牧文明（工商經濟）」和「競爭霸主」的政治發展模式（霸道政治）以及「中華文明」此後的「農耕文明（自給經濟）」和「改朝換代」的政治發展模式（王道政治）反映了兩種社會客觀環境的差異。

1.5.「文化基因」差異是思維方式的差異

礦癡將以萬年為時間單位形成的「文化基因」定義為「思維方式」，中西「文化基因」的差異是「思維方式」的差異。「思維方式差異」主要表現在兩個方面：1）思維角度的差異——外向思維與內向思維的側重不同；2）思維方法的差異——邏輯思維與形象思維的側重不同。外向思維與邏輯思維自成一體，統稱為「邏輯思維方式」，以「邏輯判斷能力」為標誌，擅長「推演法」；內向思維與形象思維自成一體，統稱為「形象思維方式」，以「形象感悟能力」為標誌，擅長「歸納法」；「中西文明」各有側重，故統稱為「思維方式」的差異，俗話說，思維習慣不同。

「思維方式」的概念比較抽象，不容易理解。思維有兩種大的方法，一種是「推演法」，一種是「歸納法」，邏輯思維側重於「推演法」（推理），形象思維側重於「歸納法」（概括），用「推演」與「歸納」

作為兩種思維方式的特點，能夠鮮明地勾畫出「中西文明」「思維方式」的差異。楊振寧先生對此發表過專題文章。「思維方式」是「文化基因」這一定義有幾點需要說明。

第一，「邏輯思維方式」和「形象思維方式」並非相互排斥的思維方式，而是共生狀態，正像個體人思考，既要用「推演法」，也要用「歸納法」一樣。任何一個正常人或人類族群，不可能只有邏輯思維而沒有形象思維，反之亦然。「中西文明」的「思維方式差異」（文化基因差異）指的是習慣性差異（側重不同），並不是指一種「文明」只有外向角度沒有內向角度，只有邏輯思維沒有形象思維，而是較為偏重其中的一種，猶如有人習慣用左手，有人習慣用右手，僅是習慣性差異。

第二，「邏輯思維」和「形象思維」既沒有對錯之別，也沒有高低之分，都是人類必不可少的思維方式，然而，偏重一種思維方式，會導致社會發展出現系統性偏執。這種偏執現象在「中西文明」五千年文明發展歷史中十分普遍，延續迄今。

第三，雖然沒有對錯也沒有高低，但是兩種思維方式確有難易之分。邏輯思維容易理解，形成的思想也容易應用；形象思維不容易理解，形成的思想也不容易應用。例如，西方哲學中的邏輯學很容易系統地掌握，數學很容易入門；「中華哲學」中的「易經」思想很難系統地掌握，心學不容易入門。總體上說，兩種思想的應用難度差別更大。因此，「西方文明」的思想精英們把邏輯思維視為「先進」，「中華文明」的思想精英們把形象思維視為「高明」，兩種觀點都是「文化驕傲」的表現。

第四，「思維方式差異」的歷史慣性具有極大的影響力，猶如「基因差異」的影響力，這是將「思維方式」定義為「文化基因」的根據。以萬年為時間單位觀察「物理現象」（石器文化）和以萬年為時間單位觀察「生物現象」（木器文化），自然會形成不同的宇宙觀、世界觀、人生觀，自然會形成不同的思維習慣，這種歷史慣性猶如「基因」遺傳，自然存在，不易察覺。這是「常識」。但是如果簡單地把「常識」歸納為「科學判斷」，往往令習慣邏輯思維的學者們不易接受。男女

性別不同，染色體組合不同，存在「遺傳差異」較好理解。有「定居」歷史的民族智商較高，沒有「定居」歷史的民族智商較低，這種數千年歷史發展軌跡的差異形成「遺傳差異」也比較好理解，相對容易證明。然而，「中西文明」因為古代「工具」和「地理環境」差異產生「文化差異」，進而兩種「文明」表現出「基因性質」的差異，這些差異在現代社會中有清晰表現，這一「常識性」判斷不難理解，雖有道理，由於很難證明，因此令人難以立刻接受，特別是令專業學者們難以接受。礦癡認為這是人類學對遠古時期研究不足的結果，以及人類研究歷史偏重「邏輯思維」、輕視「感悟意識」的結果。

如果用萬年為時間單位，用百萬年、幾十萬年、幾萬年、一萬年這樣的「級數時間段」作為比較參照，即用超長歷史視野來看人類進化，通過非洲變革、澳洲土著人社區、苗族文化發育特點等社會發展案例進行分析，進行「同質比較」【17】，我們才能發現「文化基因」的存在，深刻理解「文化基因」的形成過程。客觀事實是，人類都來自非洲「古人」，非洲「古人」的基因遍佈全球，從人類學角度看，到了當代，「古人」的基因已經變化萬千，智商差異只是眾多可以衡量的差異中的一種，而且絕非僅有的一種變化，「文化基因」是眾多變化中的一種而已。

「智商」受萬年「文化模式」的影響，表現為「基因性質」的差異，可以理解，因為可衡量，學術界接受；「思維方式」受萬年「文化模式」的影響，也會表現為基因性質的差異，可以理解，不可衡量，學術界不接受。雖然思維習慣差異表現為不同「文明」歷史行為的一貫性差異，即「文明差異」，衡量「文明差異」的難度很大。解決這個問題要用「歸納法」，首先要「簡化歸類」，把諸多「文明」簡化歸類為最具代表性的兩種「文明」，然後對兩種「文明」作系統性的比較（同質比較）。由於兩種「文明」都是「人」的文明，因此可以從比較中找出共性（人性）和差異（文化），最後用「聯想」勾畫出人類整體

【17】同質比較是對相同性質的事物進行比較，進而發現它們之間的共性或規律，這是形象思維研究問題最為重要的方法。本書對所有涉及到的社會科學問題都採用「同質比較」的方法進行分析和理解，因此得出許多與現有理論體系截然不同的判斷，豐富了人類社會科學研究問題的方法。

的特點和區域「文明」的差異。「簡化歸類」和「聯想勾畫」都是形象思維的思考方法（歸納法）。這是中華「古人」畫八卦的思考方法。

考古可以發現古人類社會石器工具的數量差異（默韋斯界限），但是不可能通過考古發現來證明「石器工具」和山麓環境以及「木器工具」和森林環境對遠古時期人類精神世界的影響，很顯然，採用「實證方法」研究歷史有局限性，具體事物可證，抽象事物難證。了解「古人」精神世界發展的差異，需要採用「同質比較」的方法，即在現代用設身處地的方法實際證明客觀環境對人類行為的影響；同時也可以用「感悟能力」設身處地地想像數千年叢林與山麓這兩種不同環境對人類行為的影響。「同質比較」和「感悟方法」可以判斷總體輪廓，判斷「質」的異同，但是不能量化差異，因此，對認識缺乏實證可能性的宏觀抽象問題具有重要的判斷作用。「同質比較」和「感悟方法」是形象思維判斷問題最重要的方法，這是本書探討歷史脈絡所用的主要方法。礦癡將在第三章討論「意識」的時候對「感悟能力」作出詳細描述和介紹。

如何命名「遠古時期」工具資源差異和地理環境差異導致的「文化差異」是一個挑戰，「思維方式差異」的提法來自感悟，表述術語尚需探討，用「文化基因」一詞有利於定性「文化差異」。

第五，「思維方式」能夠「側重性」地發育是因為「人」的大腦分為左右兩部份，左腦偏重於邏輯思維，右腦偏重於形象思維[18]，左右兩腦各有側重又共為一體。正像人有左手和右手一樣，長期使用右手，可以令右手更加強壯、更加靈活，大腦亦然。因為「思維方式」具有「側重性發育」的客觀條件，即左腦擅長積累邏輯印象，眼見為實；右腦擅長積累感悟印象，感悟為真；故「思維方式」的差異是具有「基因性質」的差異，表現為左腦或者右腦更為靈活敏銳。

思維是一個整體性活動，左右腦始終在聯動，因此很難把「思維方式」作為一種具有遺傳特點的「文化差異」或「文明差異」來理解。人類最重要的器官是大腦，對大腦幾乎一無所知是人類發展迄今的最

【18】研究大腦的科學家往往不同意這樣劃分左右腦的功能。為了避免偏離主題，礦癡暫時避免對此進行詳細解釋，讀者可以將這個判斷作為「假設」條件，沿着這個思路理解「思維方式」具有遺傳的特性。

大問題，沒有之一；是人類社會處於幼稚時期的充分證明。正確用腦是人類脫離動物世界的根本原因，全面用腦（脫離左右腦偏執）是人類進入成熟階段的標誌。

綜上所述，許多考古事實證明，遠古時期的晚期（3-6萬年前），中西古代社會已經出現了系統性的差異，最明顯的差異是「石器工具」的發達程度。客觀環境的差異導致「文化基因」的差異，「文化基因」潛移默化地影響人類精神世界的發育，微妙地表現在許多社會基礎活動領域。這些差異隨着兩種文化（文明）的發展進一步昇華，發展為意識形態的系統性差異。這是「中古時期」中西「文明比較」的重點。

1.6. 文字是兩個「文明基因」之一

談及「文字」則已經進入中古時期。然而，為了探討「文化基因」與「文明基因」的關係，必須提前簡單地探討一下「文字」的功能。

「文字」不是文明的起點，是文明成形的顯性標誌，「識字文明」是人類文明史最重要的階段，「文化基因」轉變為「文明基因」。「前文字定居時期」是文明的起點，對文明的發展方向具有重要影響，最重要的結果是不同的「文明」形成不同的「文字」。不同「文字」是「文化基因」差異逐步固化的必然結果。不能把「文字」與「前文字定居時期」的「識音文明」（口語成熟階段）割裂開來，這將割裂文化發展的連續性，必須重視「遠古時期」對「中古時期」的決定性影響，這一影響集中體現在人類「中古時期」原始文字雛形的形態各異，顯現出不同「定居文明」的內在差異性。

「文字」是「文化基因」發展的結果，「文字」是人類文明思維的第一層精神濾網，任何人類精神財富必須經過這層「濾網」的過濾。「文字」在承載「文化心得」的同時，通過「文字類型」固化不同「文明」思維方式的習慣性差異。因此，礦癡將「文字」定義為「文明基因」。「文字」沒有出現，不等於「中西文化」沒有差異，「文字」的出現令「文化基因」得以系統地固化、傳承，由於「文字」是「文明」的顯性標誌，因此，「文字」是「文明基因」，來自「文化基因」。

簡單地歸納，影響「文字」出現形態的客觀因素有三個，分別是

「文化基因」的影響，生產模式的影響，客觀條件約束。

- 同樣是象形文字，埃及象形文字圖像拼接性較強，抽象性（表意性）較弱，語音系統重要性較高。這是由於「古埃及文明」來自「石器文化」，早期大一統的農耕經濟發展模式需要重視口語溝通。「西文」是大眾溝通和日常管理的工具，方便建立新的概念和闡述思維邏輯。古埃及文字是通過發音系統破譯的，證明古代「西文」以語音為核心，以溝通功能為主。

  漢字圖像抽象性（表意性）較強，字形系統重要性較高，這是由於古中華來自「木器文化」，注重萬物的有機關係。漢字起源於祭祀，龜甲紋路具有「自然」和「神秘」的內涵，用於占卜祭祀，自然而然。甲骨文是通過字形系統破譯的，證明漢字以圖形為核心，以表意功能為主。這使得漢字早期成為意識形態統治工具、信仰工具而不是大眾溝通工具。

  書面文字與語音文字的性質不同、功能不同，這一點至關重要。徐進先生說，語言不生成（書面）文字，一言中的。漢字一出生即是書面文字，這是漢字比「語音文字」晚出的主要原因。西方文字從語音文字過度到書面文字花費了數千年的時間。嚴格來說，輔音拼音文字不能承擔「書面文字」的功能，輔音拼音文字是一種音標體系，因此此時的社會還處於「識音文明」階段，是「識音文明」的高級階段。

  總之，漢字構字表述「意境」的方式以形象思維為主，「西文」構字闡述「概念」的方式以邏輯思維為主，「文化基因」決定文字形態。

- 歷史證明，農耕經濟需要了解「有機世界」的內在規律，故文字偏向於用象形圖案勾畫有機關係，因此最初都使用象形文字，如蘇美爾、古埃及、瑪雅和中國。遊牧經濟和航海貿易需要跨區域「文明」的溝通，「字母文字」便於「文明」之間的溝通，此類經濟體發明和使用符號文字和字母文字。這是「生產模式」（經濟基礎）對文字發展的影響。

- 漢字前身是刻在龜甲上，蘇美爾楔形文字刻在泥板上，記錄「文

字」所用材料不同，「文字」形成方法、字形和書寫方法，自然不同。很難想像在中國南方河灘文化地區在梅雨季節曬製大量泥板，同時很難想像在西亞兩河流域的平原找到大量龜甲。記錄「文字」的具體物質資源對「文字」的來源和發展也有一些影響。

總體看，「文字」發展最終形成兩大路徑，一個是從象形文字發展為表意文字（漢字），一個是從楔形文字或符號為主的象形文字轉變為符號文字，再轉變為字母文字（西文）。如果對人類文明（文字）史做一個最抽象的總結，數千年來人類社會一直在用不同「文字」書寫「分裂」，這一分裂趨勢迄今依然繼續。這一判斷的歷史意義怎麼評估也不過高，通過繼續展開「中西文明」比較、中西文字比較，這一點將越來越清晰。

1.7. 信仰是兩個「文明基因」之一

信仰最早的表述和發展方法是口傳神話，神話被「文字」記錄後生成宗教和哲學信仰。神話中提及「大洪水」、星位變化等自然現象，雖然能夠給出神話出現的大致時間，但是由於思想特點處於變動不羈的狀態，神話內容隨着時代變化而變化，沒有千年不變的口傳神話，很難通過神話界定遠古「類人」社會意識形態的特點。口傳神話是「文化基因」的一部份，對形成宗教信仰（文明基因）具有深刻的影響。口傳神話一旦記錄為文字，開始脫離「識音文明」，成為「識字文明」的組成部份。例如，「西方文明」最早的文字神話是希臘神話。

「西方文明」以宗教信仰和哲學信仰為主，宗教信仰和哲學信仰衍生於「文字」，「經文」是對口傳神話的整理和昇華。「西方文明」宗教／信仰與「文字」是相依為命的關係，有了神話和經文，文字才能向深層次發展，這是書面文字的共同特點。由於拼音文字的特點是「音變字變」，文字的多元變化導致了「文（字）」變則「信（仰）」變，兩者形影不離，故「西方文明」不僅有「百里不同音」的現象，還有「千里不同字」，更有「萬里不同信仰」。「字變信變」這一規律將在說明「西方文明」意識形態發展歷史的時候進一步探討。

「中華文明」以哲學信仰為主，漢字是中華民族「哲學意識」的

本源，奠定了了中華民族熟悉形象思維的基礎，等同於「中華文明」的《聖經》。雖然「中西文明」都有「百里不同音」的現象，中華民族的方言發音不影響漢字的通用，「音變字不變」，方言百音，文字一體；同時，王朝與時代的變遷改變不了漢字的字形，「時變形不變」；漢字進化的過程緩慢，字形變化的趨勢是為了抽象表意的簡明高效，「字變意不變」；三個不變證明，漢字不但不會導致信仰變化，漢字表達能力的增強反而會強化信仰，這一點與西文的信仰異化功能的反差最大。漢字以「天地人」關係為構字基礎，形成了超級穩定的文化基礎和哲學內涵，是「中華文明」數千年綿延不絕的核心凝聚力，是中華文化「大一統」的基礎。這一點通過下文梳理西方宗教和哲學發展的聯動進程可以清晰地對比出來。

「客觀環境」不同產生不同「文化基因」，差異也表現在中西口傳神話的內涵不同。西方古代神話突出「神」的主宰作用和創世過程，超越與永恆是文化的靈魂，這是「石器文化」用邏輯思維認識外部「物理世界」的必然結果。中華神話突出「天」的主宰作用，突出「人」（神化的人）改天換地的過程，天地人關係與變化是文化的靈魂，這是「木器文化」用形象思維認識外部「有機世界」的必然結果。中西神話內涵不同充分證明「文化基因」對「中西文明」形成不同的信仰體系有着決定性影響。

文字決定信仰，信仰決定人類社會的行為，文字與信仰是形成人類社會意識形態的核心要素。其中，文字對人類社會發展的影響是隱性的，信仰對人類社會發展的影響是顯性的，兩者構成的孿生結構是人類文明發展最主要的內生動力。將文字和信仰視為人類社會的兩個最基礎的「文明基因」，主要考慮是通過揭示兩個「因素」之間的動態變化關係，看清人類精神世界的發展脈絡。這個做法與「中華古人」通過將事物特點抽象為「乾卦」與「坤卦」，通過抽象地描繪兩卦之間的變動關係揭示有機世界變化規律的做法如出一轍，都是通過「歸納法」，把事物變化特點高度抽象且簡化，進而把握事物發展規律。正是因為採用了這一做法，才可能用很短的篇幅展現出「中西文明」的整體發展脈絡。這種對脈絡的描述只是大致輪廓，總體輪廓的清晰

簡明徹底改變了「中西文明」比較「整體一鍋粥、局部清晰」的學術現狀。

1.8.「文化基因」與「文明基因」的關係

「文化基因」以萬年為單位形成，「文明基因」以千年為單位形成，兩者關係猶如父子的基因傳承關係[19]。在人類文明形成和發展的一萬年進程中，兩者共同發揮着「社會基礎」的功能，只不過「父親」（文化基因）的功能越來越模糊，「兒子」（文明基因）的功能越來越明顯，兩者共同造就了「中西文明」一萬年左右波瀾壯闊的文明歷史。

「遠古時期」人類進化的過程只有通過以萬年為單位的跳躍性（階段性）比較，才能捕捉到脈絡，這個規律完全符合「生物基因」的生發規律，1）形成期漫長，變化難以量化；2）基因一旦形成後，整體的發展或變化用量化分析的效果更好。因此，研究遠古「中西文化」的歷史，更多地需要應用「感悟能力」把握其變化的大致輪廓和大致方向；研究中古「中西文明」的發展歷史，可以更多地應用「邏輯思維」把握其變化進度與規律。

在結束探討「遠古時期」「中西文化」發展脈絡的時候，期望讀者可以清晰地感悟到「中西文明」一萬年前的發展源頭（文化基因），這個源頭可以幫助我們理解許多當代的政治經濟問題。例如，可以清晰地理解當代中美兩國政治領袖提出來的政治願景的文化淵源。例如，中國主席提出來的「人類命運共同體」是以內部協調為主旨的王道政治，美國總統提出來的「美國優先」是以外部競爭為主旨的霸道政治[20]，兩者甚至可以看作為「中古時期」兩種「文明」政治發展模式的延續或重現。很顯然，這些政治願景來自不同的「文化基因」與「文明基因」。「文化基因」差異和「文明基因」差異在當代無處不在，表現於個體、群體和人類整體。這裡必須再次指出，當說到兩種「文明基因」在當代表現的差異的時候，絕對沒有一個對另一個錯、

【19】形象比喻是通俗化的「同質比較」，可以生動地說明同類問題的共性特點。

【20】這裡的「王道」與「霸道」沒有對錯意義或倫理判斷，而是說明政治路徑的差異。

一個高級另一個低級的意思，兩者都是歷史慣性的結果，都有着各自的合理性和偏執性。

2. 中古時期

「中古時期」與「現代時期」的界限是啟蒙運動（17-18世紀）和工業革命（18-19世紀）。「中古時期」從「定居文明」開始，迄今大約一萬年左右；若從文字出現開始計算，迄今大約6000-8000年。「中西文明」在「中古時期」的文明發展是「遠古時期」文化發展的自然延續。

「中西文明」比較的「樞軸時期」是西元前100年-西元後300年，以羅馬帝國與秦漢王朝兩種「文明」載體為軸心（**參見圖3**），兩者在經濟、政治、社會、信仰、文化五個層次都存在系統性的差異，兩大「文明」的生發體系在這個時期基本定型，此後「文明」差異越來越明顯，越來越豐富。

首先，「文明樞軸時期」形成並固化了兩種「文明」的文字差異，羅馬帝國的環地中海地區通行拉丁語和希臘語，希臘語相當於當時的「世界語」。此後西方語言和文字體系雖有諸多變化，定型於「字母（拼音）文字」；此後兩千年間，一些主體語言的社會功能逐步消亡，異化出許多新型文字和語言，西文「語音文字」的本質沒有變化。「中

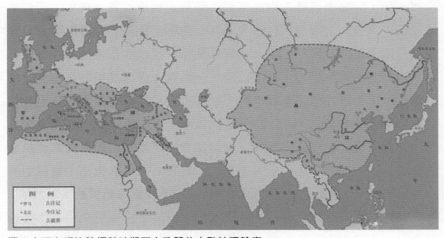

圖3 中西文明比較樞軸時期兩大政體的大致地理輪廓

華文明」在秦朝實現了文體統一，方言百音，文字一體，定型於象形（表意）文字；此後兩千年雖然有佛教傳入、外族統治等多種文化變異事件，且元朝和清朝都是雙語政治統治體系，漢字字體也變化很大，但是漢字「表意文字」的本質沒有變化。由於「文字」是兩個「文明基因」之一，而且是兩個基因中具有主導作用的基因，又由於「文明樞軸時期」是「中西文明」的「文字基因」正式固化的時期，因此「文明樞軸時期」具有重要的歷史意義。

其次，由於「文字」相同，「文明」的思維角度和發展方向具有共性，「文明樞軸時期」兩個「文明載體」形成了各自的「大一統」意識形態，羅馬帝國從多神教皈依基督教，形成了信仰以宗教為本、哲學為輔的意識形態，宗教以一神教為主體，此後兩千年雖有多宗（教）多派（哲學）的出現，萬變不離其宗，信仰結構（宗教與哲學的孿生體）始終沒變。同理，漢王朝確定了儒學的官學地位，「中華文明」的信仰以「人文信仰」為主體，雖有道教、佛教等多種宗教共生，後有西方宗教的傳入，儒釋道總是以儒學（人文信仰）為首，信仰結構（以人為本的價值觀）始終沒變。

通過考察文字發展軌跡可以清晰地看到文字與信仰之間的先後和主次關係。將中華「人文信仰」納入「哲學信仰」的範疇展開討論，便於形成「中華文明」人本哲學信仰與「西方文明」神本哲學信仰的字面對比。許多學者認為中西信仰不能用「哲學」概念統攝，因為兩種信仰差異很大，解構派哲學大師佛利達甚至認為「中華文明」沒有哲學，這種觀點看到了差異，沒有看到共性。

「信仰」是兩個「文明基因」之一，因為雖然「文字基因」決定「信仰基因」，但是「信仰基因」對「文字」發展具有重要影響，「信仰基因」固化並昇華「文字基因」，這一作用十分重要。「文明樞軸時期」是「中西文明」的「信仰基因」初步定型的時期，因此具有重要的歷史意義。

羅馬帝國和漢王朝兩大政治載體各自集「中西古代文化」之大成，具有彙聚各自古代文化精華的歷史地位，構成了「中西文明」比較的基礎座標（文明比較的樞軸）。雖然「西方文明」在羅馬帝國以後分

化為多種形態，但是語音（字母）文字和宗教信仰（神本哲學）兩大「文明基因」沒有任何變化，發展脈絡清晰；與之對應，「中華文明」雖有多種異族「文明」融入甚至統治，表意文字和人文信仰（人本哲學）兩大「文明基因」沒有任何改變，發展脈絡清晰。

「文明基因」是「中西文明」比較最基礎的基色，基色差別表現在「中西文明」各個時代、各個領域、各個層次。比較「中西文明」不能離開兩大「文明基因」的比較，否則會事倍功半，甚至會造成嚴重偏差。形象地比喻，用「文明基因」進行「中西文明」比較猶如用黑白兩色繪製一幅「歷史的水墨畫」，用色差彰顯層次，透視「文明」形態。這種歷史比較的視角來自於中華文化寵愛「水墨畫」，來自於形象思維主導的歷史觀察視角。

2.1. 表意文字

漢字是書面文字，不是語音文字。生活出語言，文明生文字，漢字與語音文字的源頭截然不同，這是將「文字」作為「文明基因」而不能將語言作為「文明基因」的重要原因。

「漢字」最初是中華「古人」記錄天地變化規律、祭祀祖先、敬拜鬼神的符號，一出生就是書面文字，不是大眾日常生活溝通的工具，這是與西文最大的區別。迄今為止，簡體字改革（現代化革命）除外，漢字的所有變化都不是以方便大眾口語溝通為目的。漢字經歷了數千年變化，始終保持着「文化靈魂」的地位。中西「文字」的這一「功能差異」十分重要，這是漢字與「西文」之間最重大的社會功能差異，揭示了兩種文字的根本差異，怎麼強調也不過分。這是文字構成「中西文明」比較的「文明基因」的最重要條件。漢字的獨特性集中體現在以下五個方面。

2.1.1. 方言百音、文字一體（音變字不變）

徐進先生說「不是語言產生文字，是文明產生文字」，一言中的！這正是漢字的特點。「中華文明」的「文字基因」與「西方文明」的「文字基因」最大的不同之處是「方言百音、文字一體」。漢字具有涵括地方語言的能力，不是像西方「文字」那樣，「字」隨「音」變，

而是「音變字不變」。百里不同音，這一現象「中西文明」沒有差別，但是「語音」（方言）變化對漢字的影響甚微，這一特殊性怎麼強調都不過分。

漢字超越語音獨立發展是一個重要的文化課題，這裡僅僅指出，漢字與西文發展路徑完全不同。漢字是從寫到說，識字的人首先是巫師，然後是帝王，然後是將相學士，然後是官吏鄉紳，最後是文人墨客，大部份華人能讀寫漢字，只是近代的事情。西文是從說到寫，先是符號文字，然後是輔音文字，然後是母音文字，只是在母音文字之後才生成了能夠表述思想的語音文字，希臘語是西方第一種書面文字。因此，兩種文字的起源，一個是書面文字，一個是語音文字，成熟過程截然不同。這是漢字能夠實現「方言百音、文字一體」的關鍵原因。這個差異揭示了中西文化最底層的不同。

中華文化被稱為「精英」文化，進而被視為是儒學的「一統天下」，這是「現代哲學」對中華文化的概括，這個概括是偏執的。中華文化「統」在漢字上，而不是統在儒學上，孔子是通過解釋「字」建立信仰，漢字早於儒學，儒學早於先秦百家，「儒學大一統」來自漢字內在的文化力量，來自「思維第一層濾網」，來自漢字對發展形象思維的影響。故將漢字視為「中華文明」的「聖經」，恰如其分。與之相比，「西方文明」的語言特點是，方言萬種，「文字」千種，信仰百種，「語言（音）」變化對西方文字變化與社群信仰變化的影響十分重大。簡言之，漢字從寫到說，決定了「中華文明」的特點是「精英文化」；西文從說到寫，決定了「西方文明」的特點是「大眾文化」。只有從這個層次看中西文化的差異，才能認識到「文明基因」的存在及其影響。

2.1.2. 時變形不變

「百年不同字」，指的是「字意」在「長時段」中的不斷變化，這是「中西文明」所有文字的共同特點，是文字發展的共同規律，「字意」隨着社會與思想不斷發展必然發生變化，漢字也不例外，漢字的變化特點是字意逐步豐富，但是核心漢字的字形變化很小。字意變化與西文一樣，都是反映社會的發展，然而，漢字的變化表現在「字」

的內涵逐步豐富。這是由象形文字「圖」的特點與表意文字「意」的特點這一雙體結構所決定的。圖形來自「自然現象」的抽象，因此象形文字具有文化傳承的能力，傳承的是對「自然現象」的抽象理解，這個意義上的「文化傳承」是信仰的基礎。

日月不變，「日」字和「月」字的含義也亙古不變，字形（象形）能夠確保文化信息傳承的穩定性。這是從「語意」表現「自然現象」的角度看漢字的圖形對文化信息傳承穩定性的影響，看華人觀察世界的角度。相比之下，西文與「自然現象」基本無關，由此可見邏輯與形象對「中西文明」意識形態的不同影響，「文化基因」的作用在「文明基因」中充分表現出來了。

圖畫和表意是「人」的特殊行為，是人類具有抽象能力的證明。「岩畫」是人類與其他動物不同的遠古證明，有數萬年歷史。因此，漢字的產生過程是精神文明的形成過程，是通過數千年實踐淘汰複雜圖案實現簡明表意的過程。這一過程首先表現為漢字成熟速度很慢，約 4000 年時間（從符到字）；其次表現為掌握漢字的人群擴大速度很慢，首先是巫師（夏朝），然後是部落首領（商朝），逐步發展到貴族（周朝），到了戰國時期擴展到「士」（政客學者）。漢字的發展方法是「中華文明」精英政治最重要的文化基礎，沒有之一。福禍相依，功過共存。

2.1.3. 意的抽象和形的昇華

「日」和「月」各自具有自己的形下之意，即太陽和月亮，這是第一層含義（具象）；合在一起是「明」，表述具體形象內涵的抽象概念，這是第二層含義（抽象）；內涵中陰陽共生是形上之意，表述超越性概念，這是第三層（形上）。因此，漢字表意的內涵既具體又抽象，既形下又形上，這是圖形和表意構成的雙層結構，即意的抽象和形的昇華。

「日」在白天亮，「月」在夜晚明，「日」之「象」與「月」之「象」的結合具有相通的抽象共性（明），否則不能構成抽象的「意」，「相通」體現了不同「象」內在的、有機的、客觀的、不以人的意志為轉移的聯繫，圖案「明」抽象地概括了這一聯繫。這個「明」字，

不僅是光亮之意，還有澄明之意、有透徹之意，表述各種規律不同但本質相同的「明」，可以構成「明白」、「明亮」、「明顯」、「透明」等詞語，也可以構成信仰的核心內涵，如澄明、明教（日月教）、明德。自然規律與思想意識之間的關係在漢字形成過程中形影不離，這是漢字來自形象思維，影響華人思維的核心機制。這一機制在「構詞」過程中還將進一步體現。

「日」與「月」輪換出現，構成陰陽相通於整體，體現了「終極」（天）的特徵（規律）；白日勞作，月明休息，人之修養與日月生息相關，太極意識油然而生，五行規律自然顯現，抽象概念的「神」自然沒有了統攝的基礎，這是「中華文明」強於哲學弱於宗教的根源。悟出「象」內在「相通」（歸納）的結果一定是超越了兩個「象」中的任何一個單獨的「象」，漢字這種文字創作方法源自形象思維，源於善用「歸納法」，善用「同質比較」與「同質歸納」。華人重視有機關係，重視人與人的關係，來自漢字內在的有機聯繫。漢字的形成過程與「西文」的形成過程幾乎在各個方面都截然不同。

漢字具有抽象地闡述「自然現象內在聯繫」的能力，「常理」內在於字形之中，這些「常理」是「中華哲學」的「詞根」，凡是關於明亮、啟迪、開放的抽象事物，常有日字旁作伴：昏、晃、曉、晰；凡是關於生命的概念，常有月字旁作伴：肝、脈、能、騰；因此，把漢字比喻為中華民族的「聖經」，十分傳神。這是從「表意」的抽象角度看漢字「構字」的內在邏輯性，「構詞」、「成文」的邏輯性和規律性相同。「形」的昇華並非簡單的聚合，而是最大限度地綜合表述形下世界與形上世界之間的聯繫。正像水墨繪畫不是簡單地將景色搬到紙上，而是要表達一種透視意境一樣。這與用「同質比較」看人類發展歷史是同樣的追求。

一方面，漢字是「中華文明」人文信仰的「根」，是一種文化記憶（信仰）；另一方面，中華「人文信仰」鞏固了漢字的地位，具有同化落後文化的能量，不僅能夠維繫漢字的穩定，而且能夠促進漢字的發展。漢字與「信仰」之間是相輔相成的關係，這一點與「西文」和「信仰」的關係完全一致。

最能說明漢字與「人」的內在關係的實證是漢字的書法。書如其人，寫字的特點反映一個人的品性，正如漢字塑造中華民族的品性一樣。因此，漢字不僅能形成中華民族的文化記憶，構成群體特性，塑造群體性格，而且能夠培養和反映應個體特性，漢字與個體精神世界的聯繫通過書法顯現出來。在「王朝時代」，政客學者一生用毛筆書寫，每個人都形成了自己的「字體」，各不相同，這在世界文化中獨具特色。很多人認為漢字書法與西文書法一樣，是過時的藝術，這是根本不懂漢字文化能量的觀點。如果把漢字書法視為「形象思維」的練習，即可以理解漢字與西文的根本差異。中華民族長於形象思維的特點很大程度上要歸功於漢字書法修養形象思維的功能。即便現在書法不再是日常需要了，用漢字讀寫就是最紮實的形象思維基礎。

漢字能夠反映個體品性的差異，能夠反映「人」的精神世界，充分說明漢字不僅僅是文字，而是具有精神內涵的文字，是具有「內在生命力」的文字，是文明的工具。漢字在精神世界中誕生，用千年時間緩慢地融入大眾百姓的精神世界，這是中華文化發展能夠保持數千年不變的基礎。「漢字反映人性」的這一特點在世界文字中絕無僅有。

2.1.4. 獨立語

漢語是獨立語，即每個漢字是獨立的，詞與文由獨立的漢字組合而成。漢字的特點並非僅限於「構字」，如果僅限於「構字」，漢字不可能成為形象思維的系統性培育工具。漢字培育形象思維的特點在「構詞」和「成文」的規律中得到充分表現。漢字通過「構詞」、「成文」形成一個有機的思維體系和思維習慣。

首先，「構詞」本身具有解析「詞根」的功能。單字是「字」，兩字為「詞」，四字成「句」，八字稱「文」，這是漢字為「獨立語」的重要特點。獨立語令「表意」具有「有機邏輯」的優勢，「有機邏輯」與「形式邏輯」是邏輯思維的一體兩面，一個是「內涵」（性質）的一致性，一個是「形式」（規律）的一致性。很顯然，「中華文明」長於「有機邏輯」（性質邏輯），「西方文明」長於「形式邏輯」，「性質邏輯」是「歸納法」的基礎，「形式邏輯」是「推演法」的基礎。這是漢語定義為「表意語言」的充分原因，這也是漢字是「文明基因」

的重要依據。由此可見，把一種方法（文明）視為正確，另一種方法（文明）視為錯誤，這種邏輯有多麼荒謬。

哲理、常理、道理、學理、物理、心理、歪理、無理、悟理、講理、梳理、評理，這種構詞方法從不同角度揭示了「理」這一「獨立字」或「詞根」的不同含義，而不是僅僅依賴「概念」去解釋或定義「理」字，令語言具有綜合性（有機）的邏輯表述能力，令語言產生「內在生命力」。通俗地說，採用「理」字的詞語越多，「理」字的「內涵」越豐富、越清晰，這種構詞法「歸納」了所有領域關於「理」的內涵，這即是「性質邏輯」，即是歸納法，用數學術語即「合併同類項」。如前文所說，漢字「字意」的變化表現在「內涵」逐步豐富，這是漢字具有「內在生命力」的最佳證明。

如果進一步看「理」字，有「王」在「裡」面，「王」既有形下世界「國王」的意思，更重要的是有形上世界「正」的意義，即「正確」（中正地）處理「天地人」的關係，三橫代表「天地人」，「豎」筆的中正十分重要，代表處理「天地人」關係的最高境界。由此可見，在「中華文明」中做皇帝（王）不僅意味着有權力，而且意味着要做正確的事，這是「王道」一詞的本意。「王」字內涵的「抽象」（王道），與「明」字內涵的抽象（陰陽），是相同性質，即表述形上概念。

其次，「構詞」所增加的各種角度，不僅沒有改變「理」字是以「王」（正確和約束）為核心的「構字」形象，反而強化了「構字」的本意，如「哲理」的意思是哲學領域裡有「正確性」的道理。很顯然，不能把哲理的「理」字換成「狸」或「鯉」字。這與西方語言依賴創造新單詞表述新概念或概念差異的方法，是完全不同的造詞（字）體系，不以形成新字細化概念，而是以凸顯「內涵」增強「字」的功能，通過「字」與「字」之間的關係進一步揭示「現象」或「抽象概念」之間的有機內涵。這是漢字與字母文字思維方法最大的不同之處，其特點是，隨着語言的發展，核心「字」的含義越來越全面，生命力越來越強。

這種字與字之間的有機輪廓，是「形象」（型與意）不斷同步、有機擴展的狀態，因此，漢字是培育形象思維的「營養」或「工具」。

漢字這種構詞方法有兩個好處：一是令人在學習過程中比較容易掌握「通」【21】的思維方法，通過「構詞」學會從「點」擴展到「面」，這是「中華哲學」注重「整體」的本源；二是大約 2000 個獨立字的不同組合可滿足一般社會生活的需要，可以組合出絕大多數現代科技的技術術語。這個能力來自於漢字獨特的「構詞法」。因此，漢字的每個字學起來可能有些難，但是學會了一千個字，學習的速度會越來越快，領悟到的「字」的含義越來越多。

只有充分了解漢字的這些「文字」特點，才能理解以萬年為時間單位觀察「生物世界」所形成的思維方式，才能認識到「文化基因」最深層次的影響力以及形象思維的特殊性。

2.1.5. 漢字的社會功能

漢字直到「王朝時代」結束一直不是大眾溝通工具這一「功能」特點，極大地限制了漢字的普及，雖然確保了文字自有的生命力，文字（文明）的發展能量始終由少數社會精英所控制，只能依賴文化精英對其不斷地完善提高。漢字的發展路徑表明，從「中古時期」以來，「中華文明」一直是「精英文化」，即文盲服從識字的，識字的服從學問高的，少數文化精英是推動漢字和中華文化完善和發展的核心力量。換句話說，是漢字生成精英文化，精英文化生成了儒學。把「大一統」的意識形態作為斥責儒學的理由，來自十分膚淺的學識，來自於形式邏輯的主觀推導。這一「文化模式」與「農耕經濟」需要精細的農間管理和高度系統化的行政管理（精英政治）互為因果，確立了「中華文明」「大一統」的社會發展模式。「木器文化」孕育「精英文化」，「農耕文明」孕育「精英政治」，「精英文化」與「精英政治」的結合令「中華文明」在「王朝時代」形成「天下國家」政治模式和「家國情懷」的信仰基礎，這個以千年為時間單位形成的「社會基礎」，構成了「中華文明」獨特的發展特點。儒學只是對這一社會發展過程做出了思想上的總結與歸納。文字決定社會發展模式，西方文明的發展歷史也能證明這個規律。

【21】這裡的「通」是專有名詞，指的是人腦運轉的特定階段（第三階段），具體含義在第三章解釋。

　　總匯這些特點，漢字是中華古代社會精英留下的「心得」【22】，是社會管理工具；隨着社會管理結構的日益複雜，漢字管理功能日益內在化，表意內涵隨之更加豐富，具有豐富深刻的倫理含義和哲學含義。這一特點令中華古代社會「識文斷字」的人（俗稱儒生、學士、文人、讀書人）具有了倫理道德的基本判斷能力，同時具有了維護倫理道德的責任。在百姓心裡，識字即是懂道德，兩者之間毫無間隙，「枉為讀書人」是不識字的百姓對沒有道德的學者最為徹底的批判。因此，漢字是中華民族的「文明聖經」、「人倫聖經」，潛移默化地影響着中華民族的思維方式和倫理道德。漢字是中華民族弱於宗教信仰、強於人文信仰的「文明基因」。西文依靠增加新字（概念）發展語言，漢字依靠有機聯繫（形意）發展語言，從文字發展路徑的角度可以充分看清「遠古時期」中西文化「思維方式」的差異對「中西文明」發展路徑的深層次影響。反復強調遠古與中古的關係，「文化基因」與「文明基因」的關係，旨在實現「透視」效果。

2.2. 字母（拼音）文字

　　「字母（拼音）文字」容易形成，便於普及，是大眾溝通工具，特別有利於不同「區域文明」之間的溝通，有利於不同「區域經濟」之間的貿易。由此可見，「區域經濟」多樣化和工商經濟（遊牧文明）是「西方文明」採用「字母（拼音）文字」的主要歷史原因。值得重視的是，「西方文明」早期的文字也是象形文字，逐步轉為符號文字，最終成為「字母文字」，這個轉型過程有其歷史發展必然性，證明了文字與「區域經濟」和「區域文明」之間的有機關係。

　　在中古早期，西方的大型定居「文明」以農耕經濟為主，象形文字較為普遍。例如，蘇美爾是西方最早的大規模農耕定居社區，西元前 4000 年創造的楔形文字是象形文字。再如，「古埃及文明」有穩定的農耕經濟，長期使用象形文字，後期埃及的象形文字已經發展出來便於書寫的手書體，象形剛剛開始向表意的方向發展。蘇美爾、古

【22】學識有兩種形態，一個是「心得」，一個是「知識」。這是一個重要的判斷，第三章詳細探討。

埃及、瑪雅和中國的文字創造過程都表明，「農耕文明」普遍採用象形文字，這與「木器文化」（中國）和農耕經濟（蘇美爾、埃及、瑪雅、中國）必須注重觀察自然現象中的生物現象有重大關係，只有通過長期觀察才能把自然現象抽象為字形。由此可見，遠古「農耕文明」中有一些相似的「文化基礎」，即具有基因性質的文化要素。尋找這些「文化基礎」顯然是文字學的一個十分有趣的方向。

「中華文明」的「農耕文明」來自「木器文化」，「西方文明」的「農耕文明」來自「石器文化」，兩種「農耕文明」的宏觀背景不完全相同，雖然在「農耕文明」這一以千年為時間單位的社會實踐中出現了一定的相似性，但是以萬年為時間單位所形成的「文化基因」導致「西方文明」的象形文字與「中華文明」的象形文字的特點不同，發展方向不同。長期、不間斷的「農耕文明」是「中華文明」的象形文字跳躍到表意文字的根本原因。

古埃及在中古早期具有極大影響力，古埃及文字在西方文字中最具有形成表意文字的潛力，然而，古埃及文字中有系統的音標體系，而漢字中沒有這種體系。顯然，石器文化和木器文化雖然都產生象形文字，其文字系統內部並不相同，這是埃及象形文字消失的內因。羅馬帝國和阿拉伯帝國對古埃及的征服和改造是其象形文字消失的外因。可以想像，如果在漢朝遊牧民族征服了中華農耕政權，漢字向表意文字發展的勢頭也會終止。「農耕文明」的穩定性是「中華文明」五千年持續不斷的經濟保障。兩河流域的楔形文字也有象形特點，但是與古埃及的象形文字不同，象形特點弱化了很多，符號文字的特點十分突出，楔形文字的象形特點保持了大約 2000 年，在西元前 2000 年楔形文字從象形文字變為符號文字（字母文字的另一種形態），由 600 多個符號的排列組合構成；與這個變化過程相對應的是「蘇美爾文明」對上游產品的依賴程度（區域商業發展程度），即早期依賴上游石器供給，隨着工具日益複雜，逐步發展到依賴上游城市的手工業，兩河流域的大型城市（工商經濟）逐步主宰了流域內的（農耕）經濟活動。商業十分發育是「兩河流域文明」文化發展的大背景，這是為什麼「兩河流域文明」往往也稱為「巴比倫文明」（都市文明）的原因。

在「波斯文明」稱霸西方的時候，巨大的城市成為「區域文明」的政治經濟中心，此時的楔形文字（符號文字）有三大主要語種，最後「符號文字」都被以航海著名的腓尼基人創造的「字母（拼音）文字」（符號文字的昇華版）所取代。二十幾個字母取代 600 多個符號，自然而然；從符號轉變為拼音，「西方文明」的象形文字從此絕跡。

西方文字雖然有 6000 年歷史，象形文字 2000 多年前消失了，轉向了語音文字，但是由於「輔音文字」不是書面文字，僅僅是一種音標體系，是表述口語的「語音文字」，無助於深入思考，無法成為「文明」載體，此時「西方文明」處於「識音文明」的高級階段，「識字文明」的原始階段。語言不創造文字，思想創造文字，西文從「語言文字」轉為「書面文字」是一個十分漫長且重要的轉變，「西方文明」只是在母音文字（希臘文）出現之後才開始有了「書面文字」，正式進入了「識字文明」階段。第一個用文字描述未知世界的神話（希臘神話），界定了未知世界的輪廓；第一部用文字闡述宗教思想的經文（《舊約》），規範了精神世界的核心術語；第一種用文字暢想宇宙的哲學（希臘哲學體系），啟動了意識對未知的探索；所有這些領域都是從希臘語開始，因此「希臘文明」在中古早期始終處於引領「西方文明」意識形態發展的地位。這是西方語言從說到寫的成熟過程，經歷了約一千年的文字培育過程。因此，嚴格來說，「西方文明」起源於希臘「書面文字」。

西元前 2000 年西方「遊牧文明」和商業崛起，不斷衝擊「農耕文明」，並逐步成為主導「西方文明」的核心力量。「遊牧文明」主導「西方文明」發展的歷史約 3000 年，這是象形文字逐步向字母文字轉化的社會結構原因。

早在羅馬帝國主導環地中海貿易的時代，「字母文字」開始逐步取代楔形文字，客觀環境和經濟模式對西方語言發展路徑具有決定性作用。「遊牧文明」依賴貿易，「字母（拼音）文字」便於溝通和貿易，隨着「遊牧經濟」和工商貿易逐步主導「西方文明」中古時期的社會發展，「西方文明」全部轉向使用「字母文字」。「蒙古文明」的發展也說明了「遊牧文明」與拼音文字之間的關係。「蒙古文明」是在

全面擴張時期開始形成文字。「蒙古文明」是歐亞大陸東面的內陸「文明」，信仰多神教，與「中華文明」有着千絲萬縷的關係，然而，相當晚出的蒙文採用了拼音文字的方式，這一選擇證明了「遊牧文明」的文化發展具有共性，採用拼音文字是這一共性的集中體現。

2.2.1. 字母文字與族群文化

「西方文明」地理氣候複雜、地理區域共性較少，這是「西方文明」語言多元化的客觀條件。「西方文明」不僅「百里不同音」，而且「千里不同字」，「字母文字」與「族群文化區域」聯動發展。「字母文字」有多個源頭，在「羅馬帝國」時期，地中海周邊「文明」普遍使用兩種語言，平民大眾使用希臘語，貴族使用拉丁語；希臘語成為當時的「世界語」，這是羅馬帝國產生的文化基礎，也是基督教產生的文化基礎。

「字母文字」在有助於不同文明之間溝通的同時，也不斷強化「文明」內部獨特的文化紐帶。字母拼寫固化語音差異，強化同族語言（文化）與外族語言（文化）的差異，「字母文字」以語言差異為紐帶強化了「西方文明」多元文化中的「血緣文化」。區域經濟、區域文化、語音語言三者的區域化、血緣化互相影響，共生發育，導致「西方文明」呈現多元發展、霸主輪換的社會發展形態。拉丁語和希臘語逐步分化，形成拉丁語系、斯拉夫語系，語言的分化揭示了「字母（拼音）文字」推動區域社會多元化的歷史功能。語言是生活的第一層濾網，文字是思維的第一層濾網，所有氣候山川、水土物產的變化都會對社區語言發生影響，語言的音變和意變是文化與信仰變化的第一變。

語言多元化最大規模的發展起始於「文藝復興時期」，然而，以血緣為特徵的「族民意識」始終受到國家政治體系的制約，在「中古早期」表現為自願隸屬於「神聖帝國」的「屬民意識」，在中古晚期表現為自願隸屬於「封建帝國」的「國民意識」，「現代國家機制」出現以後「族民意識」才真正得到充分發展，日益強盛，成為「文化國家」產生的重要條件。在討論「西方文明」政治機制變化歷史的時候會再次提及這一現象。

2.2.2. 字變信變

語言變化不僅影響社會發展，也對信仰體系產生關鍵影響，即「文字」變化導致「信仰」變化。「字母文字」隨着地理變化和時間推移發生變化，主要有「語意」變化（內涵逐步豐富）和「語音」變化（區域文化差異）兩類。由於「字母文字」傳承文化沒有「圖形」的固化根基，受語音語意雙重變化的影響，很難獨立承擔「文化穩定和文化傳承」的作用，宗教彌補了這一缺陷。

在「西方文明」中，宗教的「經文」起到了阻止和減緩「字母文字」異化的功能，宗教可以維持「文字」在千年時間內沒有大的變化，因此具有重要的「文化（字）傳承功能」。同時，宗教依賴「經文」生存和傳播，能夠迅速擴大「文字」的影響範圍，從時間和空間兩方面都對「文化傳承」作出了重要貢獻。更重要的是，經文令書面文字更為成熟、精密，因此，在「西方文明」中，「文字」與宗教是緊密相連的孿生體，不能須臾分離，一旦分離，立刻產生異化，礦癡將其總結為「字變信變」。

每次宗教出現重大變化，「西方文明」一定出現重大的社會動盪與分裂，看似是宗教沒有繼續維持和主導意識形態的能力了，實際上是文字和社會發展令宗教必然出現變化。在討論「西方文明」意識形態發展歷史的時候，還會繼續這個話題。「文字」與宗教相依為命的聯動機制對「西方文明」在「中古時期」的社會發展至關重要，這個機制的作用早期明顯一些，晚期模糊一些。需要強調的是，「西文」與宗教信仰的關係，漢字與人文信仰的關係，是同質的關係。通過這一層「同質比較」，我們認識到語言文字與信仰之間是孿生關係，這對於理解「文明基因」具有重要意義。這一孿生關係需要進一步說明。

首先，在「西方文明」中，所有新生的大型宗教都與「文字」變化或新興「文字」有關，東正教的出現是「文字」變化導致的，伊斯蘭教的出現是新興「文字」導致的。「字母文字」與「經文」共同承擔文化傳承功能，史學家們忽略了這一「文化傳承雙結構」的重要性，對文字與信仰之間的共存關係缺乏研究，正因為此，「文明基因」（文字與信仰）的歷史功能沒有得到足夠的重視。例如，基督教的產生與

希臘語成為當時環地中海地區的「世界語」有重大關係，「世界語」催生了基督教的「普世情懷」，《舊約》原著用的是希臘語，這是「東正教」認為自己是「正教」的原因。

其次，拼音（字母）文字隨時間變化一定會有「語音變化」。例如，希臘語分解為眾多的斯拉夫語，拉丁語分解為眾多拉丁語系的語言；正宗拉丁語雖然沒有了社會功能，對確保天主教學術標準依然十分重要，梵蒂岡教會依然在用拉丁語保護教義的準確性，這種保護恰恰是分裂之源。很顯然，宗教教義中語言的準確性並不能阻止基督教分裂為眾多派系，甚至分裂為不同的宗教，因為這些分裂來自語言的變化，語音變化是語言兩個重要變化之一，永遠伴隨區域文化的發展。

最後，拼音（字母）文字隨着時間和區域社會的變化，一定產生「語意變化」，這是由於字母（拼音）文字只能通過界定「概念」表達思想，而「概念」隨着社會發展一定會不斷地細化、深化、異化。這是「語音文字」形成「書面文字」與漢字天生為書面文字之間的重大差別，是本源性的差別。迄今為止，英語詞彙量已經以百萬計，新增的單詞基本上都是新出現的概念，這種「概念細化」的表達方式決定了古老的「詞（字）根」一定會出現「語意變化」，這與漢字「構字」方法形成了鮮明的對照。僅僅一個「理」字，英文不同學科就要創造一個新詞，而漢字卻始終用一個合體字。再如，西方宗教在「中古時期」主要表達對「神」的「敬畏」，在「現代時期」則主要解決「終極關切」，這種變化既有社會發展導致的變化，也有「文字」發展導致的變化，「關切」原本就在「敬畏」之中，是「敬畏」一詞逐步細化的結果，隨着社會的變化在現代凸顯出來。宗教培育情懷，沒有了情懷，宗教失去了精神能量。情懷受語言影響，字變了，情懷自然會有變化。又如，天主教聖母的概念在南美洲自然地加入了當地文化的內涵，福建人也會將媽祖等同於聖母，因此這些地區易於接受天主教。「概念」的繼承沒有「字形」的約束，自然而然地與不同語言的類似概念產生了嫁接關係，信仰隨着文字「語意」的異變而異變。「神」的概念，在不同文化環境，一定會產生不同的變異，對「神」的命名是「神」（宗教）的第一層變異，這種變異是單向的異化，一旦形成，

尚無出現逆向融合的案例。

此外，大的語言體系（文明體系）一定要創造自己的宗教，這一社會現象既有「語音變化」的影響，又有「語意變化」的影響，是語言體系的變化。

「語音變化」和「語意變化」共同構成了萊布尼茨先生所說的「語言的墮落」。天主教教宗本篤十六世稱現代歐洲社會是「無根的社會」，指的是歐洲社會失去了宗教的引領。實際上，「無根」的現象源自字母（拼音）文字，源自字母（拼音）文字的變異性，「西方文明」的「根」（文明基因）是「語言文字」，以「字變」為根。當存在主義把語言引入哲學的時候，西方哲學徹底失去了探索脈絡，後現代哲學的迷茫也來自「語音文字」。

很顯然，表意和字母（拼音）兩種文字各有優勢。「字母文字」概念清晰，便於不斷補充新的概念、細化舊的概念，令概念越來越精確，因此，「字母文字」是「邏輯思維」生發的沃土和結果，這是「西方文明」強於「科技」的文化基礎。「表意文字」通過構字和構詞表示事物內在聯繫和整體的有機輪廓，能夠說明「概念」不能簡單表述的事物之間的有機關係，因此，「表意文字」是「形象思維」生發的沃土和結果，這是「中華文明」強於人倫學問的基礎。通過兩種語言體系的比較，「文化基因」的基礎作用開始清晰地展現在「文明基因」之中。在這個大背景下，我們發現，把邏輯思維作為學術研究的唯一正確思維方式（只認可實證科學），把形象思維作為倫理信仰的唯一正確思維方式（只強調心性修養），兩者都是錯誤的。這一問題在我們探討「中西文明」融合的時候會不斷出現，最終將在第三章深入探討。

2.2.3.「文化基因」與「信仰基因」的地理分佈

「石器文化」形成「造物主」意識，自然而然；「木器文化」形成「天地人」意識，水到渠成。「文化基因」對「信仰基因」（文明基因之一）的影響可以通過觀察人類文明主要宗教和信仰的地理分佈得到啟發。圖1中的「默韋斯界限」的意義不限於了解石器工具的分佈狀態，也可以用來觀察人類的宗教和信仰體系。生產「工具」與「信

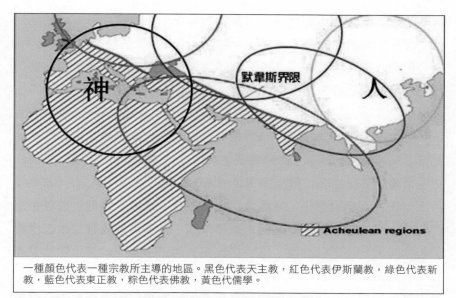

一種顏色代表一種宗教所主導的地區。黑色代表天主教，紅色代表伊斯蘭教，綠色代表新教，藍色代表東正教，棕色代表佛教，黃色代儒學。

圖 4 世界宗教在新大陸發現前以默韋斯界限為軸的分佈概念圖

仰」體系之間的密切關係，通過「默韋斯界限」可以清晰地觀察到。相比較而言，根據「神」與「人」兩者在人類精神世界中的地位，「默韋斯界限」南方（石器文化為主），「神」的地位更高；在界限北方（木器文化為主），「人」的地位更高，（**參見圖 4**）。

先看「默韋斯界限」南方。古埃及產生的太陽神教是人類第一個一神教，雖有影響，但是消失了。在此基礎上催生的猶太教是人類第一個大範圍普及、延續迄今的一神教，他們都在「默韋斯界限」南方生成；排他性較強的伊斯蘭教，也在「默韋斯界限」南方生成。基督教的發展更有特點，它在「默韋斯界限」的南方生成，向北方發展之後，北方基督教大部份轉變為東正教和新教。同是基督教體系，同樣是一神論，等級森嚴的天主教主要在「界限」南方，強調消除宗教集權機制、個體與「神」直接溝通的新教主要來自在「界限」北方，「人」在宗教中的地位截然不同。同是基督教體系，同樣是一神論，東正教認為，皇權地位高於教權，「人」在宗教中的地位也截然不同。這一文化差異在冷戰期間西歐與東歐的政治分界線中也可以看到端倪。「默韋斯界限」穿過英倫三島，英倫三島的宗教分佈與遠古工具分界

43

線有一定聯繫，在歐洲大陸征服英國的過程中，原始住民被驅趕到北部，天主教與新教的分佈格局反而呈現了南北顛倒的格局。

反觀「默韋斯界限」北方，儒學、道教是以「人為本」的信仰，出現和發展於「界限」北方。總體上看，佛教出現在「界限」南方，發展於「界限」北方；「界限」南方的佛教，如東南亞地區（小乘佛教）以及山地高原地區的佛教（藏傳佛教）屬於「神本宗教」，「界限」北方，長江南方的佛教（大乘佛教）屬於「人本宗教」。中華「古人」對「天道」的總結在「前文字定居時期」通過「卦象」表達（8000年前）；在文字出現之後，通過象形文字表達，通過「卦辭」表達。這些觀察心得構成了「中華文明」最原始的、最基礎的精神世界。隨着「農耕文明」（自給經濟）逐步居於主導地位，漢字的文化功能變得更強、更為豐富，其結果是（人本）哲學信仰逐步取代了宗教信仰成為中華民族的核心信仰；同理，以提高內部管理效率為核心的「改朝換代」（改革變法）成為中華文明主要的政治發展路徑。

綜上所述，宗教和信仰在「中古時期」開始有文字傳承，它們在「默韋斯界限」上的大致分佈結構可以看出來「石器文化」與「木器文化」對思維方式、對信仰形成的影響，可以看出來「文化基因」深遠的影響力。

2.2.4.「文字基因」與「信仰基因」的關係

無論是宗教信仰還是哲學信仰都需要「文字」表述，「文字」是「思維第一層濾網」，因此「文字基因」決定「信仰基因」，在兩個「文明基因」中更為重要，是主導性的基因。

「信仰」有宗教和哲學兩條思路，「文字」是宗教和哲學的共同本源，字母（拼音）文字從概念角度闡述思想，由此產生，1）表述兩條思路的核心概念（本體）截然不同，「神」與「真理」兩個核心概念沒有匯通基礎，沒有文字的匯通基礎，宗教和哲學的分裂結構由此建立；2）兩條思路的所有概念出於同一「文字」體系，宗教和哲學共生結構由此建立；3）「文字」變化，核心概念變化；社會發展，核心概念也發生變化；兩者互為表裡，造成宗教和哲學同時發生變化，日積月累，量變導致質變，質變來臨之際，不僅兩者在社會結構中零

和比重發生變化，而且兩者各自內部也會出現派別異化。

在「字變信變」一節中，我們觀察了「西方文明」歷史上「文字」變化與宗教（信仰）變化之間的關係。與「西文」相比，漢字兩千多年沒有根本性的變化，中華民族兩千多年奉行「人文信仰」的總體狀態也沒有根本性的變化。中西這兩個歷史現象都深刻地說明了「文字」與「信仰」之間的共生關係。

正確認識「文字基因」對「中西文明」的塑造作用，至關重要。由於「信仰基因」對「文明」發展的影響較為顯著，故歷史學家和社會學家更多地關注了「信仰基因」對社會發展的影響，忽略了「文字基因」對形成「信仰基因」的決定性作用，這是導致迄今為止「中西文明」比較的成果雜亂無章的主要原因，這也是迄今為止研究「文明」之間關係的時候，學者們注重「文明衝突」忽略「文明共生」最深層次的原因。因此，返本溯源，更為詳細地觀察「西方文明」歷史中「文字基因」與「信仰基因」之間的關係很有必要。我們可以從西方三大宗教的發展看宗教與文字的關係。

2. 2. 4. 1. 基督教與「文字基因」的關係

基督教出現的主要客觀條件是希臘語和拉丁語的普及，當時環地中海地區貴族說拉丁語，普通大眾說希臘語。當時有不會說拉丁語的百姓，沒有不會說希臘語的貴族，希臘語是當時典型的「世界語」，《舊約》原版是希臘語。希臘語當時的世界語性質是基督教「普世情懷」的最根本的文化基礎，沒有之一。拉丁語和希臘語最終分裂為多種語言，宗教的文化能量被分裂了，這是基督教發展迄今沒有成為「文化宗教」的最重要原因，沒有之一。嚴格遵循一種語言的定義，不受文化多元的干擾，這是天主教能夠保持基督教教義內涵不變的最重要原因，沒有之一。在語言多元、政治多宗的背景下，將基督教變為哲學宗教，這是新教能夠在基督教「普世情懷」的基礎上發展出「普世價值」的最重要原因，沒有之一。「字變信變」，「信」變「情」不變，無論怎麼變，基督教的「普世情懷」始終伴隨着「西方文明」的發展，不離不棄。

　　天主教與東正教分裂的主要原因產生於語言的分裂，即拉丁語系與希臘語系的分裂。《新約》從希臘語翻譯為拉丁語，僅用了一年時間；《舊約》從希伯來語翻譯為拉丁語，用了 23 年的時間。其難度來自於從《舊約》的完成到翻譯時數百年間的社會變化和語言變化，用拉丁語正確反映《舊約》原意變得十分困難，勉強為之，造成了基督教信仰基礎的分裂。拉丁語《舊約》的完成標誌着西文第二種「書面文字」的正式問世，它也是天主教與東正教徹底分裂的標誌。

　　基督教的分裂在政治層面表現為教皇與皇帝之間的分裂。以貴族語言為基礎的天主教主張教權重於皇權，以平民語言為基礎的東正教主張教權服務於皇權。

　　新教主張「經文」不再用特定語言表述，宗教「經文」正式與文化（文字）脫鈎，與宗教的「感悟能量」【23】脫鈎，這一變革的意義十分重大，是一場深刻的宗教革命。宗教是先知們通過感悟「神」而形成，有十分宏大的「感悟能量」，一旦「感悟」通過文字的翻譯轉變為「概念」，即採用不同語言表述相同的「概念」，宗教的感性信息（宗教情懷）基本丟失殆盡，宗教的核心精神轉變為哲學概念，「普世情懷」變成了「普世價值」。翻譯是把兩種語言的同一個概念實現對接，簡而言之，翻譯只能作淺層的溝通，因為同一個概念在不同語言中有不同的語境和情感，意思並不完全相同，不可能實現「全面的翻譯」。正如從淺層次理解「神」，「神」這個概念可以通過翻譯實現，但是一旦進入深層次，「神」的概念開始有耶和華、基督、安拉、佛、保羅、彼得之分，當「神」各有其名的時候，展現的是文化差異，即便是同一種宗教，其內涵絕然不同，價值觀出現系統性差異。

　　從新教啟動的宗教革命向後追溯，文藝復興是基督教精神世俗化、人性化的重要過程，變化起點是文字。但丁用意大利語描述、讚美和批判神靈，發出了用人類情感描述「神」的先聲。此

【23】宗教是通過喚醒「人」的「感悟能量」而形成信仰，這個問題將放在第三章「生命價值」中探討。

後，藝術大師們開始用繪畫、雕塑、建築、音樂等藝術方式讚美造物主，用藝術（人的情感）表達宗教意識，即用人性（情感）描述神，匯成了「人性」與藝術交融的宗教意識，一種全新的「神性」。因此，文藝復興本質上是人性情感的釋放，極大地豐富了宗教世界與世俗世界的有機關係。在宗教情感世俗化、人性化、藝術化的過程中，文字、詩歌再次成為開路先鋒，再次充當了精神生發的根基，但丁因此被譽為「舊世界最後一位詩人、新世界第一位詩人」。

文藝復興運動推動了用當地語言翻譯《聖經》的普及，發動了第一波《聖經》翻譯浪潮，為宗教革命運動奠定了文化基礎。此後，「新教」主張用當地不同語言傳播基督教，實現了基督教與多元文化的結合，與此同時，也形成了基督教「普世情懷」的概念化。因此，可以說「文藝復興」與「新教革命」共同實現了西方宗教的哲學化和概念化。形象地比喻，本篇十六世所說的歐洲文化的「根」被「文藝復興」和「新教革命」兩個文化運動「鈣化」了、抽象化了。冷戰後流行的「普世價值」是基督教「普世情懷」的哲學表達，是新教革命之後西方政治精英經過冷戰「主義思維」的洗禮，將基督教精神進一步哲學化的努力。所有「普世價值」的核心價值要素都來自於宗教，如「平等」和「人權」的價值根植於宗教「神造人」的「基礎價值」。阿拉伯哲學家安薩里的觀點——宗教與哲學是「永恆真理」的一體兩面，在網絡全球化時代通過新教的普及，真正落在了社會實踐層面。

從「分」的角度看完基督教的變化，我們再從「合」的角度（更高視野）看基督教的變化。基督教所有重大分裂都大致以「默韋斯界限」為分水嶺，「神本宗教」為核心的天主教在「界限」南方，「人本宗教」色彩略多的東正教主要在「界限」北方，改革基督教的新教起源於「界限」北方。不僅宗教如此，冷戰時期東歐與西歐的分裂大致反映了這種文化和信仰的分裂邊界，「文明基因」儼如「文化基因」的影子，哲學價值觀的分裂儼如宗教派別分裂的影子，這些現象都有着深邃的內在聯繫。

2.2.4.2. 伊斯蘭教與「文字基因」的關係

伊斯蘭教是一神教，產生於「遊牧文明」，出現的客觀條件是阿拉伯語的普及、統一與昇華。與基督教不同，伊斯蘭教始終以阿拉伯語為核心載體傳教，因此，伊斯蘭教是「文化宗教」。

與其他「文化宗教」不同，穆罕默德先知開創伊斯蘭教最獨特的方法是用阿拉伯語優美的韻律表述宗教思想和情感，令伊斯蘭教擁有了與其他宗教截然不同的「讚美情懷」。韻律賦予信仰以精神能量，換句話說，《可蘭經》韻律保持了「先知」的「感悟能量」，而且「感悟能量」保持得十分豐滿。《可蘭經》的每一章可以視為一部獨立的樂章，有前奏和尾聲，《可蘭經》整體可以看作為一部「信仰的交響樂」，音樂結構與韻律是伊斯蘭教最大的特點，其文化繼承的能量超越所有其他世界性宗教。阿訇念經相當於「唱經」，樂感極強。伊斯蘭教信徒每天數次禱告，完全沉浸在宗教音律之中，「樂感」的作用遠遠超出「字意」的作用，令信徒心身愉悅。形象地比喻，猶如一個民族一千多年都在天天頌唱同一只古老的歌曲，歌曲（經文）的韻律（而非詞義）已經物化在民族的基因之中。伊斯蘭教是真正的語音文字宗教。因此，伊斯蘭教的「感悟能量」沒有消失，隨着時間的延續還在不斷地強化，這與漢字強化信仰的功能一樣。這是伊斯蘭信徒深信自己具有深層次宗教能量的主要原因，沒有之一。這與基督教以教義立宗，新教以概念立派形成了鮮明的對比。

伊斯蘭教的普及與阿拉伯語的普及相輔相成，這是伊斯蘭教早期高速發展的主要原因。「波斯文明」被阿拉伯帝國征服之後，波斯語言採用了阿拉伯語的字母體系，但是書寫方式與發音系統都延續波斯語，與阿拉伯語不同，這種「字體異化」、文體不變的語言文化狀態久而久之，必然衍生出與其母體宗教思想不同的宗教思想。伊斯蘭教的教派眾多有多種原因，由此可知，伊斯蘭教早期的教派之爭以內部族群政治矛盾為主因，晚期的教派之爭以語音分裂和文化分裂為主要原因。

除了樂感之外，阿拉伯書法也是保持「文字」與宗教聯繫的

重要手段，清真寺所有的紋飾都是讚美「神」的書法，這也是西方宗教中最獨特的。

從「文化」角度看，阿拉伯書法和漢字書法是世界所有「文明」中最為獨特的文化（文字）傳承方式。唯一不同的是，阿拉伯書法表達對「神」的崇拜，只有文化精英能夠應用書法讚美「神」，稱為「精英書法」比較符合其特點；漢字書法是所有識文斷字的人自然形成的，每個人的書法都不同，書法下意識地抒發個人意識，稱為「全民書法」比較符合其特點。「默韋斯界限」猶如塑造「文化」的幽靈，處處顯現着「文化基因」的存在，形象思維「同質比較」的方法是捕捉「幽靈」的最佳方法。

2.2.4.3. 猶太教與「文字基因」的關係

西元前 17 世紀西亞的喜克索斯人對古埃及的征服是「遊牧文明」征服「農耕文明」的早期事件，此後埃及培育了自己的戰馬，學會了喜克索斯人的軍事技能，推翻了喜克索斯人統治，成為「西方文明」中第一個以農耕經濟為基礎全面對外軍事擴張的帝國。在此期間，猶太人淪為近似奴隸的地位。這個事件在「西方文明」中是一個規模很小的爭霸事件，然而，這一事件對宗教的產生有着深刻的歷史影響，結果是 500 年後摩西率眾出埃及並為猶太教的形成打下了堅實的基礎。猶太教是在外部高壓的環境中形成的，這是猶太教成為「種族宗教」、「文化宗教」、「一神教」三合一的歷史背景。

猶太教始終保持着「文字」與「經文」的一致性，因此是「文化宗教」，但與伊斯蘭教相比，保持「文化」的程度不同。伊斯蘭教完全脫離世俗世界的哲學體系，是最徹底的「文化宗教」。猶太教雖然也是着「文化宗教」，由於其發展環境不同，拉比用希伯來文研究和傳播宗教，信眾用當地語言生活，原教旨與生活環境密切結合，猶太文與當地語言密切結合，由此產生了兩種發展趨勢。一個趨勢是，猶太教在「文化」方面能與其他「文明」融合，不排斥哲學，因此具有新教的特點，甚至可以說，新教的一些思想種子來自於猶太教。第二個發展趨勢是，在種族宗教的

宗旨下，猶太教擴大猶太民族與其他民族的差異性，增強了猶太教的排他性，開始具有極端宗教的特點。這兩派的分裂趨勢在 20 世紀以色列國成立後逐步增強。

猶太教與伊斯蘭教最大的差別是，拉比的宗教研究通過《塔木德經》等眾多種文字「心得」與社會實踐和哲學問題相結合，對原始宗教思維有所補充、發揚和修正，這令猶太教始終與哲學保持着一種現實性的有機聯繫。同時，由於「文化宗教」的性質，特別是種族宗教的性質，選民意識越來越強，猶太教中的原教旨主義越來越極端。

值得注意的是，「現代國家機制」具有放大「文化」差異的功能，猶太教信徒與世界多元文化友好共存的歷史在猶太人有了自己國家之後，將出現重大變化。宗教與本民族「文化」的結合通過國家機制的放大，可能會令宗教的極端性增強，可能導致猶太教的原教旨主義再次居於統攝地位。

在比較「中西文化」時有一個十分重要的文化現象，猶太民族和中華民族都十分強調「孝」作為社會價值原則。猶太民族的「先知」摩西提出的十誡中，前四戒是對「神」的態度，後六戒是對「人」的態度，第五戒是對「人」提出的第一條標準，即孝敬父母，可見猶太民族對「孝」的重視。中華民族的「聖人」孔子則把「孝」作為做人的第一標準。「默韋斯界限」再次猶如「文化」幽靈一樣，顯現出「文化基因」的存在，即便同樣說「孝」，「界限」南部「神」的地位高於「人」，「界限」北部「人」成為社會發展的核心。

2.2.4.4. 新生宗教與「文字基因」的關係

雖然新的宗教不斷產生，但是，新的世界級宗教由於新的大型語言不再出現而失去了生發的基礎。然而這並不可能阻擋「西方文明」宗教和信仰的進一步異化，與歷史上西方宗教的異化不同，宗教革命之後，西方宗教不是向外部發展創造新的宗教，雖然這一進程從未中斷，而是轉變為向內部發展，所有宗教內部的分裂速度加快，分裂烈度增強。表現為每種宗教內部的派系越來

越多，派系之間的對立越來越明顯。這些都與文字內在變化和社會發展有着重大的關係。例如，伊斯蘭教的派別日益繁多，在兩大對立派別內部，不同教士擁有各自的信眾，同時，兩大教派各不相容，勢同水火。這種內部分裂的趨勢與「文字」在數百年間的變化（語言的墮落）密切相關。

2.2.4.5. 中華信仰與文字基因的關係

把漢字比喻為中華民族的「聖經」旨在說明中華信仰與「文字基因」之間緊密的有機聯繫。在進行中西哲學比較的時候，再展開說漢字的信仰功能。在這裡用一個中國海外移民中的普遍現象來說明漢字對海外華僑的影響。

一般來說，第一代移民基本保持了中華傳統文化，中華價值體系的成分佔絕對多數。在外國生長的第二代移民，大部份能說漢語，可以看懂一些漢字，基本上不具備書寫漢字的能力，他們的價值觀中雖然有中華價值觀的影響，但是由於接受的是外語教育，基本上以西方價值觀為主。第三代移民不能說漢語，也不認識漢字，基本不受中華價值觀的影響，全盤接受西方文化的價值觀。特別需要強調的是，三代移民價值觀的差別不受個體華僑政治觀點的影響。換句話說，價值觀變化是文化差異導致的，而不是「主義」等政治信仰差異導致的。

「西文」和漢字都有「百里不同音」（語音變化）的現象，也都有「百年不同字（意）」（字意變化）的現象，但是「西文」有「千里不同字（形）」（字形變化）的現象，漢字沒有，或者說變化可以忽略不計。這是兩種文字發展特點的重大不同，表明表意文字與拼音文字的文化繼承特點存在很大的差異。

2.2.5. 信仰基因與社會發展的關係

雖然「文字基因」是主導性的，然而是「隱性」的；「信仰基因」對社會發展的影響更為清晰，是顯性的；因此，在探討「文字基因」如何影響「信仰基因」的同時，觀察「信仰基因」所產生的社會成果，可以深刻認識兩個「文明基因」聯動的內在能量，深刻認識萬年形成的思維方式偏好和千年形成的「文明基因」對人類社會的深刻影響。

在中古早期，「西方文明」的精神世界是宗教統攝哲學，蘇格拉底之死是典型案例。「阿拉伯文明」崛起時，大規模翻譯希臘文獻，一度把哲學提高到與「永恆真理」（神）一體兩面的高度，宗教與哲學共同發展是「阿拉伯文明」擴張時期的最大特點，這是在4-5個世紀中「阿拉伯文明」超越「基督教文明」的最根本原因。正是在這一時期，阿拉伯哲學家推動了基督教經院哲學的崛起。例如，被稱為「伊斯蘭權威」的安薩里（Algazel，1059-1111）的許多觀點對基督教著名神學家、經院哲學代表人物湯瑪斯‧阿奎那（1225-1274）產生過重大影響。沿着這條脈絡往下觀察，經院哲學的興起為文藝復興運動打下了思想基礎，文藝復興運動開啟了基督教信仰體系與哲學探索體系共存的歷史。有一個有趣的歷史現象，文藝復興運動之後，在基督教與哲學共存的時候，伊斯蘭教開始逐步否定哲學；兩大宗教對哲學態度一正一負的變化形成了鮮明的歷史反差，最終表現為「基督教文明」的崛起和「伊斯蘭教文明」的衰落。這段文明崛起與衰落之間的對比，真好像大海的波浪，此起彼伏。宏觀歷史比較之美，這是最為清晰的一次。

宏觀歷史證明「西方文明」的宗教與哲學是一個零和結構的孿生體。中古早期宗教強而哲學弱，中古中期哲學開始在宗教體系下發展，經院哲學是哲學興起的起點。啟蒙運動之後哲學發展迅速，逐步與宗教平起平坐，牛頓、康德、黑格爾是這個時代科學與哲學相結合的代表人物。此時雖然科學已經興起、哲學也已經自成體系，宗教依然在終極意義上統攝這西方社會的意識形態。

唯物論的出現是哲學徹底否定宗教的起點，此後出現了徹底排斥宗教的哲學派別「真理說」，其中最為典型和最為系統的是馬克思主義學說。

冷戰是「西方文明」內部意識形態中不同思想體系之間的熱戰。冷戰期間，西方出現了哲學強、宗教弱的局面，其中一個重要原因是科學的興起，科學興起以核武器和太空競爭為中心。社會主義與資本主義兩種思想體系各持一端難分勝負的時候，「後現代哲學」在「哲學熱戰」中脫穎而出，把傳統哲學的一切體系和結構歸於「現代」（歸

零），用「後」這一具有否定意義的時間詞把哲學的所有宏觀結構和體系劃在界限之外，斥為哲學幼稚階段。形象地比喻，「後」通過冰凍「現代哲學」把「哲學熱戰」拉回到冰冷的「現實」（存在主義），哲學成為以存在主義為核心的意識形態。

「後現代哲學」解構一切理論體系和價值結構，擯棄「真理說」，本質上是「不可知論」的哲學表述。至此，「西方文明」的意識形態進入了宗教與哲學無法互相完全認可，無法互相完全否定，既無法相互「共生」，又無法相互離棄，說不清理還亂的混沌狀態（共存狀態），這是當代人類社會處於精神分裂狀態的深層次原因。當代宗教與哲學孿生結構最典型的的例子是，「普世價值」中「自由」、「平等」、「人權」等價值要素來自上帝——「人權」神授，包羅萬象、頭頭是道的哲學依然暖暖地依偎在宗教的懷抱中。換句話說，哲學不再生成信仰，哲學成為解釋信仰的工具，這裡面還有「科學」第三者插足（逐步成為信仰）的重要影響。

在網絡全球化時代，人類的精神信仰悄然地出現了「科學崇拜」，用宗教與哲學都無法解釋的科學作為精神追求的發洩，這是不相信唯物主義的唯物主義，沒有精神信仰的物質崇拜，「科學崇拜」與「後現代哲學」相依為命，兩者與宗教形成了三分天下的格局。

「基督教文明」和「伊斯蘭文明」的歷史證明，在宗教與哲學共榮的時候，社會可以實現高速發展。例如，牛頓既是傑出的物理學家，也是虔誠的宗教信徒，因此，牛頓所代表的時代被稱為「西方文明」發展的「黃金時代」，「牛頓時代」是「基督教文明」興起、「伊斯蘭文明」衰落的分水嶺。在冷戰之後，哲學實現了以「普世價值」為核心的「大一統」，資本主義成為經濟發展的唯一正確模式，此時人類社會出現了建設全球化機制的熱潮，世貿組織應運而生，各種雙邊與多邊協定多如鴻毛，科技高速發展。然而，好景不長。美國開啟了「畫國為牢」的先例，世界再次陷入對立衝突惡性發展的週期。

「基督教文明」和「伊斯蘭文明」的歷史也證明，宗教與哲學分裂的時候，社會發展將會停滯，社會內鬥會惡性發展；分裂如果趨於極端，社會發展將會倒退；分裂達到極端，實現「一端化」，社會趨

於自我毀滅。自我毀滅的宗教路徑是同歸於盡，自我毀滅的哲學路徑是科學異化人類。宗教與哲學的孿生結構並非永遠無解的死路，融合中西哲學可以找到人類意識形態發展的理性之路，最終消除分裂趨勢。我們將在第二章揭示繼續分裂的危害並探討融合中西哲學的實踐思路。

「中古時期」是「西方文明」價值觀最重要的成型時期，探討人類意識形態發展進程不能割裂「中古時期」思想史對「現代時期」思想潮流的深刻影響以及對「現代社會結構」發展趨勢的深刻影響。總而論之，人類在意識形態領域（思想史）的研究結果不盡如人意，人類對大腦的研究也不盡如人意，兩者互為因果。用「常識」作一個總結，人類在精神與物質兩方面都缺乏對自我的整體認識，缺乏「人類自覺」，這一「不自覺」的現狀充分證明人類社會發展還處於「幼稚階段」。本節對西方思想史的一些判斷將在中西哲學比較時具體論證。

我們現在對「中古時期」「西方文明」「信仰基因」的發展脈絡做一個整體梳理。

西方三大「古代文明」消失得無影無蹤，主要是「文字」和「宗教（信仰）」兩大「文明基因」（蘇美爾和古埃及的象形文字和多神論）通過異化徹底消失了，消失的過程跌宕起伏，戰火不絕。地理氣候多元化導致「區域文明」眾多，霸主此起彼伏，「西方文明」經歷了象形文字、楔形文字、波斯語、拉丁語、希臘語、阿拉伯語、蒙古語等多次「主導語言」的變更；同時，經歷了古代多神教、太陽神教、猶太教、基督教、東正教、新教、伊斯蘭教、薩滿教等多種「主導宗教」的洗禮。語言發展變異在先，宗教發展變異在後，兩種「文明基因」相輔相成、結伴統治，構成「西方文明」在「中古時期」各個「區域文明」競爭「共存」的社會文化結構，最終形成語言與宗教多元交叉、語言與「文明」價值觀多元交叉的現狀。這是當前中東、西亞、北非、巴爾幹等地區地緣政治局面錯綜複雜的歷史淵源，充分顯現了字母（拼音）文字和宗教手把手同步異化的結果。異化如此發育，幾乎到了失去本源母體的程度。如果不從「文化基因」和「文明基因」的角度高度抽象地觀察這些變化，很難發現其變化脈絡。總體上說，

在中古時期，「西方文明」在分裂（異化）中發展，同時，「西方文明」與「中華文明」之間的差異進一步擴大。

2.3. 經濟政治結構

「中古時期」中西社會經濟結構最大的差異是「中華文明」的「自給經濟」和「西方文明」的「工商經濟」的差異，「中華文明」的「農耕文明」以「自給經濟」為特點，「西方文明」中的「農耕文明」和「遊牧文明」以「工商經濟」為特點。這一經濟結構的差異決定了「中西文明」各自走了不同的政治發展道路，由此產生了「中西文明」在經濟、政治、社會、信仰、文化五個層次的多重差異。

例如，「工商經濟」的核心是外部競爭，「競爭霸主」的政治路徑以外部競爭為軸心。「西方文明」的社會發展中心（霸主國家）變動性很大，不斷地在不同「區域文明」之間遷移，「遊牧文明」和「工商經濟」是主要社會原因。再如，「自給經濟」的核心是內部調節，「改朝換代」的政治路徑以內部調節為軸心，「中華文明」的社會發展中心（王政首都）的位置變化較少，只是同一文明中地理位置的變化，「農耕文明」和「自給經濟」是主要社會原因。兩種「文明」最為顯著的社會發展軌跡的差異是，「西方文明」幾百年更換一次霸主，「中華文明」幾百年更換一個朝代。

再如，希臘城邦之間的戰爭（西元前約 800 年至西元前約 400 年）與中國戰國時期（西元前 476 年至西元前 221 年）的戰爭，在時間上有一定重疊，工商業的高速發展是兩個戰爭生成的共同背景。西方是城邦之間的戰爭，中國是諸侯國之間的戰爭；城邦戰爭爭奪的是市場控制權和貿易稅收決定權，諸侯國戰爭爭奪的是土地和農業人口；城邦戰爭形成了希臘城邦的議會制，諸侯國戰爭打出來秦漢帝國的大政府結構。

總而言之，「工商經濟」與「自給經濟」各自生成自己的政治體系，這是「中古時期」「中西文明」經濟政治發展路徑截然不同的主要原因。看似簡單的經濟結構差異，演化出來的政治差異並不簡單，甚至令人有些眼花繚亂，但是如果看清楚了變化的脈絡，這些政治差

異和文化差異很容易理解，都是歷史發展的必然現象，充分展現了歷史比較之美。要想對這樣的差異作出兩者誰對誰錯的判斷，是用現代概念評價歷史。輕言之，多此一舉；重言之，扭曲歷史。

2.3.1. 西方的工商經濟與遊牧文明

「西方文明」經濟發展在「中古時期」大致分為三個階段，早期是「農耕文明」為主，遊牧文明為輔；中期是「遊牧文明」為主，農耕文明為輔；晚期回歸到「農耕文明」為主，遊牧文明為輔。晚期的「農耕文明」與早期的「農耕文明」最大的不同是「城市工商經濟」的高速發展，由此可見「工商經濟」對「西方文明」的決定性影響。

在西方「定居」文明早期，「農耕文明」率先發育，蘇美爾、古埃及都是「農耕文明」，這些「農耕文明」都有過輝煌的社會發展成果，最終都歸屬羅馬帝國管轄。「西方文明」第一階段的「農耕文明」在羅馬帝國時期發展到頂峰，羅馬帝國的社會成就直到工業革命以後才被超越。雖然同屬「農耕文明」，羅馬帝國與漢王朝的社會發展機制截然不同，原因是羅馬帝國的「農耕文明」以「工商經濟」為軸心，漢王朝的「農耕文明」以「自給經濟」為軸心。同樣「農耕文明」，兩個帝國的發展路徑截然不同，「中西文明比較的樞軸時期」充分顯示了其歷史節點的作用。

由於氣候體系多種多樣，羅馬帝國的農耕經濟分為不同地理區域，埃及、意大利半島地區、希臘群島、兩河流域地區農耕經濟的地理氣候條件十分不同，物產不同，不可能有統一的農耕政策。橄欖、乳酪、葡萄酒雖然都是產自農業區，然而，都是作坊生產的商品，主要用於銷售，故「工商經濟」比較發育。由於區域物產不同，因此，羅馬帝國的「農耕文明」最大特點是商業貿易十分發育，帝國境內遠程商業體系（陸路和地中海口岸）十分發達，「工商經濟」發育程度遠遠高於「中華文明」。例如，通過沿海「蛙跳」的方法，羅馬帝國的商人在公元 2 世紀到過現代廣東省的番禺口岸。值得指出的是，羅馬帝國發達的商業運輸體系以及軍事交通網絡的建立，為「遊牧文明」後期征服「農耕文明」創造了便利的交通條件。商業與軍事從來是結伴同行的。

在「中古時期」中期，「遊牧文明」成為主導「西方文明」發展的核心力量，阿拉伯帝國、蒙古帝國、奧斯曼帝國都是以「遊牧文化」為核心的帝國，各領風騷數百年。

「遊牧文明」不是自給自足的「文明」，需要與外部「文明」之間進行貿易，「西方文明」以「工商經濟」為中心的特點被「遊牧文明」進一步放大和強化。「遊牧文明」能夠征服「農耕文明」的一個重要原因是「遊牧文明」佔據了歐亞大陸兩端東西貿易的戰略通道。與當時西方「區域文明」之間的貿易不同，「東西方貿易」是貴重消費品的貿易，是高價值貿易，猶如現代的電子網絡科技行業，是經濟發展的制高點。因此，東西方貿易通道成為確保帝國統治地位最為重要的戰略要地，沒有之一。

早期東西方貿易通道有絲綢之路（陸路）和沿海口岸蛙跳貿易（海路）兩條道路，這是阿拉伯帝國崛起的重要條件。此後，「草原高速通道」的貿易效率遠遠高於沿海「蛙跳」的貿易效率，蒙古帝國開始稱霸世界；晚期，海洋貿易的效率開始高於陸路貿易的效率，特別是能夠從陸路無法抵達的其他大陸獲取稀缺資源，「海洋文明」開始崛起，中東和中亞地區的戰略地位逐步降低，蒙古帝國一蹶不振。在「西方文明」發展歷史中，一些居於關鍵商業要道的局部「文明」成為數百年區域「霸主」的例子很多。例如，中東地區的佩特拉（Petra）由於有峽穀通道的保護，成為控制地中海東岸最重要的帝國，繁榮昌盛200年，在山崖上鑿出來的宮殿、神廟、墓室充分顯示了當時帝國的輝煌。但是，自從商道改道，佩特拉帝國一蹶不振，直到現代成為「世界遺產」才開始又有了人來人往。商道與軍事結伴而行的特點貫穿「西方文明」政治（帝國）疆域變化的全過程，迄今本色不改。

「工商經濟」是「西方文明」經濟基礎的核心特色，「遊牧文明」對於提高貿易流動性和擴大貿易範圍作出了歷史的貢獻。單一「遊牧文明」崛起的規律一般是，早期以軍事帝國的形式出現，戰勝了「農耕文明」之後汲取「農耕文明」的文化營養，提升了「遊牧文明」的文化素養，但是逐步擴大了遊牧帝國內部分裂。例如，蒙古帝國擴張之後，蒙古文字實現了高速發展。再如，阿拉伯帝國擴張之後，啟動

了人類最早、規模最大的文獻翻譯運動，這次翻譯運動（融合農耕文化與遊牧文化）令阿拉伯帝國成為帶動歐洲「文明」發展的生力軍。這種破壞與融合交替發展的模式導致「西方文明」在中古晚期的經濟發展水準始終沒有超越羅馬帝國。

從整體上看「遊牧文明」，發展總的趨勢是集權的「遊牧文明」打敗分權的「農耕文明」，如阿拉伯帝國征服埃及王朝和羅馬帝國；更為集權的「遊牧文明」打敗相對分權的「遊牧文明」，如蒙古帝國征服被教派分裂的阿拉伯帝國，文化更為封閉的奧斯曼帝國征服拜占庭帝國；大體上是落後遊牧文化征服先進遊牧文化，這是按照現代標準衡量「西方文明」在「中古中期」的發展模式。「西方文明」在「中古中期」的這種「征服」模式雖然具有極大的破壞性，但是由於外來帝國能夠給老朽帝國引入新鮮血液，實現不同「文明」相互借鑒，特別是勝利的帝國心服口服地汲取戰敗帝國的文化營養，推動分工和技術進步，總體上具有推動社會發展的積極作用。

總體來說，「競爭霸主」的政治路徑大致規律是野蠻戰勝文明、集權戰勝分權。原因十分簡單，只有最大限度地（野蠻地）調動全社會的能量才能完成對其他「文明」的徹底征服。因此，「競爭霸主」的政治路徑永遠與集權政治緊密相連，這一規律一直持續到「現代時期」晚期，「現代國家」出現後，這一模式開始有了一些變化，但其基本規律沒有變化。例如，中美如果繼續對抗，雙方都必須最大限度地調動國家力量，調動國家力量的最低標準是不能被對方征服，較好結果是以實力實現戰略均衡或和平「共存」，最理想結果是以實力征服對方。兩千多年以來，這種帝國戰略從來沒有任何根本性的改變。競爭在有限度的範圍內是社會發展的良性推動力，然而，「競爭霸主」的政治戰略，由於需要調動整個帝國的全部力量，一定導致惡性競爭，惡性競爭導致戰爭。

「遊牧文明」主導「西方文明」發展的趨勢被查理大帝擋住了，神聖羅馬帝國徹底終止了「遊牧文明」的擴張。神聖羅馬帝國以「農耕經濟」為基礎，不同的是「工商經濟」發展的速度開始高於「遊牧經濟」，特別是城市經濟的高速發展，令「農耕經濟」的發展效率遠

遠大於「遊牧經濟」，向西和向南的小規模的遠洋開發也給「神聖帝國」增強了後勁。城市經濟的高速發展推動了文化普及和思想解放，書籍數量的迅速增加證明了兩者的內在聯繫，最終形成皇權大於教權的社會結構，形成了西歐超越東歐和西亞的發展優勢。

從社會的經濟結構角度看，「西方文明」在「中古時期」走了一個「農耕經濟」為主到「遊牧經濟」為主再到「農耕經濟」為主的大週期。西方「遊牧文明」的社會結構依然有一部份保留迄今，中東地區最為典型。從信仰角度看，神聖羅馬帝國與奧斯曼帝國之爭是基督教與伊斯蘭教之爭。以「工商經濟」為主脈的「西方文明」，沒有改變最基礎的兩個「文明基因」，迄今為止，政治發展雖然千變萬化，主要發展路徑還是「競爭霸主」，其特點是，對外征服戰爭的頻率和規模遠遠大於內鬥戰爭。

2.3.2. 中華的「自給經濟」與「農耕文明」

「中華文明」三千年「王朝時期」始終保持着以「自給經濟」為特色的「農耕文明」。早在周朝，中央政府已經開始定期發佈指導農耕活動的《月曆》，這是在宏觀氣候條件相對一致時，行政機制最重要的管理功能，通告全國（全族）農耕時令。很顯然，不是政治機制決定經濟基礎，而是經濟基礎決定政治機制，政治機制必須服務於經濟基礎。早在三千年前，「中西文明」政治管理的核心手段已經不同，「中華文明」的帝國管理手段（掌握農時和稅收）與「西方文明」的帝國管理手段（控制貿易和稅收）截然不同。

在秦漢時期，「中華文明」已經形成了現代意義的行政管理機制，充分顯示了「農耕文明」依賴行政管理的特點。在四川一個偏遠小縣，秦朝登記資源和地理信息的行政人員數量甚至大於縣域農村納稅人口。總體來說，政府的政策以減少人為因素對「自給經濟」的衝擊為目的。東亞次大陸宏觀地理氣候比較規律、範圍比較遼闊，對於形成「大一統」的管理體系十分有利，這是中華民族形成「天下國家」理念的客觀原因。

與「西方文明」相對應，「中華文明」崇尚「王道政治」，「王道」指的是「用正確方法引導社會發展」，管理重心是提高社會內部效率、

保持發展平衡。春秋時期已經有了鹽鐵專營的制度，這是維持土地所有權穩定性和政權穩定的必然選擇，旨在防止商業壟斷利潤進而輕易擁有改變土地所有權的能力。這項政策在「王朝時代」一直通行，雖有短暫變化，所有王朝統治者都十分清楚如何處理貿易利潤和農耕經濟之間的關係。用抑制商業證明「王朝時代」統治政權的「落後」是西方意識形態為主的學者們的主觀判斷。在「王朝時代」，「王道」政治是否順暢與土地所有權是否穩定緊密相關，土地所有權比較分散的時期，王朝發展，一般在建立王朝後的一百年之內；土地壟斷出現，王朝衰敗，一般在王朝建立約百年的時候；土地極度壟斷導致內部戰爭和王朝更迭。很顯然，土地所有權比較分散的時候，「自給經濟」完全能夠自我運轉，國泰民安；這即是道家嚮往的「小國寡民」的經濟結構。

改朝換代（變法改革）是「王道政治」的特點，是尋找「正確方法」的結果。正因為此，「中華文明」政治發展路徑的特點是，內鬥戰爭的頻率和規模遠遠大於對外征服戰爭。

「中華文明」的「農耕經濟」形成「王道政治」是一個漫長的歷史演進過程。炎黃時期「中華文明」掌握了「生物世界」發展的一些基本規律，如農耕的節氣、醫學的五行、易學的八卦等，這是「中華文明」的「古代科技大發現時期」。在此基礎上，道家提出「天人相應」的哲學思想，周朝提出了王權管理必須符合「天道」的政治倫理（天命靡常，惟德是親），孔子提出了人的行為標準必須符合「天道」的社會倫理標準（仁者為人）以及「大同世界」的政治願景，秦朝建立了郡縣制度，漢朝建立了以符合「天道」為目標的中央行政管理體系。這一「王道政治」體系的建立經歷了一千多年的發育過程，到漢朝基本成型。雖然在漢朝以後「王道政治」有了許多發展和變化，如儒學的變化、佛教的普及、宗族社會的建立、外族統治等，總體上一直延續到「王朝時代」（清朝滅亡）的終結。

「王道政治」以「天道」為形上依據，以「民生」為形下標準。根據這個原理，雖然皇帝掌握最高權力，由於皇帝的責任是「替天行道」，必須遵守道德倫理，守孝愛民。在「王朝時代」早期，一些有

「家天下」責任感的皇帝，在遇到重大自然災害的時候，通過「罪己詔」檢討自己的管理責任，他們堅信天災與自己管理失誤有關。因此，中華帝王的權力與西方帝王的權力相比，相對較弱。

「中華文明」「王道政治」的思想基礎是倫理意識（如「孝治天下」的國策），是「家」的意識和「農」的意識的融合和延展。例如，「王道政治」的政治意識是「天下國家」，「國」是一個擴大的「家」，「天下國家」的本意「天下的」或「天地」之間的「人國」，是「天地人」之間關係的自然展現，「王道政治」是家庭倫理的自然擴大。「王道政治」的經濟原則是「重農輕商」，「農」自我管理、自主經營（自給經濟）。「天下國家」不追求疆土擴張，而以「文化認同」（文字與孝道）界定管轄範圍，以符合「天道性理」（文化標準）為管理原則。

在東亞次大陸，「遊牧文明」一直在挑戰「農耕文明」。直到「王朝時代」結束，兩種「文明」的衝突從來沒有間斷過。「遊牧文明」的衝擊刺激了「農耕文明」轉變發展機制，「遊牧文明」曾經兩度征服了「農耕文明」，兩次征服之後，「農耕文明」的「文明基因」逐步改造和同化了「遊牧文明」。在中國，「遊牧文明」征服「農耕文明」同樣具有引入新鮮血液、實現不同文明相互借鑒、推動分工和技術進步等社會作用。

綜上所述，文字（文化）與農耕自給經濟（經濟）是「中華文明」持續發展五千年不曾中斷的主要原因。

2.3.3.「古文明」發展的地理氣候因素

在「中古時期」，四大古代流域文明（古埃及、兩河流域、古印度、古中國）有三個完全消失。總結「古文明」消失的原因對當代人類社會具有重要的參考價值。這樣大的題目採用形象思維的方法更為容易找到發展脈絡，即捕捉一個共性特點（地理體系）進行比較。

2.3.3.1. 古埃及和古印度的地理閉路體系

「古埃及文明」消失的重要原因是處於「地理閉路體系」[24]，封閉的地理環境導致「文明」發展受到限制、發展模式僵化和重複性發展。金字塔作為社會剩餘生產力的儲蓄標誌，

【24】許倬雲先生開創的歷史觀察角度。

樣式不變,規模逐步增大。新埃及帝國在引入戰馬之後向外擴張,輝煌一時,由於其文化封閉於一河流域,無法持續擴張,帝國崩潰後主要文化支柱全部崩塌。「閉路文明」越是持久,一旦與外界融合,消失越是徹底。「瑪雅文明」也證明了這一規律。

「古印度文明」消失的原因同樣是「地理閉路體系」,但是發展形態與「古埃及文明」截然不同,結果大同小異。南亞次大陸的四周被高山和海洋與外界阻隔,猶如一個盆盤,進入容易出去難。外部「文明」侵入後,很難返回自己的「文明」發源地,卻很容易向南亞次大陸縱深發展。多次外部「文明」的征服導致多元「文明」共存,土著「文明」成為弱勢「文明」、底層「文明」,逐步被全面改造,雖然並非像「古埃及文明」那樣「消失得無影無蹤」,結果大同小異。外部「文明」與土著「文明」共存後出現異化(土著文明唯一的蹤跡),各種異化體在封閉社區內自行發展,攪拌成獨特的「文化沙拉」。現代印度最大的特點是:方言千種,宗教百派,小社區封閉,國家對外開放。

2. 3. 3. 2. 兩河流域文明的地理開放體系

兩河流域文明消失的主要原因是「地理開放體系」,當地「原生文明」不斷向外延展,如農耕技術和楔形文字;「原生文明」緩慢地、滾動式地進入不同地理區域,由於邊緣區域的地理環境截然不同,轉化為許多新的文明形態;又由於部份「邊緣文明」的發展疆域十分遼闊(如歐洲內陸廣饒農業腹地)或發展模式十分專一(如希臘群島的海洋貿易),這些新的「邊緣文明」逐步改造了原中央地區的「文明」內涵,隨着「邊緣文明」的發展壯大,反過來征服了「原生文明」地區,兩河流域的「原生文明」反復被「周邊文明」所征服,甚至萬里之遙的蒙古也曾到此一遊,最終「邊緣地區」成為「中央地區」,兩河流域文明核心內涵最終消失殆盡。羅馬帝國不但全方位地征服了「兩河流域古代文明」,而且徹底改造和固化了兩個「文明基因」,字母文字取代楔形文字,一神教取代多神教。

2. 3. 3. 3. 中華文明從「開放體系」到「閉路體系」

「中華文明」從最初的黃河、長江的兩河流域擴展到四河流域，涵括珠江，北達黑龍江。在擴張期間，「中華文明」處於「地理開放體系」，但是與兩河流域的「地理開放體系」不同，始終處於東亞次大陸季風帶，因此是中央地區的不斷延伸，「中華文明」始終主導這一「開放體系」，其核心文化（農耕文明）屬於先進文化，對外擴張具有先進改造落後的性質。由於中央地區「文明」基礎十分牢固，擴張是滾動發展模式，最明顯的特點是儒學和道學的穩定發展以及漢字使用範圍穩步擴大。因此，「中華文明」的疆域擴展依靠的是文化征服能力，不以戰爭「佔領」疆域為主要手段，最明顯的是沿幾條主要「道」（中古的省）向兩側縱深擴張，「農耕文明」和識字的文化不斷改造不識字的文化，這與漢字的管理功能有關，與漢字統攝方言的特質有關。這種「文化擴張」的基本條件是東亞次大陸地理氣候特點基本相同。與西方文明的「軍事擴張」相比較，「文化擴張」一詞充分了體現中華文明發展方式與西方文明的不同。

中華文明早期「文化擴張」的突出特點是開放性。在唐朝「中華文明」與「西方文明」的文化交流達到了史無前例的水平。玄奘西行取經是官民攜手的成果，是「中華文明」在意識形態領域渴望學習「西方文明」的最好證明。「中華文明」的開放性在唐朝達到了極限。

「中華文明」的農業文明在唐朝達到東亞次大陸所有方向的邊界，地理擴張達到極限。於此同時，開放性導致政權內部出現發展方向的迷失，「安史之亂」是方向迷失之亂，嚴重挫傷了「中華文明」對外開放的積極性。從此，「中華文明」正式進入「地理閉路體系」，社會意識形態也開始從開放全面地向內轉向。雖然宋朝的經濟發展是「中華文明」在「中古時期」的最高點，但是思想體系的內向變化導致「文明」發展模式日益僵化，此後「王朝時代」的發展猶如「古埃及文明」後期，重複性極強。中華的「農耕文明」在宋朝以後失去了對「遊牧文明」的絕對優勢，「農耕文明」兩次被「遊牧文明」所統治。到清朝末期，雖然「遊牧

文明」的統治導致「中華文明」的疆域有所擴大，然而，思想探索幾乎完全停滯，人文學術內向於考證辨偽，社會機制腐敗不堪，完全無力抵擋外來「文明」的衝擊，國界被打開之後，雖然不像「古埃及文明」那樣「消失得無影無蹤」，已經達到了全面崩潰的程度。

表意文字和哲學信仰是中華民族在多次被征服後沒有分裂和能夠再次興起的「文明基因」，也是「中華文明」雖然全面崩潰但沒有像「古埃及文明」那樣徹底消失的根本原因。從辛亥革命迄今，「中華文明」全面融入「現代社會結構」只有 100 年左右的時間。其中 19 世紀和 20 世紀交接之際出現了許多傑出的哲學家和思想家，統稱為「世紀之交傑出學者」，他們大多數的特點是用西方哲學術語解釋「中華哲學」觀念，對中西哲學的融合做出了許多基礎性的貢獻。「中華文明」從此開啟了向「西方文明」學習的社會性運動，這一學習運動通過「改革開放」進入到經濟基礎領域。「中華文明」再次進入開放式發展。

同時，「改革開放」的成功令中華文化「一爻初動」，出現了眾多用「常識」解釋中華古典思想的學者，將中西哲學的融合向前推進了一步。儘管如此，「中華文明」與「西方文明」在意識形態領域充分融合的道路依然漫長。相比之下，「西方文明」尚未開始學習「中華文明」的進程。

2.3.3.4. 世界地理閉路體系

在當代，「地理閉路體系」像一個幽靈，以「全球化」的術語現身，地球成為全體人類的「地理閉路體系」（地球村），人類整體的社會發展觸碰到了所有的「物質邊界」，人類社會甚至很快會出現整體「缺水」的現象。在這一特殊時期，人類意識形態出現混亂，精神分裂現象較為普遍，這是進入「地理閉路體系」必然出現的一些現象，個體「文明」的歷史證明了這個特點。當代的社會現象與羅馬帝國崩潰前和唐朝崩潰前的情況十分相像，唯一不同的是內亂戰爭與征服戰爭相互交織。這一判斷十分重要。

當代國際社會的特點是，帝國缺乏全面統攝能力，開始內部

嚴重分裂，思想意識形態出現路線分歧，政治方向忽左忽右，「建制派」與「國粹派」兩軍對壘，僅在發現國際對手一個角度高度一致。按照「西方文明」「競爭霸主」的政治路線，「霸主」決定哪些「文明」有權力生存，哪些「文明」必須被抑制；按照「中華文明」「改朝換代」的政治路線，社會機制必須改革，「聖王」決定走哪條政治路線。迄今為止，「霸道」和「王道」兩種意識形態尚沒有創造出任何一種理論或思想體系，能夠囊括和解決人類社會發展面臨的方向性問題，「文明衝突論」找到了人類社會發展的最宏觀問題，無法給出問題的答案。在人類整體進入「地理閉路體系」之際，尋找人類社會發展方向是比較「中西文明」發展歷史的全部意義。

「地理閉路體系」是觀察「文明」發展規律的一個角度，不但影響個體「文明」的發展，也會影響整體文明的發展，這是用形象思維看歷史，即從大的輪廓、大的脈絡看歷史，而不是從具體的歷史事件看歷史。看起來一個角度很單一，由於把握了它的共性，適合分析所有「文明」的發展規律，因此具有宏觀意義。這一方法貫穿本書所有問題的探討。

2.3.4. 中古時期中西貿易機制的差異

由於現代社會以「西方文明」為基礎，貿易在當代被賦予了「互通有無、公平交易」的道德意義。然而，從貿易本質和起源看，貿易是經濟活動升級的第一步，即從自給自足走向了產品交流。必須尖銳地指出，貿易從出現的第一天即具有政治性質。

人類的早期貿易有 5 個特點。1）探奇發現資源。新月地區「定居文明」向外滾動擴張的過程是以貿易為先導的對外擴張過程[25]。2）貿易揭示區域社區之間的經濟差異，貿易規模擴大導致社區之間的經濟差距擴大，貿易優勢一方形成單邊發展優勢。[26] 3）貿易是古代部落或社區了解外部環境的「整體行為」，貿易團隊由部落選出最

【25】這種常識性判斷，在本書中層出不窮，形象思維以「感悟」為要。此類常識判斷很難駁倒，但是不能作為學術研究的基礎，這是「實證為準」的學術研究所持立場。

【26】這也是常識判斷，資源決定產品，區域資源差異決定貿易的必然性，資源差異的優勢通過貿易顯現，「改造區域資源客觀條件」即便是在高科技的現代，絕非一朝一夕可以實現。

為精明強悍的成員組成，因此是「社區共有」性質的，並非私人性質，有鮮明的政治性。貿易的政治屬性令社區集團之間的貿易本質上是社區之間全面戰爭的前哨戰，這一特徵在「現代時期」十分明顯。當代「中美貿易戰」為證。4）貿易是分工的產物，是發現「產品」價值的經濟活動，貿易有兩種價值追求方向，一個是以追求利潤（交換價值）為主，一個是以互通有無（使用價值）為主。不同「文明」的貿易方式各有側重，「西方文明」數千年的貿易模式以追求「交換價值」為主。貿易如何重視使用價值是迄今為止經濟學理論幾乎完全空白的一個領域。5）貿易是「社會價值」的形成方式，對「社會價值觀」的形成具有深刻影響。追求「交換價值」和追求「使用價值」形成兩種截然不同的「社會價值觀」，這是「中西文明」價值觀具有整體性差異的經濟根源。以追求「交換價值」為唯一目的貿易方式是當今「現代社會結構」出現偏執的經濟基礎，是導致世界經濟「整體失衡」的根本原因。比較「中古時期」「中西文明」貿易模式的不同，有利於理解「中西文明」價值觀不同的經濟基礎。關於「使用價值」與「交換價值」的差別將在「共生哲學」一節中詳細探討。

2.3.5. 商品貿易與產品貿易

「遊牧經濟」的貿易是「商品交易」，範圍近則百里，遠則千里，不俱萬里。「遊牧經濟」不是自給自足的經濟，沒有鹽鐵（商品）貿易則「遊牧經濟」難以為繼。「商品交易」是追求「交換價值」為主的貿易模式，需要貨幣作為「交換媒介」。

在「中古時期」，即便在和平年代，遠途商隊也需要武裝護衛；在戰爭時期，軍隊是負責搶劫和征服的「商隊」，將攻陷的城市洗劫一空，士兵成為貴重物品的搬運工。「遊牧文明」永遠關注哪裡的草更綠，貿易首先是探奇和了解外部資源，若知己方有戰略優勢，一定取而占之；遇到抵抗，一定要徹底消滅抵抗力量，屠城屢見不鮮；在大型自然災害時期或氣候長期變化時期，迫於生存壓力，舉國遷徙，全國成為遊動的軍隊；對外征服勝敗不知，祈望神靈保佑，結果聽天由命。這種「西方文明」早期形成的「競爭霸主」（霸道政治）的發展模式成為「西方文明」數千年不變的政治發展方式。特朗普總統的

「美國優先」是「競爭霸主」政治路線的最現代版本，為了阻止中國崛起，他首先發動的是「貿易戰」，足見「商品貿易」在戰爭或對抗時的前沿地位、尖兵地位。「商品交易」是「西方文明」政治發展萬變不離其宗的經濟基礎和衝突尖兵。

　　與「西方文明」不同，中華「農耕經濟」的貿易是「產品貿易」【27】，並非「商品貿易」，以交換「使用價值」為主，這是「中西文明」貿易領域最大的差別。中華農村集市範圍近則三「里」【28】、五里，遠則八里、十里，每月一次的大集市一般在一日步行往返的範圍之內。「中華文明」的「農耕經濟」是自給自足的經濟，不是追求「利潤」的經濟形態，「產品貿易」以互通有無為主，是追求「使用價值」為主的貿易模式，不一定需要貨幣作為「交換媒介」，十個雞蛋換多少食鹽，市場定價，童叟無欺。「鹽鐵」等必需品需要遠途貿易，政府專營，確保供應與價格穩定，杜絕囤積居奇以謀取暴利，若有囤積居奇立刻嚴刑伺候。「農耕經濟」的「土地所有制」要求必須限制對必需品「交換價值」的人為炒作，必須抑制「商品貿易」的發展。

　　以家庭為單位的「自給經濟」需要內部資源的正確調劑，男人耕種，女人織布，老人縫補，少兒放牛打柴，最大限度地調動家庭內部人力資源的潛力。「農耕經濟」需要種子和土地，儲蓄種子和餘糧是生存所必須，豐年儲糧防災年，小災年舉家縮衣節食；連續大災，舉家逃荒，災年過後返鄉耕作，土地所有權體系的穩定至關重要。國家通過稅務、撥款、調研、賑災等手段解決區域發展不平衡的問題，最大限度地利用已有資源、適度儲存資源是延續家族和國家的必然選擇，對內改革（王道政治）成為「中華文明」數千年不變的政治發展道路。習近平主席「人類命運共同體」的願景是「（人類）內部改革」政治路線的最現代版本，「產品調劑」是「中華文明」政治發展萬變不離其宗的經濟基礎和共生手段。

　　「中西文明」的兩種貿易體系是側重點不同的價值體系，「商品交易」雖然也有獲得「使用價值」的內涵，重點是獲取「交換價值」

【27】「產品」與「商品」的差別在介紹「現代社會結構」的時候重點探討。

【28】按照中國的「市制」一里等於 0.5 公里。

（利潤），隨着時間推移，側重變得越來越重，導致貨幣主宰經濟；「易貨交易」雖然也有獲得「交換價值」的內涵，重點是獲取「使用價值」（使用），隨着時間推移，側重變得越來越重，導致計劃決定需求。兩種「文明」的客觀發展環境的不同，導致兩種經濟運行機制關注重點截然不同，價值取向截然不同，進而導致中西兩種「文明」的價值觀截然不同，「文化基因」、「文明基因」各有側重的特點在經濟領域中表現得十分清晰。兩種「文明」的價值取向差異一直持續到現代科技社會。雖然「市場經濟機制」令「中華文明」全面接受了以「交換價值」為經濟發展的首要標準，然而，在儲蓄、節約、物盡其用等方面，中華民族依然保留着發掘「使用價值」的社會傳統。這一點在分析現代國際社會的不同「文明」社會發展模式的時候，具有十分重要的學術價值。

2.4. 對「中古時期」的形象比喻

中西「古人」在「遠古時期」形成的「文化基因」在「定居文明」出現後逐步轉變為「文明基因」，由於文字的出現，兩種「文明」價值取向的差異開始十分清晰，輪廓鮮明。在用邏輯思維梳理「中西文明」發展脈絡之後，用形象思維轉換一下看問題的角度，有利於從人類整體的層次把握「中西文明」的發展脈絡。形象比喻是形象思維的重要工具。

如果用男女比喻來形容，在「中古早期」，「中西文明」都已經顯現出來外形輪廓、興趣愛好、行為舉止的明顯不同，在「文明樞軸時期」，差異特點基本定型，此時用「男女之別」來形容，似乎還顯得有些牽強。儘管如此，「文明樞軸時期」的「文明」定性的意義不容置疑。

然而，這些「男女不同」之處，在「中古中期」充分發展，經濟、政治、社會、信仰、文化五個層次都展現出清晰的差異，到了「中古中期」即將結束時，差異如此全面和深刻，用「男女之別」來形容開始顯得活靈活現。此時「男女之間」雖然有些吸引力，主要在貿易領域，突出表現在陸路和海路兩條絲綢之路的重要性日益重要，奪取西

亞和中亞貿易通道成為「西方文明」近千年帝國崛起的主要戰略。其他方面，兩種「文明」（男女之間）基本上是各行其是，互不了解。

在「中古晚期」，「文明差異」更加明顯：哥倫布幾條小船帶路，「歐洲文明」全面征服美洲；鄭和近百條大船2萬餘人七次遠洋，結果是棄征服且封海；兩種「文明」的行為差異用「天壤之別」來形容，絕不為過。

值得關注的是，「中古晚期」兩種「文明」在思想領域的交流開始形成，一方面是商人描述中華「盛世」與西方世界的差別，另一方面，西方傳教士把西方宗教傳到中國。在「王朝時代」末期，西方宗教開始獲得最高級別的中華文人的認可。如前所述，中華文化是由精英引領的，一旦最高級別的中華文人認可，西方宗教即打開了進入中國的大門。

在整個「中古時期」以及「現代時期」的早期，「中西文明」各自東西，沒有「文明衝突」【29】，少許文明接觸，持續「文明」之間的高端貿易。鴉片戰爭打開了中國這個封閉世界，「男女」初次見面時互相視對方為「野蠻人」。全面打開「中華文明」大門的是兩個件事情，一個是鴉片貿易，一個是戰爭，貿易再次以暴力方式成為「文明」之間的「媒人」，貿易的這個功能在「西方文明」五千年歷史中從未中斷。鴉片戰爭是「現代時期」的歷史事件，是中西「文明」正式「見面」、全面接觸的起點。由於「中西文明」是全球最大的兩種「文明」，因此鴉片戰爭是「文化全球化」的起點，是不同「文明」不得不一起「居家過日子」的起點。用「男女逼婚」略顯粗糙，但也有傳神之處。

用比喻概括對「中古時期」的探討雖然不甚精確，有利於形成「中西文明」比較的「大感覺」，揭示「中西文明」各自的特質和共存現狀的本質意義，是用「形象思維」觀察歷史的必然選擇。隨着「中西文明」比較的逐步深入，兩種「文明」共存發展的性質逐步被「透視」出來。

【29】「蒙古（遊牧）文明」對西方的征服是「西方文明」的內部衝突，與阿拉伯帝國和羅馬帝國的衝突是同質現象。

3. 現代時期

　　「現代時期」以啟蒙運動（17-18 世紀）和工業革命（18 世紀中葉）為起點【30】，兩者是「西方文明」中「精神文明」和「物質文明」發展進程中最為重要的歷史節點，迄今已有約四百年的發展歷程。觀察「現代時期」最重要的角度是「現代社會結構」，即以百年為時間單位、四百年左右形成的社會結構，這個結構統攝了人類所有「文明」，是人類社會（所有文明）全面接受的社會結構。人類所有「文明」通行同一種「社會結構」是歷史上第一次出現的「新現象」。這個「接受」過程十分漫長，直到中國採納「市場經濟機制」才基本完成。這個歷史判斷十分重要。

　　社會結構是觀察社會發展史十分重要的角度，人類社會以萬年為時間單位形成「文化基因」，千年為時間單位形成「文明基因」，兩種基因統稱為「社會基礎」；以百年為時間單位形成「社會結構」，如市場經濟機制和現代國家機制；以十年為時間單位形成「社會潮流」，如冷戰後的「民主潮流」和特朗普開啟的「分裂潮流」。在這個多維、立體的現實「存在」中，「社會結構」具有承上啟下地反映社會整體輪廓的重要地位，既是「社會基礎」的成果，也是「社會潮流」的根源。礦礁所定義的「現代社會結構」是由「市場經濟機制」（經濟結構）和「現代國家機制」（政治結構）兩個核心機制組成，「經濟結構」與「政治結構」猶如兩個輪子，共同構成推動現代社會運轉的核心結構，「現代時期」的所有社會發展和變化都受到「現代社會結構」的影響。因此，掌握「現代社會結構」整體輪廓，了解「現代社會結構」的發展脈絡，具有重大的現實意義。簡而言之，「現代社會結構」能否正確發展決定着人類社會能否正確發展。

　　「中華文明」傳統的「社會結構」與「西方文明」傳統的「社會結構」截然不同。例如，在清朝末期之前，中國只有行政機制，沒有國家標誌，沒有國名、國旗、國徽，更不可想像會有國歌，換句話說，只有「王朝疆域」，沒有「現代國家」。在鴉片戰爭之後，中國用約

【30】用形象思維觀察歷史，注重歷史發展階段性輪廓，以百年時間為參考標準，以改變性質的事件為歷史轉折點，不強調具體時間。

一百年的時間建立「現代社會結構」，傳統「社會結構」逐步解體，這是「現代社會結構」改造傳統文明最鮮活的、規模最大的案例，最能夠表現「現代社會結構」摧枯拉朽式的改造能力。毛澤東主席為中華民族建立了「現代國家」，鄧小平總設計師把「現代國家」融入了「市場經濟」，兩位偉人接力完成了「中華文明」向「現代社會結構」的轉型。中國融入市場經濟是「現代社會結構」全面統攝人類社會的標誌性事件。雖然蘇東集團從「計劃經濟」融入市場經濟也是重大事件，但是蘇東集團是「西方文明」的一部份，國家機制已經形成，曾經也是市場經濟，因此，蘇東集團融入「市場經濟」並非「現代社會結構」全面統攝人類社會的標誌性事件。

於此同時，「中華文明」巨大的歷史慣性也給「現代社會結構」帶來巨大的內在變數，「中美衝突」首先源於「現代社會結構」的內部矛盾衝突，即「現代社會結構」本身的不圓滿；「中美衝突」同時也表現出來「中西文明」價值觀體系的差別，即「男女有別」產生的行為差異和相互誤解。深入分析「現代社會結構」的內部悖論以及深刻了解「文明」差異之間的衝突（融合）界面，是完善「現代社會結構」的基礎工作，這兩個方面必須同時考慮，不可或缺，只有同時考慮才能看清「百年（社會）結構」與「千年（文明）基礎」之間的關係，才能正確認識「現代社會結構」產生的各種現象，才能看清人類社會當代「分裂」的系統性根源，才能正確選擇「現代社會結構」的發展方向。由於「中華文明」是最晚融入「現代社會結構」的大型「文明」，研究「中華文明」融入「現代社會結構」的具體方法，具有重要的歷史意義。

觀察「現代社會結構」最重要的基點是，「現代社會結構」是「西方文明」的產物。「現代社會結構」對人類社會的高速發展貢獻最大，但是也存在基礎性的問題。在探討中西哲學差異的時候，礦癡將系統地闡述「現代社會結構」的意識形態根源。在進行歷史比較的時候，首先要重視「現代社會結構」的兩個最重要的特性，一個是結構性的特性，一個是本質性的特性。

結構性特性是，兩個共存機制總體上是零和關係，一個機制發展

較快，另一個機制的發展或被抑制，或必須變化，反之亦然，簡稱「零和結構特性」。這個結構特性完全符合「西方文明」歷史發展的特點。具體地說，「現代國家機制」比較強勢的時候，「市場經濟機制」會被分割，得不到充分發展，如冷戰時期；反之，「市場經濟機制」比較強勢的時候，「現代國家機制」需要讓渡一些國家權力。例如，在冷戰後的「民主潮流」時期，歐盟的出現最能說明這個問題。再如，「美國優先」開啟了政治結構抑制經濟結構的進程，是全球化「分裂潮流」的起源。正如「西方文明」所生成的所有悖論（所有孿生結構）一樣，主體始終在兩個極端之間搖擺，從一個極端走向另一個極端，在極端化中異化。「現代社會結構」的極端化同樣導致異化，「反人類現象」越來越多，人類自毀趨勢越來越清晰。「零和結構特性」導致「現代社會結構」必須通過重大政治經濟危機實現結構調整和社會發展。

本質性特性是，「現代社會結構」以「交換價值」（私有逐利）為核心運作，忽視「使用價值」，導致「社會結構」的價值體系偏執，簡稱「交換價值特性」。地球資源不僅可以用來交換利益，更重要的是具有「使用價值」，供萬物共生、人類延續之用。由於「現代社會結構」以「交換價值」為核心標準，經濟機制以「個人競爭」為主體「逐利」，政治機制以「國家競爭」為主體「分利」，人類社會的「價值交換」體系缺少了以「人類整體」為主體的視野、價值內涵和社會實踐。由於沒有珍惜物質資源、呵護「使用價值」的「社會實踐」，人類迄今尚沒有形成能夠統攝「中西文明」的「人類根本利益」，進而無從產生指導人類改革「現代社會結構」的理論思想。然而，人類的社會發展包括三個方面，「個體競爭」、「群體共存」和「整體共生」[31]，三者雖然是一詞只差，內涵截然不同，都是歷史必然；更重要的是，三者不可偏廢。「現代社會結構」的運轉以「交換價值」為核心，導致只有「個體競爭」和「群體共存」，忽略「整體共生」的社會價值，因此是偏執的「社會結構」，這是導致人類社會發展出

【31】本文中的「共存」與「共生」有本質差別。「共存」是零和結構，依賴恐怖平衡；「共生」是互補結構，依賴相互學習；「共存」是競爭關係，「共生」是分享關係。

現系統性問題的根本原因。用大俗話說，人類只知道有個體和群體，不知道有「整體」。簡而言之，這一「交換價值特性」導致「現代社會結構」的破壞性逐漸大於建設性，科技越發達，破壞性越大。最典型的觀察角度是武器的畸形發展，這些武器都是「集全國之力」（國家機制）發展起來的，都是人類最高科技的結晶。如前文所述，武器的本質是用於市場競爭（市場機制），猶如遠古商隊的護衛。人類處於「地理閉路體系」的時候，社會所有「心得」毫無遺漏地用於人類內部的競爭。

「中華文明」側重「集體意識」、具有「整體意識」，這是數千年「文明基因」導致的社會現象。中國選擇社會主義道路與蘇聯選擇社會主義道路有着截然不同的「文明」背景。「中華文明」的歷史淵源是孔子的「大同世界」，價值取向是「和而不同」；蘇聯「真理說」的歷史淵源是「共產世界」，價值取向是「對立排他」。因此，「中華文明」建設「現代社會結構」與蘇聯的最大不同是，當代中國不是在「市場經濟機制」之外搞「競爭霸主」，而是在「市場經濟機制」之內搞「改革開放」，標準是「和而不同」，不是「異化取代」。然而，人類社會如何實現「整體共生」，不僅「西方文明」不知道，「中華文明」也不知道，因為「中華文明」進入「現代社會結構」還不到100年，雖然有「大同世界」的願景，卻不知道如何在「現代社會結構」中實現這個願景，既沒有理論也沒有實踐。「人類命運共同體」反映了「大同世界」的部份意境，但是這個提法有些偏差，是西方哲學「終極價值」的體現，充分說明了「中華文明」在兩種「文明」矛盾中處於學習西方價值的思想現狀。如前所述，人類沒有整體視野，沒有保護「人類根本利益」的社會實踐，要實現「整體共生」，「中西文明」都需要「摸着石頭過河」。因此，描述「現代社會結構」的發展歷程是勾畫「現代時期」大致輪廓的重中之重，認識「現代社會結構」的局限性是發展人類「整體文明」的前提。

本章將重點探討「現代社會結構」的形成過程，大致結構和成熟階段性。雖然「現代社會結構」只是政治經濟結構，它必然產生與之相適應的社會影響、信仰影響和文化影響，因此礦礙會簡單描述與其

相適應的「意識形態」，確保對「現代社會結構」的描述相對豐滿。礦癡認為「現代社會結構」的發展方向是「共生社會結構」，涉及到「共生哲學」和「共生價值體系」，這些發展人類「整體文明」的設想將在第二章「中西哲學比較」中具體探討。

3.1.「現代社會結構」形成過程

「現代時期」是中古時期諸多重大歷史變革的自然延續，影響最大的是「中古時期」的經院哲學和文藝復興運動。經院哲學（11-14世紀）的本質是用哲學語言闡述宗教信仰和信仰邏輯，文藝復興（14-17世紀）的本質是用「人的語言和情感」表達宗教信仰和信仰情感。哲學與文藝兩者互相影響，循序漸進，經院哲學將宗教的地位提高到最高層次，文藝復興令「人」的精神世界日益豐富，兩者共同為啟蒙運動打下了基礎。從兩個歷史事件發生的事件順序，可以清晰地看到「西方文明」意識形態發展的脈絡。這一脈絡通過仔細觀察文藝復興運動的整體進程還會有進一步的展現。

文藝復興早期是通過藝術與語言表達宗教情感，晚期是人性的覺醒。蔣百里先生稱其為人類自覺，礦癡認為「人性覺醒」比較貼切，稱之為「自覺」也有道理。嚴格來說，啟蒙運動才是「人類自覺」的開端，而具有人類整體利益的意識才能稱為實現了「人類自覺」。雖然宗教始終是文藝復興核心精神和永恆主題，但是，表述宗教的路徑從教堂走向了民間，從「神聖」演變為典雅與通俗。文藝復興期間用不同語言翻譯《聖經》是宗教革命爆發的文化準備，「西方文明」的精神世界首次出現了「人的世界」【32】的曙光。經院哲學和文藝復興是「現代時期」的前奏。

「現代時期」有兩個重要起點，一個是啟蒙運動，即意識形態領域完善「現代國家」的思想革命；一個是工業革命，即科學技術的跳躍性發展，導致了「市場經濟」的出現。

「現代國家」形成的社會基礎是啟蒙運動時期（17-18 世紀）出現的西方語言文化的百花齊放，成熟的語言逐步成為民眾凝聚成「國」

【32】自創的專有名詞。將在 4.4 節中具體探討。

的文化基礎。16-18 世紀興起的封建帝國全力發展和純潔本國語言，用以對抗拉丁語主導的宗教權威。1650 年用拉丁語寫作的書籍佔出版書籍總量的 67%，1700 年則銳減到 38%，由此可見「文化多元」發展的迅猛勢頭。因此，啟蒙運動是推動「現代國家」成型的文化過程，「王的世界」[33] 以文化（語言）為根基發展國家意識，形成「國民」，凝聚國民。同時，新語言以及借力新語言蓬勃發展的新教，也在「王」的羽翼下蓬勃發展。

作為翻譯《聖經》的自然結果，新教主張用不同的文化語言表達信仰，令宗教與「大一統文化」正式脫鈎。用一種語言書寫的經文，變成多種語言表述的概念，這是多元文化對西方宗教的深刻改造。本篇教宗把宗教稱為歐洲之「根」，然而，新教也是宗教，卻令歐洲各國的「根」與「主根」分離，這一現實充分說明了「宗教革命」（新教革命）的革命性。拉丁語、希臘語、希伯來語借助宗教成為「世界語言」，在啟蒙運動之後，逐步成為「死語言」或「局部語言」。雖然天主教和新教都是基督教體系下的一神教，宗教的文化基礎截然不同。新教是「文明基因」（字母文字）裂變導致的一次深刻的思想革命，這次宗教革命奠定了「西方文明」進入「現代時期」的精神基礎。當「字母（拼音）文字」種類太多的時候，用一種宗教維繫不同「文明」的唯一辦法是通過翻譯令宗教與多元文化保持緊密聯繫，即宗教通過與正統文字（文化）脫鈎的辦法聯繫社會。新教是西方「文字基因」百花齊放的必然現象，是宗教內在地轉向哲學的必然現象。

宗教革命導致天主教與新教之間殘酷的宗教戰爭。「三十年戰爭」（1618-1648）從時間上看並不是最長的戰爭，但是卻是最殘酷的戰爭之一，遊牧民族屠城以隔絕種族後患的辦法被宗教廣泛採用。「三十年戰爭」結束後簽訂的《威斯特伐利亞條約》是形成「現代國家機制」的起點，因此，新教革命是「現代國家」產生的核心推動力。「宗教改革與反改革的宗教戰爭最終使君主（與宗教）[34] 之間達成妥協性

【33】自創的專有名詞。將在 4.3 節中具體探討。
【34】括弧內的文字是作者添加的。

的原則,君主的宗教就是國家的宗教。」【35】只有這個時候,「西方文明」在政治上才確立了「王」在政治領域的統攝地位,教權徹底讓位於王權,宗教通過君主與社會建立政治聯繫。以國王為中心形成「一個國王、一種宗教、一種語言」是「現代國家」早期的最顯著特徵。

換個角度描述,基於同一本《聖經》的兩個教派(天主教和新教)以正統(正確)的名義對最高世俗權力勢同水火的爭奪,導致兩派都喪失了對世俗權力的絕對控制權力,喪失了成為人類「精神和政治」共同領袖的絕對權威,宗教第一次由於分裂在政治領域內失去權威,「西方文明」在政治領域完成了從「神的世界」【36】(中古時期)向「王的世界」(現代時期)的全面轉換。

啟蒙運動是催生「王的世界」的思想革命,是知識階層評判「王」治理國家的合理性和治理能力的政治批判運動,因此,是「人的精神」的理性迸發,表現為國民對「王」的期望與信任。啟蒙運動是經院哲學在「王的世界」政治環境中的自然發展。盧梭的「社會契約論」正式宣佈,人類具有尋找社會發展模式的能力,它擺脫了「神」在社會發展路徑選擇問題上對人類的束縛,是世俗世界的「人性宣言」,賦予了「王」與「民」自主管理社會的理論根據。盧梭對「人」的理性可能導致災難的判斷因此被後人忽略了。在「啟蒙時代」,文學、藝術、歷史、科學研究、哲學,所有意識形態領域都從闡述或表達宗教信仰和情感轉向了表現「人性」,啟蒙運動孕育了「現代哲學」,為「現代國家機制」打下了「人性」的基礎。

工業革命(1760年代-1840年代)通過機器生產「商品」,大大提高了社會生產力,機器創造了海量「商品」和超額利潤,催生了「市場經濟機制」,「市場經濟」猶如騎上了蒸汽機的巫師,改變了歐洲大陸的經濟基礎。在「中古時期」,社會生產(產品)主要是滿足當地消費使用,概念性地說,80%用於當地消費,人類社會各個「文明」都處於「產品經濟」階段,工業革命打破了這一基本經濟結構,「產品」變為「商品」,必須銷往其他社區,「商品經濟」應運而生。「商

【35】引語和關於語言與國王關係的部份論述摘自肖建飛先生《拉丁語是如何在歐洲消亡的?》一文

【36】自創的專有名詞。將在4.1節中具體探討。

品經濟」是「市場經濟機制」的第一階段。「市場經濟機制」的跨國發展進一步刺激了「現代國家機制」的發展和成熟，封建政權通過關稅保護本國經濟，通過爭奪國際市場增加政府收入，稅收邊界和國家軍隊構成「現代國家」的兩個核心要素，迄今沒有變化。

「市場經濟機制」發展迄今，出現了三個主要經濟階段，分別是「商品經濟階段」、「資本經濟階段」和「貨幣（金融）經濟階段」。這三個階段是礦癡主觀定義的概念，旨在生動地反映「市場經濟機制」逐步成熟的客觀過程。階段性的判斷不是來自於經濟歷史的資料分析，而是來自於「常識」判斷。社會經濟活動首先從貿易（商品）活動開始，隨着交易日益頻繁，貿易日益成熟，逐步出現了投資（資本）需求；隨着投資的成熟，逐步出現了金融（貨幣調節）需求。這是定義三個經濟階段的「常識」基礎。形象思維關注事物的有機發展特點，關注社會機制的成熟階段性，三個階段標示出經濟活動複雜性和成熟度的三次最重要的提高。

美國伯克利大學經濟學家德隆的研究證明，在人類歷史上，從舊石器時代到西元 2000 年的 250 萬年間，人類花了 99.4% 的時間，即到 15000 年前，世界人均 GDP 達到了 90 國際元（按照 1990 年國際購買力核定的財富度量單位）。此後到西元 1750 年花了 0.95% 的時間，世界人均 GDP 翻了一番，達到 180 國際元。從 1750 年開始，到 2000 年，即在 0.01% 的時間內，世界人均 GDP 增加了 37 倍，達到 6600 國際元。從經濟學角度看，帶來這個變化的主要功臣是市場經濟機制。這組資料充分證明了市場經濟機制對人類社會發展的重大貢獻。

「市場經濟機制」與人類創造的所有機制一樣，有一個從簡單到複雜、從幼稚到成熟的發展過程。「商品經濟階段」猶如「市場經濟機制」的少年時期，「資本經濟階段」猶如青年時期，「（貨幣）金融階段」猶如壯年時期。三個階段有着十分緊密的內在有機聯繫，「商品經濟」成熟了，「資本經濟」才能出現和發展；「資本經濟」成熟了，「（貨幣）金融經濟」才能出現和發展；「成熟階段性」反映了經濟管理機制日益複雜和逐步成熟的動態進程。

「市場經濟」正在生成一種新的經濟發展模式——社會經濟，「社

會經濟」雖然尚未全面成型，最終有望成為一個嶄新的經濟發展階段——「社會經濟階段」，礦癡認為它是「網絡全球化時期」的經濟特點或經濟階段，猶如「市場經濟機制」的成年時期。

作為「現代社會結構」的兩個組成部份之一，「市場經濟機制」也有兩個特點（問題）：一個是結構性特點（問題），競爭導致財富極化；一個是本質性特點（問題），偏重交換價值，忽視使用價值。具體分析和解決思路在第二章中詳細說明。

「社會經濟」可以緩解「市場經濟機制」的結構性矛盾，但是並沒有解決「市場經濟」價值偏執發展的本質性問題。由於「社會經濟」把「市場經濟機制」的分享效率提高到了最大範圍，從個人層次、企業層次提高到「社會」層次，因此是「市場經濟」的最高階段。然而，要解決人類整體發展的方向性問題，必須解決「市場經濟」價值觀偏執的本質性問題，這意味着「市場經濟」必須昇華為「共生經濟」。本章簡單介紹「市場經濟機制」的四個階段（商品、資本、金融、社會），「共生經濟」將在第二章「中西哲學比較」中展開探討。

3.1.1. 市場經濟的階段性

工業革命之前，「中西文明」都處於「產品經濟階段」，指的是社會所生產的物品（產品）主要（80% 以上）用於本地社會消費，此時，「產品」的一部份雖然也作為「商品」進行交換以追求「交換價值」，社會整體仍然是以實現「產品」的「使用價值」為主（自產自用）。

「西方文明」的商品貿易始終十分發育，但是由於工業革命以前社會「產品」絕大部份不是「商品」，不能稱為「商品經濟」，更不能稱為「市場經濟機制」，只能稱為以「工商經濟」為特點或為主導的經濟形態。因此本書採用「工商經濟」這個術語，以區別「中華文明」的「自給經濟」（產品經濟）。

「產品經濟」依賴生物資源（糧食畜產）和生物能源（馬力），人口的增長必須與生物資源和生物能源的增長保持平衡，要想增加「生物能源」（馬匹的數量），必須減少糧食耕種面積（農田轉為牧地），土地用於「養人」和「餵馬」的比例必須平衡。此時人類社會

發展規律符合馬爾薩斯人口論。古羅馬時期和宋朝時期是「中西文明」在「生物能源時代」各自能夠實現的最高社會發展水平[37]，此後，「中西文明」都各自出現了千年左右的衰敗時期，政治經濟體系全面崩潰，出現了長期戰亂，主要原因是生產力無法滿足人口數量的爆炸性增長，人口的增長速度高於土地提供「生物資源」的速度。「中西文明」的發展歷史都證明了「生物資源」和「生物能源」對社會發展的剛性限制。

「工業革命」改變了能源結構，從「生物能源」變為「礦物能源」，因此「工業革命」的性質是「能源革命」。「工業革命」提高了生產效率，從人力生產變為機械生產，這是「工業革命」的顯性效果，因此得名。「工業革命」的效率提高程度超出人類當時的想像，結果是「產品」的產量遠遠大於當地社區的消費量，社會「產品」的性質改變了，不是主要用於本社區消費，而是為了出售獲利，即成為「商品」，「產品經濟」模式被打破，「商品經濟」正式登場。「商品經濟」是「市場經濟」的第一階段[38]。

「商品經濟」的三大要素是：1）商品私人所有（所有制），2）以追求利潤（剩餘價值）為目的（交換），3）交換結果是「獨佔」利潤（分配）。換句話說，「商品經濟」是私人所有制經濟階段。「金錢萬能」是「商品經濟」鼎盛時期的座右銘（意識形態特色）。

「資本經濟」是「市場經濟」的第二階段。商品的供需關係形成了投資需求。投資行為中的資本關係比商品買賣關係更為複雜，由於投資是長期行為，投資關係從買賣的供需關係上升為投資獲益各方的共存關係，生產關係發生了重大變化。

「資本經濟」的三大要素是：1）資本以「權益交叉持有」為特點（所有制），2）以追求「效益」（利潤／時間）為目的（交換），3）效益分配以資本權益為標準（分配）。換句話說，「資本經濟」是集體所有制經濟階段[39]。「雙（多）贏」是「資本經濟」鼎盛時期的

【37】這一判斷請參見《西方為什麼統治？》。

【38】具體的階段劃分參見《礦業天下》。

【39】具體的說明參見《礦業天下》。

座右銘（意識形態特色）。資本與資金的核心差別是增加了時間因素，商品經濟追求利潤，資本經濟追求效率（利潤／時間），這是兩個經濟階段的重大差別，是經濟機制趨向成熟的標誌。

「金融（貨幣）經濟」是「市場經濟」的第三階段。投資成為經濟主導之後，需要貨幣供應的穩定和調節，經濟因此進入「金融經濟階段」。這個階段的特點是，國家本幣成為一國經濟的統攝要素，是國家經濟穩定的最大保障。主導「金融（貨幣）經濟」的是「貨幣資本」，因此這一經濟階段亦稱為「貨幣經濟階段」。

「貨幣資本」的三大要素是：1）貨幣以國家政權為基礎（所有制），2）以追求宏觀經濟「流動性」供給穩定為目的（交換），3）貨幣投放效益由全國國民分享（分配）。換句話說，「貨幣經濟」是「國家所有制」的經濟階段[40]。這個定義十分重要。「貨幣經濟」令市場經濟機制與現代國家機制的直接連結，是人類歷史上首次出現的現象。

「國民意識」是「貨幣經濟階段」的意識形態特色。「美國優先」簡潔地反映了「世界經濟帶頭人」美國政府的意識形態，清晰地揭示了「貨幣經濟」的特色，說明了為什麼美國從反壟斷棋手變為科技壟斷霸主。政治經濟理論界把「貨幣經濟」依然視為自由競爭市場經濟是對經濟學的嚴重誤導。

「社會經濟」是「市場經濟」已經出現的一種現象，尚未發展成為一個新的經濟階段，甚至尚未有系統的理論闡述這一經濟機制。《權力、繁榮與貧窮的根源：為什麼國家會失敗》大概是唯一系統闡述社會資本經濟的著作，其學術價值很高，因為與提倡競爭的《國富論》觀點截然不同，因此被起了個外號《國敗論》。該書系統地闡述了如何應對市場經濟機制的結構性問題，完全沒有涉及如何應對市場經濟的本質性問題。礦癡認為「社會（資本）經濟」是目前全球發達經濟體應該採用的經濟機制。

「社會經濟」的三大要素是：1）經濟以「社會資本」作為壓艙

【40】一國貨幣是國家的「公有資產」。新冠疫情導致所有發達經濟體都採用創造貨幣的方式維持社會穩定（維穩），「貨幣經濟」進入全面發展階段。至此，以自由競爭為主旨的「市場經濟」異化到了自己的反面，成為「國家所有制經濟」。

石（所有制），2）以提高資本市場分享效率為目的（交換），3）以降低貧富差距、降低退休經濟收入影響為標準（分配）。換句話說，「社會經濟」是「『社會資本』所有制」的經濟階段。

美國成為經濟全球化阻力的另外一個原因是在美國發展「社會（資本）經濟」最為困難，本質上是違反美國憲法的。而沒有「社會經濟」的「貨幣經濟」必然導致貧富差距擴大，這是機制性結果，無法避免，下文將大致介紹這一邏輯判斷。因此，美國國內的政治經濟走向對於經濟全球化和改革「現代社會結構」的歷史使命至關重要。

3.1.2. 階段性特點與世界經濟現狀

「商品經濟」在經濟上極大地提高了社會的生產力，在政治上令一國的人民從封建帝王的「屬民」變為與國家利益相關的「國民」，「民」的地位變化這個要點，怎麼強調也不過分。換句話說，它剝奪了封建體制的經濟基礎（領地），它是「資產階級革命」（追求平等）的經濟基礎，它是政治革命特別是法國大革命的民意基礎。法國的斷頭臺向所有封建統治者證明，他們沒有無限徵稅的權力，要想維持政權必須關注民眾福祉，這是法國大革命對人類經濟機制的最大貢獻。「商品經濟」帶來「超額利潤」，催生了政權對資本的渴望，催生了財富對經濟民主（國民地位）的需求，加速了「現代國家機制」成型與完善。

「商品」最基本的特性是追求「產品」的「交換價值」，「使用價值」退居從屬地位。「使用價值」是「產品」的主要屬性，「交換價值」是」商品「的主要屬性，兩者決定了「產品經濟」和「商品經濟」的本質差異。人類的價值體系發生了重大轉變。機器降低生產成本，形成獲利的絕對優勢，因此「商品經濟」早期出現了「羊吃人」、機器取代人、人隸屬於機器等現象。

在「商品經濟」高速發展時期，政府與企業相結合形成「商品壟斷」和「資本壟斷」[41]是十分普遍的現象，不管「商品經濟」在哪個國家、哪種「文明」中出現，壟斷從未缺席，暴利的規模都很刺眼。「商品經濟」最高階段的特點是，惡性貿易競爭導致貧富差異巨大和

【41】此時的「資本」以商業資本為主，「投資資本」尚未成為經濟發展的核心動力。

腐敗政治。「金錢萬能」是「商品經濟階段」典型的意識形態，為了牟取暴利，不惜採用任何手段。用種族滅絕方式搶佔殖民地、黑奴貿易、童工、造假等殘忍醜陋的社會現象是「商品經濟」最顯著的特色，是「商品經濟」高速發展時期的必然現象。

作為「市場經濟」的第一階段，「商品經濟」有許多缺點，造假、污染、社會道德淪喪是「商品經濟階段」的普遍現象，用「金錢萬能」來描述「商品經濟」的社會發展特點，絕不為過。「萬惡的資本主義」這個標籤來自「商品經濟」。我們發現這些醜陋的社會現象是所有從「產品經濟」進入「商品經濟」的國家所共有的現象，只是發生的時間區間不同以及時間長短不同，這一規律證明把「商品經濟」作為一個經濟階段的合理性。如果把英國 1750 年代、美國 1850 年代、日本 1900 年代、中國 1990 年代的一些社會醜陋現象做一個比較，立刻能夠發現很多相似的地方。簡單地用「對錯」的立場評判這些社會現象，脫離了歷史視角，忽視了「商品經濟」對人類社會政治經濟結構的昇華所作出的有益貢獻。這種治學方法迄今依然盛行。

「追求超額利潤」和「國家資本壟斷」是「商品經濟」兩大致命缺陷，這兩個致命缺陷來自「商品經濟」的三大要素，最終導致「商品經濟」進入惡性循環，開始抑制「市場經濟機制」的發展。「國家資本壟斷」導致爭奪海外資源的第一次世界大戰，全面地破壞了當時歐洲列強經濟發展的國際環境；「追求超額利潤」導致反「商品經濟」的政治潮流和社會運動，作為對「商品經濟」的反動，蘇維埃政權強勢誕生【42】。

事情壞到頭就會發生變化。「商品經濟」發展到極致，「資本經濟」自然顯現；就像貿易量太大，不堪重負的時候，必然想到投資，用投資緩解矛盾。英國是「商品經濟」的開路人，美國是「資本經濟」的開路人，反壟斷（雙贏）是美國「市場經濟」高速發展的核心動力。美國確實有橫跨兩大洋的地理優勢和地大物博的資源優勢，也有美國

【42】這個歷史背景必須認清。普遍認為蘇聯的「社會主義」計劃經濟機制是以反「市場經濟機制」為原則形成的，這是錯誤判斷。蘇聯的機制是反「商品經濟」而不是反「市場經濟機制」，因為「市場經濟機制」還沒有到達「資本經濟階段」，蘇聯並不知道如何「反資本經濟機制」，這是蘇聯崩潰的根本原因。中國改革開放後創建的「社會主義市場經濟」與其蘇聯的經濟機制有着本質的不同。

政治機制繼承其他國家優點的政治優勢，然而令美國稱霸百年的最關鍵優勢是美國「反壟斷」的制度優勢。換句話說，美國是「資本經濟」的引路人。

有一個很特殊的現象值得深思。所有從產品經濟發展到商品經濟的國家，都經歷了「國家資本道路」，首先是國家通過稅收（商業資本）壁壘調節經濟，獲得高速發展，所有封建帝國無一例外；其次是國家通過操縱投資資本，獲得高速發展，如英國的「國家資本主義」、德國的納粹（種族）資本主義、日本的家族資本主義。換句話說，市場經濟數百年來，「國家資本道路」是國家高速發展時期的共性，這充分解釋了中國目前出現「國家資本主義」的原因。也有例外，美國也曾出現商品經濟階段的商業資本壟斷，而且壟斷已經發展到系統地進入政治機制的程度，即政黨舞弊時期，但是，美國成功地遏制了「商業資本」的壟斷趨勢，對這一問題的具體探討請參看《礦業天下》，該書詳細分析了美國反壟斷機制產生的價值基礎以及美國在「貨幣經濟階段」走向壟斷的歷史必然。

第二次世界大戰是歐洲地區資本結構嚴重畸形的產物。第一次世界大戰的戰爭賠款摧毀了戰敗國通過正常「市場經濟」手段發展經濟的可能性，導致戰敗國通過「國家資本壟斷」聚集經濟力量，歐洲「市場經濟」進入了以國家為單位的惡性競爭階段（商品經濟最高階段）。美國在第二次世界大戰後，介入歐洲和日本的政治經濟結構性改革，首先通過「馬歇爾計劃」向歐洲注資，平衡了歐洲、日本與美國之間嚴重的資本畸形結構，形成典型的「雙贏結構」；其次是打碎了歐洲和日本的「資本壟斷」機制，其中關鍵是德國和日本的資本壟斷結構，這是「西方文明」中「先行國家」轉型進入「資本經濟階段」的關鍵事件。

「商品經濟」和「資本經濟」的所有制不同，所有制差異是兩種經濟階段之間最大的系統性差異。「商品」私有，「資本」交叉持有，把「資本」定義為「私有制細胞」是蘇聯政治經濟學界研究《資本論》的結論，是重大的理論誤判。

「地租」和「高利貸」是研究「資本」最常用的案例，「地」沒

有人「租」的時候是資產（商品），有人租的時候才能形成「資本」（地租），因此「地租」是「生產關係」的產物，高利貸亦然。企業通過借貸擴大產能的過程與「地租」過程完全相同，企業與信貸提供者形成新的「生產關係」，這是企業與「資本」的「共生」狀態。自有資金或「不動產」是「資產」，資金一旦存入銀行，不動產一旦抵押，則成為「資本」，資金所有者（不動產所有者）與銀行（貸款方）共同擁有該筆「資金」（資產）的權益。當資金存入銀行的時候，資金所有者擁有「資產」的「所有權」，銀行擁有在特定時期（存款約定期）「資產」的「使用權」和「收益權」，該筆資金的權益實現了「交叉持有」，「資產」效益通過利息實現了「分享」。「資產交叉持有」和「效益分享」是「資本經濟」的主要特色。

財務概念的「資本」是靜態的、獨家所有的，並非政治經濟學概念的「資本」。由於財務的「資本」概念深入人心，往往與政治經濟學的「資本」發生混淆，「資本」大概是經濟界使用狀態最為混亂的詞彙。政治經濟學的「資本」是「生產關係」，它所形成的關係是「利益攸關方」之間的關係，「透明度」是「資本機制」發展的核心條件，所有「利益攸關方」通過「透明度」完全清楚「資本」發展的盈虧狀態，才能實現「資本效益」最大化。「普世價值」是「資本經濟」的價值觀，是反對不透明的壟斷結構（hierarchy）的價值觀，韋伯先生天才地指出來，資本主義的價值標準來自新教意識形態。

「資本經濟」的三大要素與「商品經濟」的三大要素不同，核心差異是「分享」。人類經濟社會的進步本質是「分享」程度的提高。「商品經濟」剝奪了封建權力對國家經濟效益的壟斷，「資本經濟」打碎了「商業資本所有者」追求「超額利潤」的壟斷權力。美國把世界經濟引入「反壟斷時代」（資本經濟階段），功不可沒，名垂青史。美國因此成為世界政治經濟領域當之無愧的旗手。

在「市場經濟機制」建立200多年的歷史中，從「商品經濟」的「獨家」模式（私有制）提升到「資本經濟」的「分享」模式（集體所有制），是一國經濟最重要的發展機遇，也是一國經濟機制改革最難的一步，也是經濟平穩（和平）轉型的成功概率最低的一步，沒有

之一。這方面教訓最多的是阿根廷，兩次進入世界前十大經濟體，兩次跌落回貧窮國家之列。這也是當前中國經濟機制「改革開放」面臨的最大挑戰，沒有之一。

中國「改革開放」最具特色的歷史財富是，幾十年進入「市場經濟」的歷史濃縮了「先行國家」幾百年「市場經濟機制」發展的進程，這是礦癡通過礦業能夠認識到「市場經濟機制」有自己成熟過程的主要原因。讀者在初次看到「從礦業看天下，再從天下看礦業」這個心得的時候，很難理解礦癡所處歷史時代的獨特性，因此也一定很難理解礦癡的這個心得。例如，中國礦業剛剛開放的時候，在私人礦山（商品型礦業開採【43】）周圍的社區，社會問題百毒俱全（1980-1990年代），這種現象是「先行國家」100年前礦山周邊社區狀態的複製；在礦山開採機制變成「資本型礦業開採」【44】之後，許多最醜陋的社會問題自動消失或惡性程度大大降低（2000-2010年代），充分說明了經濟機制與社會現象之間的關係。正是因為有了不同礦業機制的鮮明對比，有了中國幾十年礦業機制的進步與澳大利亞礦業幾百年礦業機制的進步形成的內在規律對比，才出現了從「礦業看天下」的學習角度。換句話說，通過觀察世界任何一座礦山周邊社區的社會問題，可以知道這家礦業公司「市場經濟機制」的成熟程度。

必須再次指出，世界唯一超級大國美國的政治經濟走向對於世界經濟機制的發展與改革至關重要。冷戰後美國經濟壟斷現象日益明顯，「美國優先」標誌着美國從引導全球經濟機制的全球化建設轉向維持超級大國霸權，標誌着美國成為「現代社會結構」改革的反動派。如上所述，有兩個原因導致美國政治經濟機制走向自己的反面，一個是「貨幣經濟」的出現，一個是「社會經濟」不發育。當代「先行國家」的「資本經濟」高速發展，特點是出現了「知識資本」和「貨幣資本」。遺憾的是，這兩種「資本」有不同程度的壟斷內質，由於兩者都是新

【43】指的是不作資源勘探（資本投資）挖一噸礦石，賣一噸礦石的採礦模式。猶如生產出來一個杯子就賣一個杯子，故定義為「商品型礦業開採」。《礦業天下》的術語是「商品經濟採礦模式」。

【44】指的是通過資源勘探（資本投資）充分了解地下資源形態，用大型機械採礦。這是礦業上市公司普遍採用的採礦模式，故定義為「資本型礦業開採」。《礦業天下》術語是「資本經濟採礦模式」。

的市場經濟現象，人類社會還不知道如何糾正、克服這兩種壟斷趨勢。

3. 1. 2. 1. 貨幣經濟

國家本幣是一國國民的「公有資源」，是國家機器手中的「公共產品」，供給得當，可以調節本國宏觀經濟，令全體國民「分享」貨幣政策的紅利，是進入「社會經濟」重要的經濟手段。很顯然，「貨幣經濟」的「分享」範圍大於「資本經濟」，分配方法從理論上講更為「平均」，對所有國民一視同仁，因此，「貨幣經濟」具有「進步」性質，確實能夠增加「分享」範圍，減緩經濟危機的衝擊。

同理，從世界經濟的整體角度看，「世界貨幣」是「地球村」全體「村民」的「公共產品」，調整「世界貨幣」的供應量（流動性）需要從世界經濟整體利益的角度去做。很顯然，當今大國貨幣（國際流通的貨幣）的運作方法不僅關係到本國的經濟健康，也關係到世界所有國家的經濟健康。在這裡，「貨幣經濟」出現了第一個明顯的分裂，所有發放國際流通貨幣的國家僅僅根據本國經濟現狀考慮貨幣發行政策，或者說 90% 的注意力集中在國內，只有 10% 的注意力關注世界經濟。這些世界流通的貨幣（硬通貨）具有「世界貨幣」的一定功能，不具有「世界貨幣」的本質屬性。

美元既是美國本幣，也是唯一全功能流通的「世界貨幣」，唯一一個可以稱為「世界貨幣」的貨幣。相比之下，歐元儲蓄功能強，流通功能弱於美元。「用一國（美國）資產負債表為世界提供流動性」是當代世界經濟最大的不穩定結構。換句話說，全球經濟由一國的「國有經濟機制」主導。再一次，常識很難駁倒，往往令理論處境尷尬。

在國家債務較低的時候，美國國家利益和世界經濟利益可以同時兼顧，在國家債務較高的時候兩者利益衝突較大，同時兼顧的可能性將會逐步喪失。「世界貨幣」建立在「國家所有制」基礎上，一旦國家政治轉為內向，必然出現「貨幣壟斷」。「美國優先」指的是在兩種利益出現衝突之後，美國政治機制選擇優先

考慮國家利益，因此「美國優先」是標誌着美國政治經濟機制正式進入「貨幣壟斷階段」。

「常識」告訴我們，「增發貨幣」不是「市場經濟」的自發行為，而是「人為操作」。美聯儲採取很多措施隔離美國行政機構的政治影響，這些措施並不能改變「增發貨幣」是「人為操作」的性質，因此，「貨幣經濟」的所有制性質是「國家所有制」。實話實說，「貨幣資本」是政府的金融工具，具有國家壟斷性質【45】。這僅僅是對「貨幣經濟」的表象結構所作的觀察和判斷。

如果深入分析當前國際金融機制，美聯儲冷戰之後確實在根據「市場經濟機制」的信號調節貨幣供給，雖然考慮國家利益多些，由於美國經濟是世界經濟的領頭羊，根據美國經濟作出的貨幣供給決策，一定程度上反映了「市場經濟機制」的發展規律。把美聯儲的貨幣決策說成完全出於「國家私利」並不準確。這證明了一個深層次的問題，「市場經濟機制」有系統性問題。這個「常識」判斷也很難駁倒，主導世界經濟的理論界此時不僅僅是尷尬了，它應該難過，因為它從來沒有考慮過這種可能性，完全是空白狀態。這個問題留在第二章探討。

人類的經濟機制是一個逐步成熟的機制，從「商品經濟」的私人所有制發展到「資本經濟」的「集體所有制」，再發展到「貨幣經濟」的「國家所有制」，這是一個自然的發展過程，每種機制都有自己對社會發展的貢獻與制約，要點是不能停留在一種機制上，必須認清每一種機制的利弊。

新冠疫情令所有「先行國家」都最大限度地採用貨幣政策維持國家機制運轉穩定（維穩），此時，「貨幣經濟」正式成為所有「先行國家」的經濟機制，正式成為全球「市場經濟機制」的一個新的經濟階段。美國只是在這方面先走了幾十年。

「貨幣」是「市場經濟」的血液（流動性），「國家」具有調節市場的責任，「市場經濟機制」和「現代國家機制」在「貨

【45】美聯儲與美國政府的差別是從市場角度還是從政治角度看貨幣問題，然而，兩者都是美國機構，在代表美國利益方面沒有任何差別，因此，美聯儲是美國實現「貨幣壟斷」的核心機構，是「國有經濟機制」的核心機構之一。

幣經濟階段」出現了高度的「統一」。換句話說，「現代社會結構」的兩個核心結構之間的關係，發生了根本性的變化，「國家」正式開始主宰「市場」！在「貨幣經濟階段」如何正確發展本國經濟，在美元是「世界貨幣」的時候如何發展世界經濟，是一個同樣性質的全新的課題（同質問題），人類尚沒有任何實踐經驗，更缺乏理論指導，尚處於「摸着石頭過河」階段。「現代貨幣理論（MMT）」是經濟學家們為了解釋政治家的經濟政策臨時找到的一些藉口，或者說為了給「人為發錢」找理論根據而臨時拼湊的經濟理論，是世界經濟巨大洪流中的一根政治救命稻草。

真正揭示「市場經濟」要害問題的現象是，一向推崇「自由競爭」的美國不經意中反而發展了新型的「國家所有制」。這說明「市場經濟機制」正在走向自己的反面，從競爭走向壟斷。從哲學意義上說，這是社會機制自我異化的結果。

礦癡將中國的「國家所有制」稱為是「商品經濟」充分發育後出現的壟斷現象，這種機制雖然與西方「先行國家」以前出現的「資本壟斷」略有不同，但是性質一致，人們在「先行國家」發展「市場經濟」的過程中見到過，「先行國家」都十分熟悉這個問題，知道如何防範，既有理論，也有實踐經驗。礦癡把美國的「國家所有制」稱為是「資本經濟」充分發育後出現的壟斷現象，是「貨幣經濟」固有的特點，這是人類經濟社會中第一次出現的現象。實話實說，從經濟學角度準確地定義，「中美衝突」是兩種國家壟斷經濟機制之間的衝突。這是一個十分沉重的話題。如果冷靜地想想，中國的壟斷問題人類社會尚知道如何應對，而美國的壟斷問題人類社會完全不知道如何應對。很顯然，兩種壟斷之間的矛盾不是五十步笑百步的問題，而是兩害相逼取其輕的問題。相比之下，對於人類經濟社會來說，美國的問題更嚴峻，用老百姓的話說，美國的問題更要命。

「美國優先」的政治路線是美國無法全面控制世界經濟走向的結果，導致美國把美元作為維持本國利益的政治手段，「美元」成為國家的「壟斷工具」。「貨幣壟斷」會對世界經濟造成重大

破壞。有三個「特朗普現象」證明「世界貨幣」美元已經成為「國家工具」。

• 美國用美元國際支付系統（SWIFT）制裁與伊朗有經濟往來的公司，甚至不徵得歐洲（市場經濟）盟友的同意，令 SWIFT 成為美國的政策工具，令美元國際交割機制正式成為「國家貨幣體系」，「貨幣壟斷」正式進入國際政治領域，令世界金融機制走向政治腐敗。

• 在新冠疫情期間，在美國經濟（服務業）尚未恢復運轉的情況下，美國股市 2020 年中期開始高歌猛進，充分顯示了美聯儲貨幣發行機制的特點，即以美國本國股票市場和債券市場作為貨幣（美元）進入美國社會和國際社會的主管道。換句話說，美國資本市場成為「貨幣經濟」分配國家財富、分配世界財富的主管道，它改變了資本市場作為實體經濟融資平臺的中立性質，「資本經濟機制」發生了質變。用大俗話解釋，「貨幣經濟」令「市場經濟」進入了癌變階段，原來為「貨」的交易提供服務的「幣」，不僅可以脫離「貨」，而且可以主宰「貨」、催生「貨」，進而主宰經濟發展，成為經濟發展的「原動力」。通俗地說，「貨幣經濟」稱為「幣貨經濟」更為貼切。這是美國社會貧富差距越來越大的根本原因之一[46]。美國在新冠疫情期間花錢買中國製造，同時把中國企業從美國股票指數中剔除（2020 年末），充分說明了美國資本市場的「國有」立場和性質，明顯地從「國際資本市場」蛻變為「國家資本市場」。

• 美國用國家行政命令打擊「知識經濟」的競爭對手（華為），禁止不同文化的網絡載體在美國的應用（微信、抖音），導致美國的「國際科技資本市場」成為美國的「國家科技資本市場」，令美元逐步失去凝聚世界所有先進科技生產力的立場和能量，美元成為「國家資本」和世界科技成果的收割機器。

在全球經濟高度關聯的時候，出現了對「世界貨幣」的需求，美元由於歷史原因，成為「世界貨幣」，世界在生產關係層面（交

【46】將在說明意識形態與經濟制度關係的時候闡述這一判斷。

換機制），首次出現了調節世界經濟的「公共產品」（美元），
這是人類完善「現代社會結構」的重大機遇。同時，美聯儲通過
人為增加美元供應避免了多次世界性重大經濟危機的惡化，美元
由此成為各國的外匯儲備資產，理所當然地贏得了「世界貨幣」
的地位。美國完全具有再次引領世界進入社會發展新階段的機會。

然而，隨着美國實體經濟在世界經濟所佔比重日益下降，「用
一國資產負債表為世界提供流動性」這一基本經濟結構的承受能
力越來越低，美國提供「世界貨幣」調節世界經濟的願望和能力
不斷降低。除此之外，美國的政治機制也出現了問題，「美國優
先」成為美元壟斷行為的政治保鏢。

很顯然，世界正在等待惡性金融危機的到來，直到危機破壞
性如此強烈，迫使世界主要經濟體採取措施建立符合人類共同利
益的「世界貨幣機制」。

3.1.2.2. 知識經濟

「知識入股」是當代資本市場十分普遍的現象，這是「資本
經濟」充分發育的顯性標誌，是「知識資本」充分發育的顯性標
誌。「知識資本」的成熟促進了科技產業的發展，大大地促進了
社會生產效率的提高。礦業是「知識經濟」的開路先鋒，勘探智
力投入轉變為上市公司股份是「知識入股」的開始。隨着網絡科
技的高速發展，「數據經濟」取代「資源經濟」成為「先行國家」
經濟發展的核心領域，「數字經濟」的崛起是「知識經濟」充分
發育的基礎。科技公司取代了礦業公司成為「知識經濟」主要載
體。

知識是私人研究成果，同時是公共產品，一旦出現科技發現，
這一知識逐步成為公共知識，永存於人類社會。科技「產品」本
質上是生產工具或服務工具，工具也具有公共產品的性質。「市
場經濟機制」通過知識產權賦予知識「私有產品」的法律地位，
用以保護科學家的經濟利益。科技產品應用範圍越廣，公共產品
的性質越突出，「互聯網」的發展是這一規律的最好證明。因此，
「知識經濟」成熟的標準是科技產品合理地、有規律地從「私有

產品」向「公共產品」轉變。例如，網絡體系本質上是人類社會的「基礎設施」（高速公路），既具有私有財產的特性又具有公共產品的特性。搜尋引擎、網絡交易平臺、雲計算等科技應用平臺，雖然技術所有權和收益權屬於公司，已經成為國際社會最重要的「公共基礎設施」（相當於公共港口）。因此，科技產品和網絡公司不僅能夠提高生產效率，而且通過提供「公共服務」能夠實現「公共工具」和「基礎設施」的社會效益最大化，即提高經濟體系的「分享效率」。

特別需要強調的是，「知識經濟」提供的公共服務是世界性的公共服務，有利於脫離「現代國家機制」對生產力發展的束縛。例如，網絡公司取代「國家（政府）」成為提供社會公共服務的平臺，令「公共基礎設施」脫離了「國家機制」的束縛，有利於「市場經濟機制」脫離「現代國家機制」，成為全人類的共用機制。這是有利於完善「現代社會結構」的重要進步，是生產力的發展推動生產關係變化（所有制變化）的重要歷史性進步，具有劃時代意義。很遺憾，科技發展在這個方向進展緩慢，國際間的協調很弱，國家成為協調的阻力。

首先，網絡科技（服務）是一個嶄新的現象，人類社會尚沒有具體的管理經驗和理論，甚至對如何向國際網絡「獨角獸」收稅，都還沒有一個統一的全球規範，更沒有任何反壟斷的經驗和規範，這是網絡公司形成「獨角獸」（一家獨大）以及科技領域出現壟斷趨勢的部份原因。

其次，在「現代社會結構」為主導的時候，「信息資源」和「自然資源」一樣，都有國家屬性。國家通過向開發「自然資源」的公司（礦業公司）收取權利金，可以使國家從「自然資源」消耗中獲得補償。同樣原則也適用於「信息資源」的開發和使用。網絡「獨角獸」免費收集和使用各國「信息資源」是其獲取超額利潤的重要原因。網絡公司可以在任何國家建立「網絡高速公路」並收取過路費，但是「網絡高速公路」所在國家（國民）不能從「信息資源」中獲得一定的「權利金」補償。這就像礦業公司只

繳納所得稅，不向資源產權國家繳納「權利金」一樣。

最後，更重要的是問題是如何避免知識產權成為壟斷工具。界定知識資產的專利機制為技術創新提供了一定時期的「技術路徑壟斷」（路徑壟斷），技術用於市場後收取專利費用的時期是科研投資的投資回報期。「路徑壟斷」創造獨家優勢，「知識資本」可以通過提高競爭對手技術成本甚至封堵技術路徑的辦法實現技術壟斷。這方面人類社會有一些反壟斷經驗，歐盟在這一領域進步最快。美國通過行政命令禁止科技競爭對手應用美國技術的做法顯然是赤裸裸的國家技術壟斷行為。「路徑壟斷」一方面對科技發展具有無可替代的促進作用，另一方面對科技發展也有十分明顯的負面影響。以下現象表明「市場經濟機制」和「現代國家機制」利用「知識資本」的管理制度尚有待完善。

●龐大的高科技公司在技術過時或走錯科技路徑之後，價值歸零的現象屢見不鮮，表明技術壟斷雖然有保護性，也有局限性和破壞性。手機發展的歷史證明，沒有一家公司可以永久壟斷手機發展的所有科技路徑，投資科技產品的投資者具有週期性投資風險。

●技術路徑正確（壟斷）的成功公司一家獨大成為普遍現象，這是「路徑壟斷」與「風險資本」共同形成的投資門檻，這個門檻很高，令後來者無力追趕，進而導致「大到不能換」，一旦成功，壟斷地位隨之形成。第一個成功的「獨角獸」佔據 70% 的市場，其他十幾家公司分享另外 30%。這是網絡科技公司發展的共同特點。

●網絡「獨角獸」公司不僅在技術領域，而且在技術應用領域也能產生壟斷現象，如強行搭配自有技術，零成本控制市場後獲取超額利潤，非法應用私人信息牟利等。

●網絡公司在科技路徑領域的競爭對科技發達的國家具有重要的經濟利益，因此，科技公司的標準制定受到國際政治的嚴重干擾，全球權威中立機構有權制定行業發展原則，但是無法約束各國網絡當局，無法強迫政府遵守「信息資源」和「頻譜資源」的

應用規則和紀律，更沒有權威或權力維持科技標準的中立性。「美國優先」的政治戰略有壟斷標準制定權的趨勢，這將令技術標準失去客觀中立的屬性，成為國際政治工具，不僅會造成科技市場的偏執發展，甚至可能導致利用科技維繫不平等政治經濟秩序的局面。例如，中國禁止谷歌搜尋引擎在中國使用，美國禁止華為和中國科技公司應用美國公司的技術和產品，這些行為都破壞了「跨國公司」和「國家」在「市場經濟機制」中的中立地位，是「現代國家機制」約束「市場經濟機制」發展的最新案例，這一趨勢的危險性極高。隨着科技行業的重要性越來越高，「技術標準」成為「國界」定義中的新內涵，美國軍隊成為擴大「科技國界」的終極保鏢。這是新型「地緣政治」的最新發展趨勢。

•科技產品是「工具」，歷史告訴我們，「工具」不能制止「人吃人」的現象，不具有提高「人性」水平的功能。現代科技一枝獨秀地高速發展充分展現了「科技工具」的這一冷酷屬性。例如，科技減少用人數量（科技吃人），科技要求人類技能專業化、細化（科技弱智），晶片入腦改造思維習慣和基因改造人類繁衍規律（科技蛻人），由於科技推動市場經濟高速發展，「一美遮百醜」。「市場經濟」通過追求利潤刺激科技發展，沒有任何機制正確應對或努力減少這些負面影響。其結果是，人類生產出大量人工智慧武器、原子中子武器，今後還會有「量子武器」、「質子武器」、甚至基因病毒武器，取決於「現代國家機制」有多麼瘋狂，「科技殺人」正在高速發展中。「路徑壟斷」的技術優勢和「貨幣壟斷」的資本優勢相結合導致毀滅性戰爭的風險越來越大。沒有倫理價值的約束，「科技蛻人」將導致「人類」倒退為「類人」，人類自我滅絕的概率正在迅速上升。

總而論之，兩種新型資本，「知識資本」和「貨幣資本」，都具有導致壟斷的內在能量，也都表現出了明顯的壟斷趨勢。這一現狀說明，人類社會「摸着石頭過河」所形成的「現代社會結構」需要重大調整，否則將無法滿足人類社會生產力高速發展的需求。

3.1.3. 社會經濟

「社會經濟」是「社會資本」成為資本市場平衡力量（壓艙石）的經濟機制，是「市場經濟」實現最廣泛「價值分享」的經濟階段。

「社會經濟」初露端倪，礦癡尚沒有能力全面定義「社會經濟」，寄希望於先學和來者。礦癡認為以社保基金為主的「社會資本」的發育程度是衡量「社會經濟」的重要指標。

雖然澳大利亞全國人口只有兩千多萬，全國社保基金的規模卻處於世界各國社保基金規模排行榜前五之內，充分說明澳大利亞「社會資本」十分強大。「社會資本」的充分發育令澳大利亞成為「發達國家」中經濟發展最為穩定的國家，連續 29 年沒有衰退。更重要的是，澳大利亞貧富差距遠遠好於資本市場最為發育的美國，這是澳大利亞與美國之間社會差別最明顯的地方。導致這一差別的最重要的經濟政策是強制社保。除此之外，澳大利亞還推行強制投票、全民公費醫療等政治經濟政策（社會政策），「社會經濟」的成分較多，雖然或許尚不能把澳大利亞的經濟機制稱為「社會經濟」，但是可以視為「社會經濟」發育最為明顯、發育最好的國家之一。

「社會資本」是全體社會成員共同積累的資本，是社會儲蓄的一種形態。「社會資本」成為資本市場核心成員的時候，資本市場強化了反哺社會的「效益分享機制」，極大地提高了資本市場的「效益分享」範圍，這是澳大利亞經濟整體穩定的「壓艙石」。

稅收是社會再分配的重要手段，在美國幾乎成為唯一手段。除了稅收，儲蓄也是一種再分配方式，不同的是，儲蓄的所有制決定儲蓄效益分配的社會效率。私人儲蓄提高私人投資效率，社會儲蓄提高社會投資效率，僅僅依靠私人儲蓄反而會擴大貧富差距；全面提高「社會儲蓄」水平可將「再分配機制」多元化，十分有利於縮小貧富差距。換句話說，以私人投資為主的資本市場可以起到帶領「社會儲蓄」共同致富的作用。在「市場經濟機制」中尋找反哺社會的方法，避免貧富差距擴大，實現共同富裕，這是鄧小平偉人晚年特別關注的問題。遺憾的是，他在世的時候中國的資本市場還沒有發達到形成社保基金的水平。

　　每個國家實現財富「社會分享」的方法不盡相同。中國實現財富分配的主要載體是國有企業，除了稅收之外，國有企業承擔二次分配和儲蓄性投資的功能。美國實現財富分享的主要載體是以私人投資為特點的資本市場。日本通過國債實現國家資本與社會資本的分享。宗教國家通過教會救濟功能實現社會二次分配。澳大利益自然資源產業十分發達，超大型礦業公司是澳大利亞經濟發展的重要載體，「社會資本」通過資本市場投資大型礦業公司，「分享」國家礦產資源開發的經濟效益，因地制宜，自然順暢。

　　美國主要依賴私人資本的投資市場分配財富，這是美國貧富差距擴大的重要原因。首先，在「資本經濟階段」，一般來說，國民可以分成兩種類型，一種是懂得投資的，一種是不懂投資的，很顯然，懂得投資的國民財富增加的速度更快，兩類國民的收入差別越來越大，因為不懂投資的國民最多是獲得利息收入，而懂得投資的國民獲得的是資本投資收益。其次，當一國進入「貨幣經濟階段」的時候，資本市場成為「貨幣資本」的收放通道，懂投資的國民財富增加的速度更快了，與之相反，不懂投資的國民財富與「資本經濟階段」的收入相比下降更多。強制社保是確保勞動者有一定的儲蓄用於退休後的生活（不是所有個體都有儲蓄意識），更重要的是，通過社保基金參與資本市場，使這一部份儲蓄獲得資本投資收益，不懂投資的國民也能分享資本市場發展的紅利以及貨幣政策的好處。這是美國的貧富差距比澳大利亞大很多的兩大原因。

　　如前所述，「社會經濟」雖然可以提高「市場經濟機制」社會財富的「分享」水平，但是到了「社會」層面，已經是最高層次的「分享」水平[47]，但是不能解決「市場經濟」受「交換價值」主宰的「價值偏執」問題。換句話說，「市場經濟」發展到最高階段，需要向「共生經濟」轉型，「社會經濟」是銜接「市場經濟」和「共生經濟」的經濟階段。

95

　　美國具有發展「商品經濟」得天獨厚的地理優勢——橫跨北美大陸，面向歐洲和亞洲兩大消費市場；美國具有發展「資本經濟」得天獨厚的制度優勢：1）擁有世界最大的資本市場，能夠為「知識資本」提供廣闊的發展天地；2）擁有「世界貨幣」的運營經驗和管理機制，「美元」為全球經濟發展提供流動性。因此，美國具有發展「社會經濟」和「共生經濟」得天獨厚的歷史機遇，具有領導世界建立「共生社會結構」得天獨厚的歷史地位。然而，冷戰期間的意識形態競爭導致美國社會的價值觀偏向極端化、私有化，這一「冷戰內傷」導致美國政治發展方向偏執，「社會經濟」的發展受到法律體系的抑制。控槍的法律難度，建立強制社保的難度，建立全民醫保的難度，證明了在美國建立「社會經濟」的難度；防範新冠疫情出現的混亂局面是美國「社會經濟」缺位的具體後果。「美國優先」標誌着美國放棄了引領世界全球化，充分顯現了在「現代社會結構」中「現代國家機制」大於「市場經濟機制」的結構性問題，是美國政治經濟制度止步不前的最清晰標誌。世界唯一超級大國走向「反全球化」，走向肢解世界貿易組織（WTO），標誌着「現代社會結構」從推動世界政治經濟發展的有利因素變為阻礙世界政治經濟發展的不利因素。

　　「市場經濟」令中國社會出現了天翻地覆的變化，從「自然經濟」剛剛轉向「市場經濟」，當代中國社會中依然保留有許多寶貴的人文意識和社會意識，具有發展「社會經濟」得天獨厚的「文化基礎」和「社會基礎」。中國是「市場經濟」的邊緣地區，沒有太多的條條框框，如果改革開放深入發展的步驟得當，可以成為引領世界進入「社會經濟」的重要力量。然而，在「商品經濟」充分發育的時候出現了「資本壟斷」，「分享機制」受到了抑制。同樣受冷戰時期意識形態競爭的影響，中國政治發展方向出現了偏執化，集體主義、國家主義盛行。由於沒有建立「社會經濟」的理論和實踐，中國建立了以國有企業為核心的二次分配機制和政策投資（轉移支付）機制，比僅僅依靠稅收作為二次分配機制的「先行國家」具有更為便捷的經濟調節手段，冷戰意識形態的慣性令中國沒有着力發展「反哺社會」的「社會資本」機制。從整體上看，中國以國有企業壟斷投資資本的方式走上「投資

資本國有化道路」。中國需要在沒有經驗借鑒的條件下，尋找建立「社會經濟」的路徑，捕捉培育「共生社會結構」的機遇。中國尚有一線希望成為改革「現代社會結構」的核心國家。

歐盟各國社會福利機制比較發育，具有反壟斷的政治和社會傳統，盟內各國文化基礎接近，比較容易實現文化融合。與美國不同，在冷戰中西歐國家必須形成獨特的「社會福利機制」，以抗衡蘇聯集權政權的「平均福利機制」，這是歐盟各國「社會福利機制」比較發育的歷史原因，因此歐盟有發展「社會經濟」的良好基礎。然而，傳統福利政策並不等於「社會經濟」，只是在「分配」領域重視「社會化」，「所有制」領域和「流通」領域（投資領域）的社會化尚不十分發育，福利政策的過度發展給南歐多國經濟造成不良影響，個別國家的經濟已經進入惡性循環；歐盟應該重視在「所有制」領域和投資領域的「社會化」，「社會資本」還有很大發展潛力。「美國優先」也對歐盟的發展構成較大的威脅，歐盟內部出現分裂現象，英國脫歐運動為例。儘管如此，歐盟對「現代社會結構」進行了深度改革，通過不同程度地放棄「現代國家機制」中的關稅、外交、貨幣發行等權力，促進了歐盟內部「市場經濟機制」的協調發展，特別是避免了一國內部出現「貨幣壟斷」的缺陷，為「全球化時代」人類完善「現代社會結構」積累了的寶貴經驗，對此，歐盟理應獲得世界所有「村民」的尊重。歐盟或許可以成為世界各國改革「現代社會結構」的旗手。

3.1.4. 世界經濟的整體現狀

在回顧世界主要經濟體的成熟階段之後，有必要對當今世界經濟整體所處的階段性做一個大致的判斷。目前全球經濟的現狀是：1）「商品經濟」充分發育，「充分發育」的標誌是具有了世界貿易組織這樣的全球貿易協調機制；2）「資本經濟」高速發展，「高速發展」的標誌是出現了「知識資本」和「貨幣資本」，但是「資本經濟」尚未充分發育，標誌是尚沒有「世界投資組織」，僅有《中歐投資協定》這樣的雙邊或多邊協調機制」；3）「貨幣經濟」初露端倪，「初露端倪」的標誌是所有「先行國家」都開始通過增發貨幣維持社會穩定，尚未達到「高速發展」的標誌是國際貨幣發行國家之間缺乏系統的協

調機制，國際貨幣交割機制甚至還出現裂痕，且如何發展「國際貨幣」幾乎沒有系統的思路，雙邊機制很少，建立「世界貨幣組織」近期絕無可能；4）「社會經濟」略有跡象，尚未形成系統性的機制。

3.1.5.「市場經濟」的本質性問題

迄今為止的「市場經濟」的四個階段都是以「交換價值」為中心運轉，階段性的差異是「分享」效率的差異，是結構性差異。「市場經濟」最核心的問題是忽略了對「使用價值」的關注（價值偏執），而且忽略的程度隨着「市場經濟」的發展越來越嚴重，在「貨幣經濟」階段，達到了幾乎完全忽略「使用價值」的程度。「交換價值」的載體「幣」主宰經濟生產「貨」，「價值偏執」達到極端之時即是「市場經濟」徹底異化之日。

任何人類製造品（產品）都是「交換價值」和「使用價值」的統一體，「市場經濟機制」偏重「交換價值」是「市場經濟機制」本質性的缺陷，沒有之一。「使用價值」來自人類對物質世界的客觀需求，獲得「使用價值」（如糧食和鋼鐵）不僅耗費人力和財力（交換成本），也消耗地球資源，破壞生態環境，資源供給的有限和生態環境的惡化互為因果，共同構成了人類社會發展的「物質邊界」。在「市場經濟」偏執發展的時候，「使用價值」從負面顯現了其存在意義，即「物質邊界」的日益狹小。關注「物質邊界」，關注「使用價值」，是人類完善「市場經濟機制」的最大挑戰，是當代人類社會最大的「根本利益」之一。「市場經濟」二百多年形成的價值偏執慣性十分強大，很難改變。目前最大的問題是，傳統經濟學依然把「市場經濟機制」視為十全十美的機制，尚沒有找到「市場經濟」價值偏執這個最根本的問題，沒有理論體系闡述這個問題，更沒有政治機制敢於挑戰「市場經濟機制」。

例如，「高消費」的發展模式關注「交換價值」忽略「使用價值」，竭澤而漁，由此形成了偏執的經濟發展立場。再如，「貨幣經濟」通過人為地擴大交換的流動性，令消費的地位超越了需求，成為經濟發展的動力，造成人類社會對物質資源的極大浪費。這些都是人類社會貧富差距越來越大、經濟發展與「人類根本利益」形成內在衝突的最

關鍵原因。「奧巴馬世界」的出現是人類政治思想僵化的結果。我們將在探討「共生哲學」的 2.6 節中探討克服「市場經濟」偏重「交換價值」的措施。這是本書最重要的內容之一。

3.2. 「現代國家機制」的發展階段

「現代國家機制」經歷了數百年的發展歷史，礦癡將其分為三個發展階段。其間，不僅有政治形態的多次變化，與之相適應的意識形態也發生了多次變化，同時，政治與意識形態的變化與經濟發展階段有着十分緊密的關係。

3.2.1. 封建帝國

「現代國家機制」第一個階段是「封建帝國時期」，主要表現為以軍事擴張為特點的封建帝國的崛起和以商業擴張為特點的城市國家的崛起。這一政治發展模式迄今尚有殘餘，如沙烏地阿拉伯等家族制國家、伊朗等宗教國家。在封建帝國基礎上出現了以黃金為「世界貨幣」的「第一波全球化」，這一波「全球化」以商品貿易為核心。這是「商品經濟」在歐洲高速、暴力發展的時期。

帝國列強不斷發動擴張性戰爭，目的是佔領資源、爭奪商品市場、擴大收稅疆域、控制貿易和資源通道。隨着市場爭奪日益激烈，國家間形成戰略聯盟，封建帝國之間通過信仰體系形成聯盟，「商品經濟」的高速發展是「三十年戰爭」爆發的經濟基礎，「三十年戰爭」是「現代國家機制」出現的催化劑。

發現「新大陸」之後，歐洲列強開始了海外擴張，「城市帝國」荷蘭以貿易為主開拓海外，成為「現代時期」第一個世界性霸主。西班牙和葡萄牙等「封建帝國」通過軍事佔領和軍事管制開拓海外，英國既保留了封建帝國的政治制度，又完善了滿足商業擴張的法律機制，通過建立統一的法律體系開拓海外，相比之下，英聯邦不僅是商業網絡，也是政治載體，注重法治建設，這是大英帝國超越其他歐洲帝國成為世界霸主的關鍵因素。換句話說，經濟擴張機制與政治擴張機制協調發展，英國發展了適合商品經濟的政治體系，這是大英帝國成為第二個世界性霸主的原因。

「商品經濟」的出現和不斷成熟是歐洲國家機制從封建帝國逐步過渡到以議會制為核心的政治體制的經濟背景。如前所述，「商品經濟機制」令一國的人民從帝王的「屬民」變為國家的「國民」，具有「進步」意義。於此同時，現代哲學的高速發展是歐洲國家機制從「古代」走向「現代」的思想基礎。

3.2.2. 現代國家成型及普及

「現代國家機制」第二階段是「現代國家機制的成型和普及時期」。

「現代國家機制」成型的標誌是國家政治機制從獨裁體系（帝王制）轉變為民主機制（議會制），國家政治管理機制逐步完善。如前所述，「資本經濟」的出現導致「國民」對經濟民主的追求，是西方「先行國家」形成「中產階級」最重要的經濟基礎，「中產階級」是政治民主的基礎力量。

「現代國家機制」普及的標誌是歐洲殖民地區民族國家的興起。「殖民地國家」（後發國家）採納「現代國家機制」分為兩個階段。第一個階段是從殖民地發展為「現代國家」，民族獨立伴隨着「新殖民主義」，這是「現代國家機制」的普及期。第二階段是冷戰時期美蘇爭奪世界控制權，通過培植「代理人」形成「東西兩個世界」，其間，「代理人戰爭」此起彼伏，這是「現代國家機制」的鞏固期。換句話說，「現代國家機制」既是經濟機制發展的結果，也是政治戰火洗禮的結果，因此具有極強的生命力，很難用暴力打碎，「帝國墳墓」阿富汗是最好的證明。因此，冷戰是「現代國家機制」的在全球定型的時期。這一時期尚未結束，南斯拉夫、蘇丹、捷克斯洛伐克的分裂以及未來英國的解體是「現代國家機制」在不斷做出微調。這一繼續分裂的現象既是「民族國家」政治思想的延續，也是這些國家「市場經濟結構」分裂的必然結果。總而言之，「先行國家」的「資本經濟」充分發育，「現代國家機制」相對完善；「後發國家」的「商品經濟」充分發育，普遍出現「資本壟斷」，尚未形成比較穩定的「現代國家機制」。

3.2.3. 國家協作時期

冷戰結束，「市場經濟」戰勝「計劃經濟」，用「市場經濟機制」統一世界經濟機製成為冷戰後的潮流，勢不可擋，這是「國家協作時

期」出現的歷史背景。美國在這一進程中起到了重要的領導作用。

「市場經濟」的發展地位超越「國家機制」的發展地位，這種歷史現象十分罕見，人們尚不知道如何定義這種現象，最終約定俗成地稱這一時期為「全球化時期」，或「經濟全球化時期」。歐盟和世界貿易組織是世界政治經濟出現「國家協調機制」的鮮明標誌。

「國家協調」階段剛剛開始，從性質上說稱其為「全球化」有其意義，從社會實踐角度看過於誇大，人類尚未認識自我整體，全球化的入口尚未找到。如前所述，經濟成熟有三個階段，WTO 的出現證明世界經濟在「貿易」領域開始有了協調方法，證明世界整體處於「商品經濟」趨於完善的階段。但是，世界沒有「投資」和「貨幣」領域的協調機制，不具備統稱「全球化」的條件。在「美國優先」的政治環境中，WTO 隨時可能解體，霸主美國會以一國多邊的模式破壞「國家協調機制」，以確保「霸主控制」。因此當代世界經濟的發展階段稱為「貿易全球化階段」雖有勉強之處，略為嚴謹一些。很顯然，世界尚沒有投資協調機制，沒有「世界投資組織」。換句話說，世界經濟的「資本經濟」高速發展但是尚不完善。

「中美貿易戰」的本質是「投資戰」，是美國為了爭奪投資所採取的戰略。這個定義十分重要，它是「投資」分裂狀態導致「貿易」協調機制無法正常發展的最好證明，「中美貿易戰」證明了「資本經濟」不完善可以破壞「商品經濟」形成的制度。可以想像，「中美衝突」的發展趨勢一定會從「投資戰」發展為「貨幣戰」，屆時「貿易全球化」用什麼貨幣交易都會出現混亂，屆時用「全球亂」（Globalchao）一詞取代「全球化」（Globalization）一詞，一定十分生動活潑。

令人欣慰的是，《中歐投資協定》克服國際政治風暴的影響艱難落地，可以稱為世界「資本經濟」趨向完善的第一步，路漫漫其修遠。《中歐投資協定》不僅僅是一個互利協定，而且可以起到抑制中國經濟在「國家資本道路」上越走越遠的作用，是推動中國經濟改革的重要外部環境。美國反對《中歐投資協定》證明了美國「貨幣壟斷」導致其國際政治立場和「市場經濟」立場發生了重大變化。

「中美衝突」是「商品經濟」大國（資本壟斷）與「資本經濟」

大國（貨幣壟斷）的博弈，這種博弈是與冷戰以政治博弈為主截然不同的博弈。「中美衝突」是在「市場經濟機制」內展開，價值計算採用當量貨幣；美蘇衝突是在「市場經濟機制」和「計劃經濟機制」之間展開，價值計算採用不同貨幣；美蘇衝突有勝負，「市場經濟機制」戰勝「計劃經濟機制」；「中美衝突」沒有勝負，兩敗俱傷，傷的是「市場經濟機制」，無所不用其極的衝突一定會徹底破壞正常的「市場經濟機制」。

礦癡把國際競爭勝者無法成為世界新階段的領袖稱為「勝者內傷」的現象。冷戰的勝者美國，由於私有法權極端化，導致「社會經濟」合理要素被扼殺，埋下了美國衰敗的種子。冷戰依賴軍事實力的「恐怖平衡」，博弈範圍遍布全球地緣政治的方方面面；「中美貿易戰」依賴的是經濟相互深度依賴的「恐怖平衡」，博弈層次遍布國際社會結構的方方面面，一直深入到科技標準的層次，這種壟斷博弈前所未有，迄今尚未被正確認識，甚至沒有被正確定義，僅用「衝突」一詞籠統概括，然而這種從未有過的全面對抗毫無疑問將會產生極強的破壞力。

很顯然，國家機制與市場機制之間有着相當清晰的聯繫。第一個政治階段（封建帝國時期）是世界主要國家從「產品經濟」走向「商品經濟」的時期。第二個政治階段（現代國家時期）是世界「先行國家」從「商品經濟」走向「資本經濟」的時期。第三個階段（國家協作時期）是世界「先行國家」從「資本經濟」走向「貨幣經濟」的時期。歐盟在一定程度上破除了「貨幣壟斷」，因此才具有引導世界「資本經濟」走向成熟的原動力。一個階段發展了，往往導致新的壟斷形式的出現，當政治發展抑制了這種壟斷勢力，標誌着經濟機制的升級，同時也進入了一個新型階段；在新型階段中，還會有新的壟斷方式出現，必須克服新型壟斷，經濟機制的分享範圍才能擴大，經濟社會的整體活力才能增強。

礦癡祈禱，中國虛心向歐盟學習破除「資本壟斷」和「貨幣壟斷」的豐富經驗，中歐攜手幫助「美國霸主」克服自戀情結[48]，三方攜

【48】特朗普短短四年把個人的自戀情結發展為國家性格，同時充分顯示了其破壞性。

手將世界經濟引入「投資協調階段」，進而為「貨幣協調階段」打下良好的制度基礎。世界經濟克服「貨幣壟斷」之時即是步入「共生社會結構」之日。

第三個時期剛剛開始，冷戰後出現的國家協作隨着「貨幣壟斷」的發展，出現了倒退的趨勢，會有許多重大的國際政治經濟危機，會有許多「貿易戰」、「投資戰」、「貨幣戰」。經濟亂象產生的主要原因有兩個，一個是全球的「社會經濟」尚不成型，二是世界政治經濟學精英們尚沒有認識到「市場經濟機制」存在「價值偏執」的重大缺陷，更沒有認識到這一缺陷對人類社會構成的巨大危險以及糾正這一偏執的難度。

總而論之，政治階段與經濟階段之間的這種關係反映了政治機制適應經濟機制發展的客觀規律。「現代社會結構」是一個有機體，政治階段和經濟階段的人為劃分只是為了描述人類社會的成熟過程，猶如將一個人的成熟階段分為少年、青年、壯年、成人等階段，青壯年時期少不了爭鬥（戰爭），成人時期才開始學會「一起過日子」。

3.2.4.「現代社會結構」與「文明衝突」

「現代社會結構」是「西方文明」通過約四百年的努力所形成的歷史成果，對人類社會發展的作用功不可沒。同時，人類社會由各種不同「文明」組成，這些「文明」是千年社會實踐形成的歷史成果。「千年文明」與「百年結構」之間既有「共存關係」（和平共處），也有「衝突關係」，但是，從來沒有過「共生關係」（互相滋養的關係）。例如，「百年結構」最發育的美國，無法征服「千年文明」的阿富汗，既不能做到信仰上的征服，也不能做到行政上征服，說明「百年結構」與「千年文明」之間的「共存關係」不等於「共生關係」。如上所述，「中美衝突」具有「文明衝突」的內涵，中美關係當前正在迅速降到「冰點」，「衝突」越來越趨向「冷戰」，具有「文明冷戰」的性質。由於科技成為主戰場，「冷戰」成為「陰戰」，各種手段的陰險與科技武器的隱蔽令國際對抗的結果完全不可預測。世界全體「村民」都在關注「中美衝突」的發展趨勢，不僅關注「中美衝突」雙方誰勝誰敗，更關注能否解決「文明衝突」。「文明衝突」的解決方法涉及到

所有「村民」自己的安危。遺憾的是，幾十年甚至幾百年的勝負結果根本不可能決定「文明」的對錯，事實上，用對錯看「文明」的結果一定找不到正確的出路。

超越國家層次，超越「現代社會結構」，亨廷頓教授提出來「文明衝突」的社會發展理論，將世界最深層次的矛盾歸結到「文明」之間的差異與衝突。從千年歷史視角觀察，亨廷頓教授認為有六種主要的、各不相同的「文明」，並得出了兩個核心判斷」：1）這些各自帶有千年歷史慣性的「文明」是人類社會「衝突」的本源，例如「遊牧文明」與「農耕文明」之間的衝突總是歸結為戰爭；2）「文明」不可能在「現代社會結構」中實現融合，即「千年文明」不能在「百年結構」中融合，美國試圖在一國之內融合不同「文明」，例如試圖解決白人與黑人的矛盾，試圖解決基督教與伊斯蘭教的矛盾，最終有導致美國解體的可能。因此，亨廷頓教授得出一個結論，解決「文明衝突」最好的方法是（A）六種「文明」大範圍地「分而治之」；（B）六種「文明」只有這樣劃分才能做到井水不犯河水（共存）。

「分而治之」是「西方文明」解決文化性對抗性矛盾的慣用方法，由來已久，雖然百分之百地「分而治之」（A）絕不可能，大體做到「分而治之」十分容易。但是，歷史證明，「分而治之」絕對做不到（B）井水不犯河水。巴基斯坦和印度，以色列和阿拉伯，例子不勝枚舉，都是「可分不共存」（A≠B）的證明，更不要說「共生」了。

進一步觀察，國家之內不同「文明」發生矛盾導致的恐怖襲擊用的是炸藥和槍支，「文明國家」之間發生矛盾導致的恐怖襲擊是無所不用其極，武器一定選最大的，當代的終極武器是原子彈（互相毀滅），所有千年以上對立衝突為背景的現代國家都在謀求獲得原子彈，這是禁止核擴散條約出現的歷史條件。換句話說，只有像冷戰那樣依賴核武器的「恐怖平衡」才能維持「共存」狀態，威脅「互相毀滅」是人類各種「文明」勉強「共存」的唯一「普世方法」。再次強調，「共存」不等於「共生」。

亨廷頓教授的兩個判斷和一個結論，如果換成百姓的大俗話，「文明衝突」是一個死結（或用千年來解），無論在「國家」之內（國家

解體）還是在「國家」之外（互相摧毀），都解不開這個「死結」。用「男女成家」的比喻看這個問題，結論是「兩口子」（大家庭）完全沒有「居家過日子」的基礎，只有「吵架」（互相毀滅）一種路徑。話俗理不俗，教授們的話一旦變成百姓的大俗話，好懂，好記，好理解。所謂「好理解」的負面作用是帶來了對立的心理，這個心理影響很難量化，大致意思是，說完「文明衝突」，洗洗睡吧，要想解決，猴年馬月。一旦提到「文明衝突」，人們立刻不再尋找解決方法，甚至放棄了思考這個問題。

教授的結論令人沮喪，判斷千真萬確，用「百年結構」解決不了「千年文明」之間的矛盾。很顯然，要解決「千年文明」之間的矛盾，避免「文明」戰爭，必須用「千年視野」發現「千年文明」之間產生矛盾的種類和原因，找到原因，才能找到解決問題的方法。這是為什麼人類需要了解自己的數千年發展歷史，需要通過歷史比較正確認識不同「文明」的發展基礎與慣性，從人類「整體」發展的角度，尋找解決「文明衝突」的思路與辦法。本書以此為宗旨。

通過「中西文明」萬年發展歷史的比較，可以清晰判斷「文化」發展的「基因」；通過「中西文明」千年發展歷史的比較，可以清晰判斷「文明」發展的「基因」；通過分析不同「基因」對「百年結構」產生的不同反映，可以了解「基因」發展規律；此時展開「哲學」探討，或許能找到人類整體發展的問題與規律。

中西哲學是兩種不同的價值體系，這一點雖然共識不多，尚有些共識；兩種哲學體系具有全面的互補性，這一點完全沒有共識，多被視為「謬論」或幻想。這是因為「中西文明」正式全面接觸只有200年左右，雖然這種互補性在人類社會發展歷史中有可能「第一次」全面顯現。同時，由於「西方文明」主導學術研究，互補性即便顯現了也很難界定。例如，許多中華學者通過中西哲學比較得出的判斷是，西方哲學是對的，「中華哲學」是錯的。

偉人鄧小平先生引導中國融入「市場經濟機制」的指導思想是「轉變思想觀念」，其關鍵要點是從尋找「矛盾統一體」的「衝突點」，轉變為尋找「矛盾統一體」的「結合點」，不再沉迷於傳統的主義之

爭，不再沉迷於傳統的對錯之爭，提出用「市場經濟機制」融合「社會主義」和資本主義，正像從企業高度看工人（社會）和老闆（資本），正是這個「思想轉變」保證了改革開放的成功。「中西文明」的融合也需要這樣的「轉變思想觀念」，從人類發展層次看「中西文明」差異的「結合點」。

3.2.4.1. 文明衝突與文明差異

用「文明衝突」理論作為引子說明「文明衝突論」的局限性，有助於從「中西文明比較」過渡到「中西哲學比較」。

「文明衝突論」最重大的錯誤是把「西方文明」內部的「文明衝突」和「西方文明」與「中華文明」的「文明差異」作為同一種現象，都定義為「文明衝突」，混淆了兩種「文明矛盾」的性質，混淆了兩種不同的「文明差異」。這是西方哲學從概念（衝突）角度立論研究問題時經常導致的「概念陷阱」（衝突定論）。邏輯非常簡單，既然「西方文明」內部的「文明差異」在歷史上始終導致「衝突」，那麼「中西文明」的差異也一定會導致「衝突」，而且是更為系統性的「衝突」，用「文明」與「衝突」兩個概念對「中西文明差異」做出邏輯推理，這樣形成的立場即「概念陷阱」。如果換個角度說，「西方文明」內部的「文明差異」是「石器文明」內部的「文明差異」，「中西文明」的「文明差異」是「石器文明」與「木器文明」之間的差異，兩種差異源頭不同，性質更為不同。把「西方文明」內部的「文明差異」與「中西文明差異」其視為「同質」現象，是導致所有「中西文明比較」掉入「概念陷阱」的最重要原因。

「西方文明」內部的「文明差異」是裂變導致的差異，由此引發的「矛盾」是同一體系內部的「衝突」，「衝突」旨在爭奪代表「本體」，其本質是「利益衝突」。因此「西方文明」內部的「文明衝突」是「文明利益」（利益文明）之間的衝突。「異化衝突」有些像爭奪父母產權（「本體」正宗繼承者）導致的兄弟間衝突。這種衝突是零和關係，有排他性質；極端情況下，有互相否定、同歸於盡的趨勢；「本體」逐步在「衝突」（異化）

中消失。例如，猶太教與伊斯蘭教兩種「文化宗教」之間的衝突具有你死我活的對抗性，被信仰放大的族群意識令真正的「神」（本體）在衝突中失去了統攝地位，令宗教失去了精神引導作用。「異化衝突」關注利益，最大的利益衝突（生與死）一定不會有對雙方都公平的結果。解決這種衝突需要提高族群的利益關注點，從「人類根本利益」角度看，群體利益不僅可以「共存」，而且能夠「共生」。

　　「西方文明」與「中華文明」之間差異是「角度差異」（價值差異），「中西文明」是價值觀不同的「文明」（價值文明）。「價值文明」差異與「利益文明」差異是兩種截然不同的差異。中西價值觀差異是兩種「文化基因」和「文明基因」導致的差異，用俗話說，這是觀察問題角度不同所產生的差異。形象地比喻，居室的裝修既需要石器又需要木器，兩者相得益彰，才是最佳境界。從形狀看，「桶」是圓柱形；從「功能」看，「桶」可以裝水；「西方文明」側重「形狀」（邏輯判斷），「中華文明」側重「功能」（形象感悟），「中西文明」差異僅此而已。一個說形態（本質），一個說功能（整體），兩個都對。角度不同所形成的價值觀差異有兩個最大的特點：1）一方的優勢恰恰是另一方的劣勢，反之亦然，雙方本質上是內在互補的關係；2）兩者任何一個都不可或缺，沒有抽象形態，設計（科學）無從下手；沒有功能意識，使用（社會）未必方便。因此，「中西文明」之間是「互補性差異」，不是你消我長的「對抗性矛盾」。

　　第二章「中西哲學比較」嘗試全面地揭示「中西文明」差異的互補本質。這裡用一個歷史現象來說明「中西文明」之間的差異。

　　中華民族也有長期海外移民歷史，所有中華海外移民所形成的社區都以餐館為中心，即許多西方大城市中的「中國城」，這種文化聚集現象對當地社區具有彌補文化（飲食文化）差異的功能（價值差異）。歷史上只有當地民眾或其他海外移民暴力排華的事件，沒有當地華人暴力控制當地民眾或其他國家移民的事件。

與此相反，「西方文明」海外移民的共同特點是依賴武力征服或滅絕它族，以取得「形式的」（疆域的）控制權。由於是追求利益，「西方文明」的國家之間通過軍事擴張爭奪殖民地時具有很強的排他動力。「中華文明」一般是通過文化擴張實現疆域的擴大，具有很強的整合能力。看似簡單的一個歷史現象，背後是「文明基因」的差別。把這個現象簡單地總結為中華民族不是好戰民族，有道理；由此得出中國移民善於幫助融合當地社會矛盾，很有道理；由此得出中華民族沒有戰鬥力，過於膚淺。

3.3. 「現代社會結構」的意識形態

「現代社會結構」經歷了約四百年的演變，經濟結構和國家結構不斷變化，與之相適應的意識形態體系也經過了多次變化。「現代社會結構」由「西方文明」主導生成，在觀察其意識形態變化的階段性之前，有必要對比一下英國自由主義體系與中華儒學思想，有利於理解人類社會精神體系發展的不同經歷，強調一下人類意識形態發展的共性，避免用一種文明的意識形態代表所有文明意識形態的思維慣性。

英國 12-13 世紀的國王巡迴法庭在斷案的時候請 12 位當地名人參加庭審，從而逐步有了陪審制度，制度建立在尊重社會「習慣」的基礎之上。然後，巡迴法官們每年交流一次，總結共性，用「理性」歸納出普通法；「習慣」與「理性」的結合構成了英國社會的核心管理機制，加之宗教培育的「敬畏」精神，固有英國社會保持迄今的「習慣、理性、神」三層價值體系，通常被視為英國自由主義傳統的思想基礎。於此相比較，中華文明中儒學的「禮、理、天」的價值體系是同樣的結構，也是三層價值體系，「禮」來自社會「習慣」，「理」來自文士總結，「天」界定終極約束[49]。由此可見，人類不同「文明」構築社會上層建築的「價值體系」的基本結構沒有差異，只是對「習慣」的總結角度不同而已，源自不同的「文明基因」。另外，從時間上看，「中華文明」的這一價值體系在先秦時期形成思想，直到唐朝

【49】盛洪先生提出的這一中西價值觀結構對比十分精闢，獨具慧眼！

才完成在中華社會各個層次的普及，有近千年的生發過程。英國這一價值體系的生發也有近千年的歷史。由此可見，將一種「文明」視為對，另一種「文明」視為錯，來自於缺乏對人類整體思想脈絡的認識。

3.3.1. 「現代哲學」

「現代哲學」追求把握「絕對精神」或「絕對真理」，哲學成為揭示「終極真理」的思想路徑（真理說）。「真理說」形成唯心與唯物、社會主義與資本主義針鋒相對的思想派別。一分為二的哲學方法論來自「真理」為本體的「一元論」。

「現代哲學」在「封建帝國」時期興起，是「王的世界」的哲學思想，在政治領域催生了「主義之爭」，導致了除核戰爭之外無所不用其極的「冷戰」。「冷戰」的政治博弈已經有了勝負，「歷史終結論」給「真理說」界定了勝者，但是唯心論與唯物論、社會主義與資本主義兩種思想體系的對抗並沒有結束，西方哲學依然在持續的異化進程中。

「現代哲學」形成「主義」，「主義」反過來埋葬「現代哲學」，冷戰中「主義學說」充分暴露出僅僅依靠邏輯思維無法形成整體性思維，由此產生了以解構「體系」為使命的「後現代哲學」。母體在分裂中失去了統攝能力，這個規律反映在「西方文明」意識形態的各個方面和各個階段。

3.3.2. 「後現代哲學」

「現代哲學」在冷戰的洗禮中逐步演變為「後現代哲學」，「後現代哲學」擯棄和解構「體系」，把「存在」視為「真理」的折射，視為唯一的研究對象。在沒有系統性「思想體系」的基礎上，哲學家成為人類思想「後花園」（意識形態）中的花匠（編輯），忙於界定（表述）各種哲學「花朵」（術語）的性質和定義，基本放棄了尋找認識「真理」的路徑，把任何繼續系統地尋找「真理」的努力視為「現代哲學」幼稚性的表現。這頗有些像清朝出現的樸學，一切以考證為要，這是社會失去發展方向的證明。

「後現代哲學」的最重要貢獻有三個。第一個是提出來「語言」（存在）對思維的影響，既礦癡所謂「思維第一層濾網」的功能，同

時認識到語音語言的多變導致哲學概念的模糊，首次把「意識形態」和語言結合。這是西方哲學思想界一個非常重要的變化。第二個是對邏輯思維主導哲學思考提出反省，提出用概念和邏輯分析「有」的局限性，認識到「澄明」和「空寂」的重要性，首次將把握「無」作為思考方向，哲學思維首次具有了向「形象思維」調整的理論基礎，出現了在「空寂中」感悟存在和生命能量的趨向。海德格爾先生感悟到了「澄明」，「澄明」是培養宗教意識的基礎階段，是把握到「感悟能量」的重要狀態。第三，以尊重「存在」為命題，令哲學從抽象世界回到了現實世界，從推崇「概念」定義變為重視詮釋客觀現實。

「後現代哲學」是「商品經濟」沒落、「資本經濟」興起時期的產物。從「金錢萬能」變成為「投資分享」，具體問題具體分析；從追求利潤變成為存在決定投資方法，各個投資獲利路徑不同；從權力的主觀決策變成為尊重現實，政權服從國民。

「後現代哲學」來源於「不可知論」，對「存在」無法作出方向性的判斷，令哲學失去意識形態的引領能量。「後現代哲學」認可以新教思想為基礎的「普世價值」，出於對「存在」的崇拜，將冷戰「勝者」的價值觀總結為人類社會的普世標準，冷戰後出現的兩個思想潮流（民主潮流和分裂潮流），都與「後現代哲學」有關，是新教與「後現代哲學」聯手的傑作。

3.3.3. 普世價值

冷戰的結果是蘇東集團崩潰，「普世價值」是對冷戰勝利原因的哲學總結。「普世價值」是許多「價值要素」的集合，具體包括哪些「價值要素」，並沒有公論。礦癡認為，「普世價值」最核心的「價值要素」是「自由、民主、平等」，涵蓋信仰（自由）、政治（民主）、社會（平等）三個層次。其核心價值要素「自由」來自於「後現代哲學」。「自由」與其他價值要素一樣，共存於人類社會，往往來自於對壓迫的反抗，如斯巴達克斯的起義。「自由」作為信仰則是現代 200 年左右的新現象，來自於民主運動，來自於「後現代哲學」，強化於冷戰，彰顯於冷戰之後。

「普世價值」是「資本主義」戰勝「社會主義」的精神成果，是

「民的世界」的價值觀，是「資本經濟」高速發展的必然。「普世價值」不以「主義」為立場，而是以「人性」、「人權」為立場，反映了「後現代哲學」注重現實的精神，反映了與「現代哲學」的決裂，反映了「神造人」的最重要成果——人之間的「平等」與「人性」的一致性，「人性」的「一致性」是建立「普世價值」的基礎。

「普世價值」在「國家融合時期」興盛，反映了人類社會希望通過形成統一價值觀迎接全球化的精神追求。在「普世價值」理論的推動下，世界興起了三十多年的「民主潮流」（十年潮流【50】），各式各樣的「民主革命」此起彼伏，美國是推動「民主潮流」的世界領袖。「普世價值」產生於西方哲學，具有局限性，礦礙有以下觀察：

1）它是「主義之爭」勝者總結的價值體系，哲學立場偏執，提升了資本（自由競爭）的地位，降低了社會（社會分享）的地位，是貧富差距擴大的哲學根源。

2）它試圖形成超越多元「文明」的價值觀體系，在全球推廣之後，受到不同「文明」的挑戰，伊斯蘭國（ISIS）挑戰「普世價值」的所有價值要素。然而，正是「自由」價值催生了極端宗教。「民主」價值在不發達國家或宗教國家催生政治壟斷，「平等」價值催生了「少數重於多數」的「政治正確」，族群矛盾、貧富矛盾不但沒有消失，反而出現了極化趨勢。

3）它來自「民的世界」，以「國民」為基礎的「現代國家機制」導致國際政治分裂。「美國優先」意味着美國政府不再承擔在世界維繫「普世價值」的責任，這一變化至少表明：即便是唯一超級大國，單一國家用經濟、政治、軍事力量在世界範圍內維繫一個尚未成熟的價值體系，代價很大，成功率較低。

總之，「普世價值」不能取代「文明價值」，不同「文明」具有不同的歷史慣性，價值觀不同，雖然同在「現代社會結構」之中，政治經濟發展道路也不盡相同。「普世價值」來源於基督教的「普世情懷」和希臘哲學的邏輯思維，核心價值要素依偎在宗教懷抱（神授人

【50】「十年潮流」是專有名詞，是與「百年結構」相對應的社會現象，指的是以十年為單位的思想潮流或政治潮流。

權），由於視角不同（偏執），不具有普適性。在「中西哲學比較」一章中，礦癡會對「普世價值」的局限性展開進一步探討。

3. 3. 4. 精神分裂

在「民主浪潮」（思想潮流）後面，當推廣「普世價值」受挫之後，全球意識形態進入「分裂」狀態，形成了新的「十年潮流」（分裂潮流）。《時代》雜誌在介紹當選總統特朗普時，在封面稱其為「美利堅分裂國總統」，恰如其分地揭示了未來幾十年世界意識形態將會出現的新的潮流（全面分裂）。

「西方文明」歷史證明，「普世」嘗試往往失敗，一旦失敗，分裂不可避免，社會動盪不可避免。歷史上這樣的分裂最大的一次是羅馬帝國一分為二，導致「西方文明」沉淪近一千年。當代這次「分裂潮流」從其廣度看，猶如「三十年戰爭」前天主教與新教在歐洲導致的分裂，沒有一個角落能夠倖免；從其深度看，猶如啟蒙運動時期知識階層中哲學與宗教之分裂，分裂諸方水火不容；從社會層面看，猶如法國大革命時平民與貴族的分裂，不同社會階層僅對「打碎現狀」高度一致，階級和階層喪失了任何凝聚能力；與上述那些歷史分裂相比較，這次「全面分裂」的特點是沒有方向的分裂，是系統性的分裂，是最為困惑的分裂，裂痕深、裂塊小、沒有淨土，好壞如此鮮明，立場又如此糾結不清，「世界村」失去了信仰，知識界集體失聲（缺乏有號召力的思想），國際政治失去了「願景」（領導者），甚至「唯國是圖」都失去了絕對號召力。很顯然，這是「後現代哲學」的社會成果和精神成果，「後」卻沒有方向的哲學特點都在「全面分裂」中彰顯無遺。我們可以從經濟、政治、社會、信仰、文化五個層面看「大分裂」的具體表現着：

1）「經濟分裂」一方面表現在國家之間經濟利益衝突，如中美衝突，另一方面表現在財富極化。「貨幣經濟」是一個嶄新的經濟階段，經濟理論界剛剛看到它不可阻擋的力量。《礦業天下》十年前判斷到它的到來，沒有提出有效解決辦法。「現代貨幣理論」（Modern Monetary Theory）試圖用常識說明「貨幣經濟」的合理性。經濟理論遠遠落後於全球化經濟的發展，無法說明究竟是什麼力量令世界經濟

走向不可阻擋的下一次「有史以來最大的危機」，甚麼是「市場經濟機制」與「現代國家機制」再次分裂的思想根源。

2）「政治分裂」主要表現在意識形態領域。「主義之爭」看似有了勝者，在資本主義充分發育（一統天下）的「後冷戰時期」，反資本主義的社會潮流日益擴大，從美國「反華爾街運動」到法國「黃衫運動」，「主義之爭」不是終結了，而是失去了政治號召力，社會能量從向外的討伐變成向內的發洩。「普世價值」不僅沒有佔領世界所有角落，反而在美國境內對完善「種族結構」造成了負面影響，只要價值觀正確（符合普世價值），就可以打砸搶或者發動戰爭。「建制派」在知識界形成了「政治正確」的文化，這一文化無法落地成為「社會正確」，政治領域的「正確」猶如「現代哲學」的「真理」，聽得懂，做不到，一做就錯，負面影響大於正面效益。

3）「社會分裂」主要表現在「貧富差距擴大」，貧富差距擴大是「現代社會結構」形成的週期性社會現象，在當今表現為財富極化。一方面資本刺激科學界拼命用人工智能取代體力勞動以獲取資本回報，另一方面政治家拼命用印刷貨幣救濟被科技淘汰的失業者，貨幣資本成為擴大剪刀差的推動能量，或者說是科技革命的幫兇。科技革命令人類社會迎來了又一個大規模「生產力吃人」的時代，不同的是這次可以稱為「智力吃人」。為一毛錢地鐵票漲價上街燒輪胎，已經成為全世界新的新聞風景線。

4）「信仰分裂」有目共睹，宗教勉強可以歸為幾個世界性教派，每個教派內部都已經四分五裂，許多教派反目為仇，宗教的派別越多，極端性越來越強化。哲學在「後現代哲學」統攝下，只看腳下不管未來，任其東西南北風。政界是世俗信仰和宗教信仰兩位一體（精神分裂）的混合體，任何美國總統過於偏重一個註定會下臺。改革開放三十年之後，中國出現思變熱潮，宗教、經典儒學不斷佔領「主義之爭」好不容易獲得的地盤。歐洲的「基督教社會民主主義」是三種價值觀的混合體，在經濟上升時期具有最廣泛的凝聚力，在經濟下行期間會產生分裂；與此同時，伊斯蘭教通過移民大規模進入歐盟，猶如傷上撒鹽，深化了歐盟的社會分裂和信仰分裂。信仰分裂並非災難，

導致災難的是它可以成為戰爭或暴力的藉口。

5）「文化分裂」似乎十分遙遠，只能從中華社會更親和「集體主義」、美國社會更親和「個人主義」這樣的角度，才能令人感覺到一些文化差異。然而，只要從哲學角度和價值觀角度認真觀察，立刻可以發現中西文化差異表現在社會發展的方方面面，精神分裂的廣度和深度令人震驚。學者們都認為「中美衝突」是「修昔底德陷阱」的重現，很少人能從「夫妻吵架」的角度看問題。事實是，「修昔底德陷阱」是「現代社會結構」導致的問題，只有幾百年歷史，而中美當代的「夫妻吵架」原因之一是數千年形成的文化差異。

總之，除了「文明衝突論」之外，尚沒有一種理論認識到「中美衝突」的複雜性，沒有一種理論充分認識到當今世界的「分裂」根源，沒有一種理論找到根治精神分裂的辦法。「全面分裂」的根源盤根錯節，既有「千年基礎」的頑固，又有「百年結構」的放大，更有「十年潮流」的氣場。遺憾的是，「文明衝突論」只是起到警示作用，沒找到正確的解決方法。

3.3.5. 宗教信仰

上述世俗領域意識形態的諸多變化是「西方文明」約四百年來主導社會發展的產物，這些變化始終在宗教和哲學的孿生結構中進行。宗教有數千年歷史，始終是人類意識形態的重要組成部份，在網絡全球化時代，三分天下（宗教、哲學、科學）有其一。科學氣勢如虹，主要蠶食了哲學的地盤，少量蠶食了宗教的地盤，哲學與宗教「共存」略微明顯一些，科學與宗教「共存」不甚明顯。網絡全球化時期在人類意識形態領域出現的最為重要的現象是，在科學研究的最高層次出現了宗教意識，即虔誠的「敬畏情懷」。理性與感悟第一次同時達到了相同的精神境界，人類通過工具理性首次看到了宇宙之精密與知識之一體，並深深地被其莊嚴和美妙所震撼。理性認識問題需要一個認識過程，這一進程耗費了人類 2000 多年的時間。這一現象將在探討「共生哲學」和生命價值的時候具體闡述。

現在回到「現代時期」，宗教發展與「現代社會結構」之間也有一些十分重要的聯繫。

3. 3. 5. 1. 宗教與「市場經濟機制」的關係

宗教與「市場經濟機制」之間的關係，從四個角度可以知其輪廓」：

1）所有宗教都排斥「市場經濟機制」的逐利價值觀，但是都不得不在「市場經濟機制」中設法生存。

2）宗教提倡自我修養、抑制物欲和貪婪，對糾正「市場經濟機制」的高消費意識具有重要的抑制作用。

3）宗教的慈善救濟體系自古以來一直是社會財富二次分配的重要管道，這一管道的作用在當代奉行宗教法律的國家表現得最清晰。在所有國家，宗教慈善救濟體系都是緩解社會貧富矛盾的重要機制之一。

4）一些宗教機構用基金在市場機制中為教會的資金保值增值，不自覺地成為「市場經濟機制」的參與者。

3. 3. 5. 2. 宗教與「現代國家機制」之間的關係

宗教與國家的關係是悖論關係，兩者合一則走向極端。

宗教表達人類的精神追求，反對逐利和貪婪；國家是群體牟利和分利的工具和載體，是腐蝕宗教的利器。要想讓個人殘疾，給他一根拐杖；要想讓政黨腐敗，給它一種絕對權力；要想讓宗教墮落，給它一個國家。

在所有大型宗教中，伊斯蘭教是因為宗教與國家相結合而走向衰落的典型案例，特點是國家的發展以宗教的發展為標準，政教合一導致宗教與社會生活和哲學相分離，宗教的純度增強，哲學的地位下降，國家的競爭力下降。

美英在伊拉克推行「民主革命」，令人數多的教派掌權，可以降低少數欺壓多數的殘暴程度，不能降低宗教派別之間的對抗強度。事實證明，「民主」不能解決宗教衝突問題。伊拉克境內出現更為極端的宗教國家（ISIS）是對美國用「民主」改造伊拉克的反動，其反動能量與伊拉克獲得的民主能量成正比，伊斯蘭國只是阿富汗案例的重現。

猶太教有過極端宗教的歷史，通過在世界各地與其他「文明」

「共存」，宗教的極端性大大降低，宗教與社會生活和哲學的融合度很高。以色列建國之後，猶太教極端派別日益強勢，建國百年之後，猶太教總體趨勢將走向極端化。

國家與宗教一旦形成緊密關係，立刻進入「三十年戰爭」前夕那樣的狀態，人類社會將會大踏步地後退，甚至會出現自我毀滅的趨勢。從這個意義上看，亨廷頓教授希望六大不同文明各自集合成大的文化圈，顯然不能相安無事，衝突規模和強度都會遠遠大於現在的「文明衝突」。

4. 人類社會上層建築發展的階段性

由於「現代社會結構」以「西方文明」為基礎，僅僅觀察「現代社會結構」，只能看到數百年間政治與經濟的相互關係，「中西文明」的比較不能清晰地展開。因此，必須從更高的層次看人類社會的發展脈絡。要看清當代任何重大的社會問題，首先要從「千年（文明）基礎」看向「百年結構」，然後再從「百年結構」看向「千年基礎」，往往需要幾次反復調轉比較方向，「中西文明」之間融合共生的性質和特點才能清晰地展現出來。礦癡將其稱為從「有機關係」看人類社會，正是通過從礦業看「天下」（世界政治經濟），再從「天下」看礦業，逐步掌握了這個觀察角度，現在將這個方法擴展到社會學和史學領域的學習和研究，雖有十多年的總結，對這一方法的掌握尚未十分成熟，期待先學和來者的批評和指導。

用最抽象「概念」做一個總體描述，人類社會上層建築發展的歷史有四個階段和三大轉變。「四個階段」出現的順序依次為「神的世界」、「王的世界」、「民的世界」和「人的世界」；「三大轉變」是從「神的世界」轉變為「王的世界」，從「王的世界」轉變為「民的世界」，從「民的世界」轉變為「人的世界」。這四個階段是對「人類社會上層建築發展史的階段性描述。「中西文明」都經歷了「四個世界（階段）」和「三大轉變」，「中西文明」的「四個世界」出現順序也完全一致，證明「中西文明」的發展具有的共性規律，充分說明「中西文明」具有人類共性。在人類社會發展歷史的進程中，「神

王民人」四個要素在任何時候都是共生的，四者缺一不可，差別只是四個要素在不同發展階段中在上層建築中的統攝地位不同。正如「產品」、「商品」、「資本」和「貨幣」始終共存於人類社會的經濟基礎之中，不同時期，四個經濟要素在經濟社會中的統攝地位不同，以此可以對經濟成熟程度（階段性）作出判斷。「神王民人」是「中西文明」社會發展的四個具有共性的要素，是進行社會成熟程度比較的基色。

雖有共性，「中西文明」實現各自「三大轉變」的歷史進程截然不同，時間相差很遠，發展模式相差更大。從共性中發現差異可以令「中西文明」差異的比較躍然紙上。看清這一大的歷史脈絡，可以避免在歷史研究中用一種「文明」的發展概念去框套另一種「文明」的發展概念，也可以避免將兩個「文明」中的任何一個排斥在「人類文明」之外。

尋找共性並用「有機規律」探索「整體特點」是「中華哲學」的特殊能力，來自於「文明基因」，來自於「形象思維」。這一觀點在本章中只能反復強調，將在下一章中西哲學比較中深入探討。

4.1. 神的世界

「中西文明」在早期都是處於「神的世界」，「神」是當時人類社會上層建築的權力中心，是當時社會的價值本源，「神」主導人類社會「遠古社會」和「中古早期」的發展進程。兩個「文明」從「神的世界」轉向「王的世界」的時間，相差 2000 年左右。「中華文明」的「神的世界」鼎盛期是商朝，主要表現在「天帝」崇拜，「西方文明」的「神的世界」鼎盛期是羅馬帝國。

羅馬帝國衰敗的主要原因是宗教居於社會的統攝地位，一方面人文發展受到制約，另一方面宗教內部組織和派系放大社會分裂。在羅馬帝國之後直至十七世紀之前，「西方文明」不斷地在神權與皇權的主次問題上左右搖擺，無論怎麼搖擺，神權始終處於社會結構和政治結構的中心。羅馬帝國正是在宗教問題上分裂為東西兩部份，西羅馬帝國教權地位略高，拜占庭帝國皇權地位略高。拜占庭帝國皇權略重

的「王的世界」來自於東正教主張輔佐皇權，從這個意義上看，東正教是「王的宗教」。然而，拜占庭「王的世界」與中華民族皇權一統天下 2000 年的「王的世界」截然不同，神權始終處於社會意識形態的統攝地位，是社會權力的中心，王權的影響力無法與其相當。在「神聖羅馬帝國」時期，神權（教權）與王權之間的比重開始發生變化，王權開始重於教權，即便在「神聖羅馬帝國」晚期，王權依然需要神權的認可（加冕）才能具有統治權威，因此此時的「西方文明」仍然屬於「神的世界」。在 1500 年以後，在羅馬帝國的名號之前冠以「神聖」，充分說明了「西方文明」在此期間宗教的統攝地位。

簡單地歸納，「西方文明」在轉為「王的世界」之前，普天之下莫非「神」土，率土之濱莫非「神」臣。

4.2.「神的世界」轉向「王的世界」

「中華文明」在周朝完成了在政治領域從「神的世界」轉向「王的世界」，主要標誌是周朝提出「天命靡常，惟德是親」的政治綱領，核心思想是「王」必須服從「天德」才能得到「天佑」。孔氏《春秋》將這一政治綱領發展為「天民相應」【51】的「天道政治理論」，這一政治理論通過董仲舒的總結成為「中華文明」「王朝時代」的政治綱領，成為皇權認可的「官學」。很顯然，「中華文明」的「王」成為「天」在人文世界的代表（天子），只有遵奉「天德」，才能得到「天佑」。這與「西方文明」中教皇代表「神」，「王」管理社會的兩元結構截然不同。自周朝以後，中華「王朝時代」是王的天下，普天之下莫非王土，率土之濱莫非王臣。

「西方文明」在政治上從「神的世界」轉向「王的世界」是在十七世紀的「三十年戰爭」之後，比「中華文明」大約晚了 2000 年。「現代時期」的早期，「王的世界」轟轟烈烈，西方傑出的帝王層出不窮，各領風騷幾十年，以拿破崙兩起兩落最為壯觀。

「王的世界」與「商品經濟階段」相對應，「王」不僅是爭奪政

【51】「天人相應」與「天民相應」本源相同，前者用於中西哲學比較，後者用於中西政治思想比較。這是一個十分重要的差別，對於判斷中華文明成熟階段性極為關鍵，將在「民的世界」一節中說明。

治權力的勝者，推動了「現代國家機制」的完善，而且是率領國民爭奪商品貿易控制權的勝者，「王」推動了以商品貿易為特徵的第一波「全球貿易」，推動了舊大陸對新大陸的征服，推動了國際政治的多元發展，推動了宗教向全球的無冕擴張。勝者王侯敗者賊，歐洲大陸成功的「王」奠定了國家「先行」進入市場經濟的政治與社會基礎。

4.3.「王的世界」轉向「民的世界」

「西方文明」率先從「（帝）王的世界」轉向「（國）民的世界」，「民」與「國」共生，「現代國家」是現代意義「國民」產生的基礎。

「西方文明」的「王的世界」壽命不長，當議會制在西方國家普及，「王的世界」開始沒落，帝王聞名天下的現象開始變為首相聞名天下的現象，以「鐵血首相」俾斯曼最為突出。

雖然在當代「西方文明」中，皇族統治機制依然十分普遍，但是，第二次世界大戰之後，西方「先行國家」正式進入「民的世界」。「西方文明」的「王的世界」與「民的世界」都是在「現代國家機制」（國民機制）中發展起來的，顯性變化是出現了「民」決定「王」的民主機制，「王」成為選舉產生的總統或首相。「民的世界」的生成有兩個核心標誌。

核心標誌之一是「國民意識」的形成，「國民意識」狹義指「帝國（國家）利益」催生的「國民意識」，如美國；廣義包括語言多元化催生的「族民意識」，如阿富汗；以及宗教和信仰催生的「文（化）民意識」，如中國、日本。與「（千年）社會基礎」相比較，「民主機制」是晚出的「政治機制」，「國民意識」居於社會主導地位，是鞏固「民的世界」的政治機制，並非催生「民的世界」的「文化能量」。催生「民的世界」的「文化能量」主要來自文藝復興、啟蒙運動和「現代哲學」。

「西方文明」形成「民的世界」有兩個階段。第一個階段是「王」用文化（語言和宗教）形成了「國民意識」，「民」在「王」的羽翼下發展壯大，此時的「民」是遵奉「王」統領的「帝國之民」（王的屬民），包括不同種族的「族民」以及不同信仰的「文民」，聚於「帝國利益」圈內的「國民意識」具有很強的種族融合性，並非以種族為

核心的「族民意識」。16-18 世紀是語言與政治聯動發展時期，君主享有最高權威，君主制國家的框架建立在效忠國王的體制之上，「一個國王、一種信仰、一種語言」，一切以君主為標準。第二個階段是「民族語言時期」（民族多元化時期）。自 18 世紀末期，「民族語言」與「民族的發現」或「民族國家的構建」聯繫在一起【52】。隨着語言文化的逐步多元化，出現了以「族民意識」為主的社會結構，以民族意識為核心的社會結構逐步發展為「民族國家」。由此可見，文藝復興時期語言的多元發展是孕育「民的世界」產生的最為深邃的「文化能量」。

另一個核心標誌是「民的世界」與「資本經濟階段」相對應。沒有「資本經濟」的高速發展，「民的世界」的經濟基礎不牢靠。議會制是國家從「王的世界」轉向「民的世界」的核心標誌，冷戰是「民的世界」的催化劑。在蘇聯（政黨）帝國式「國民機制」的威脅下，西方「先行國家」的「資本經濟」開啟了培育中產大眾的發展道路，這是民主政治結構產生的經濟基礎，極而言之，沒有「資本經濟」就沒有「民主政治」主導政治機制，政治機制將反復落入壟斷強人的手中，希特勒為典型代表。冷戰中意識形態的尖銳對立並沒有決出「主義學說」理論上的勝負，真正決出勝負的是「集權經濟」對財富的壟斷和「資本經濟」對財富的分享，「資本經濟」是「先行國家」走向「民的世界」的經濟機制。冷戰的勝負是分享型「資本經濟」打敗了壟斷型「商品經濟」。

值得關注的是，「神王民」的社會發展進程與「西方文明」宗教體系變化的歷史進程相互呼應。簡而言之，天主教是「神權宗教」，東正教是「王權宗教」，新教是「民權宗教」。新教推出以宗教為本源的「普世價值」，完成了基督教從「文化宗教」向「哲學宗教」的轉變，「普世價值」是「西方文明」中基督教價值體系（普世情懷）的世俗表達，是對基督教經文的哲學闡述。

基督教經文沒有變化，其核心思想的解釋一直隨着社會成熟程度（神王民）的提高在發生變化，正像羅馬帝國時代的教士傳教內容與

【52】有關語言的部份論述和時間劃界來自肖建飛先生《拉丁語是如何在歐洲消亡的？》一文。

「現代時期」教士傳教內容變化很大一樣，兩者不可能用相同的社會生活案例詮釋教義。宗教與社會發展成熟程度之間的關係以及宗教與經濟階段成熟度之間的關係，通過同質（階段性）比較，開始變得清晰可辨，這是「階段性」的透視功能。必須指出，對社會進行這樣的「透視」只能得到輪廓性的感悟。

「中華文明」的「王的世界」持續了 2000 年，這是「中華文明」最大的特點。清朝滅亡是「王的世界」的崩潰。「中華民國」出現之後，「中華民族」開始形成「現代國民意識」，改變的時間尚短，「王朝時代」的「天民意識」、「子民意識」依然有很強的歷史慣性。

必須強調的是，「中華文明」之「王的世界」與「西方文明」之「王的世界」有一個十分重要的不同，具有十分深厚的「民本意識」，這個「民」是「王天下」之「草民」，而非「西方文明」中的「屬民」或「國民」。一字之差，天壤之別。與西方宗教不同，周朝的「天德」表現為民生民意，正像「天德」的實際成果表現為草木蔥郁一樣，「天生民」，民（草木）之昌盛來自天佑，天民一體，天子從其德，舜天承運。「天視自我民視，天聽自我民聽。」天子只有通過民意才能了解天意，民意（草民）成了天意的表達形式，這便將「民」提高到了與「天」等同的神聖地位[53]。「中華文明」中「民」的地位與「西方文明」中「民」的地位並不完全相同。這一信仰體系顯然與西方宗教「神造人」是截然不同的角度，「神」造岩石，造萬物，造「人」，邏輯使然。生物世界與物理世界，草木天下與岩石天下，觀察問題的角度不同。同樣敬畏神聖力量，「生」與「造」（孕育）的差異導致中華古代出現「民本信仰」[54]而西方古代出現神本信仰。因此，當用「王」這一抽象概念說「中西文明」差異的時候，必須說明「王」的地位與功能在兩種「文明」中截然不同。中華之「王」既有教皇的地位（順天），也有凱撒的地位（管理），又有父母的地位，是形上世界與形下世界之間的政治通道，是天地與草民之間的社會通道。同理，當西

【53】趙法生先生詳細地說明了中華文明「自然宗教」（天生民）是在周朝形成的，詳細說明了中華自然宗教中「天」、「德」、「民」的關係。請參閱《文史哲》2020 年第 3 期趙先生的文章。

【54】中華文明的信仰體系是「人本信仰」。在政治層次，用「民本信仰」更能反映中華歷史上「王」與「民」的有機關係，「草民」的概念更為形象、準確地說明「天民」關係。

方政客把中國當代政治機制稱為集權機制的同時，也要看到中國政治體系中極為強烈的民本意識，不能把中國的政治機制簡單地等同於西方歷史中出現的各種類型的集權機制。

「西方文明」的「民的世界」發展較為充分，「中華文明」的「民的世界」發展較為滯後，這是從西方文明「國民」的角度界定的差異。兩者都是歷史慣性（王的地位）導致的結果。

中華「王的世界」十分漫長，雖然在政治體系中有十分深厚的「民本意識」，並不等於「中華文明」早已進入「民的世界」，在王朝政權更迭之間的一段時間內，往往有「自給經濟」平和發展的社會生發形態，即有「民的世界」的特質，也有「人的世界」的特質，但是整體上判斷，「中華文明」迄今為止依然處於「王的世界」的消亡過程中，並沒有形成「民做主」的「民的世界」。中國的現狀充分表明，政治階段性與經濟階段性（現代社會結構條件下）是有機相關的，經濟民主（資本市場）的成熟程度決定政治民主的完善程度。成熟的「商品經濟」伴隨着不成熟的「資本經濟」，導致中國「改革開放」30年後政治機制改革逐步放緩，如何在中國特定條件下培育以民為本的資本經濟機制是21世紀中國政治經濟發展所面臨的最重大的課題。或許以「社會經濟」為方向發展「資本經濟」是較好的辦法。

通過「中西文明」的歷史比較我們發現，中西兩種「文明」的「王的世界」經濟基礎不同，西方「王的世界」建立在「商品經濟」基礎之上，中華「王的世界」建立在「產品經濟」（自給經濟）基礎之上，因此，西方「王」的「帝國」與中華的「王朝」是兩種不同的「王的世界」。這一差別的意義十分重大，它說明用不同視角看相同事物才能得到「透視」效果，才能把握事物發展的內在規律。由於本節主要探討中西「文明」共性特點，兩種「王的世界」的差異性不是討論的重點。

4.3.1. 中國的國民意識

中華人民共和國（新中國）的成立標誌着「國家機制」的初步形成，初期採用十分僵硬的「計劃經濟」機制（供給制）是歷史的必然，是從中國共產黨在十幾年戰爭中形成的「軍事經濟機制」形態轉變而

成。「新中國」初期的「現代國家機制」有着濃重的「王的世界」【55】色彩，正像「神聖羅馬帝國」有着濃重的「神的世界」色彩一樣，這些「歷史色彩」不是一朝一世可以立刻轉變的，不是用大道理可以改變的。

「新中國」令中國人從「家族意識」、「子民意識」（社會層面）為主轉向「國民意識」，從「天下國家」的「天民意識」（信仰層面）、「屬民意識」（政治層面）轉向「現代國家」的「國民意識」，這些轉變剛剛起步，比「西方文明」滯後幾百年。抗日戰爭、抗美援朝、解放臺灣和「中美貿易戰」所調動的是「國民意識」。中國「國民意識」發展迅速與「中華文明」大一統的文化背景有關。雖然中國現代「國民意識」的性質（定性角度）是「現代社會結構」所形成的「社會意識」，由於歷史慣性不同，其內涵與「西方文明」的「國民意識」並不完全一樣，最重要的差異是中國兩千年以來一直是以「文化立國」，「國民意識」以「文化意識」為基礎，並非以「宗教意識」為基礎，其核心是兩千年歷史形成的「家國情懷」。「家國情懷」和「普世情懷」都是源自信仰，不同的是一個是人本信仰，一個是神本信仰，由此可見中西兩種文明形成的「現代國家」，一個始終有「王」的色彩，一個始終有「神」的色彩。

因此，「中華文明」實現「民的世界」的過程和結果，與「西方文明」實現「民的世界」的進程和結果相比較，有許多不同之處，兩種「國民意識」不可能完全一樣，這些不同反映在經濟、政治、社會、信仰、文化五個層次中。中國從2000多年「王朝時代」的皇權統治轉變為「民的世界」是歷史的必然，實現「民的世界」任重道遠，需要不斷地調整社會結構，不僅包括發展沒有壟斷的「資本經濟」和面向未來的「社會經濟」，而且包括弘揚「中華哲學」以「共生」為核心的價值觀。

4.3.2. 美國的國民意識

【55】如果按照中華哲學的價值體系，「君的世界」比「王的世界」更為準確。君王與帝王不同，代表「王道政治」和「霸道政治」兩種價值體系，基於「產品經濟」（自然經濟）和「商品經濟」兩種不同經濟機制。為了比較方便，不從兩種價值體系差異角度展開，從兩種價值體系共性角度（君與王的集權共性）展開，可以看清兩種價值體系的宏觀階段性。

在美國「民的世界」的公民以「帝國利益」形成的「國民」為主，「國民意識」在美國公民的意識形態中佔絕對主導地位。語言血緣形成的「族民意識」和宗教文化信仰形成的「文民意識」與「國民意識」共存，這種「共存關係」產生的凝聚力在不同時期大小不同。在經濟上行的大週期中，共存關係相對穩定；在經濟下行時期，三種意識不但不具有整體的凝聚力，而且具有很強的分裂能量。特朗普總統最後一年任期內美國社會全面分裂，族群矛盾嚴重惡化。美國從冷戰時期開始，一直在培育「信仰意識」，希望以「普世價值」為標準把「國民意識」昇華為「信仰意識」。通過「普世價值」形成的「信仰意識」具有較為深邃的精神能量，是一種寶貴的社會改造嘗試，得到了美國知識階層和精英階層的認可和支持。但是，一是時間尚短，尚未成為主流意識；二是文化慣性的阻力極大，傳統信仰和文化很難完全接受；總而論之，「普世價值」的「信仰意識」不具備整合所有信仰的條件，因此不具備取代「國民意識」的歷史能量。在國際關係領域，美國遇到一些挑戰，立刻明確地把「國家利益」置於「普世價值」之上，「美國優先」充分顯示了「現代社會結構」的主流意識依然是「國民意識」。

用「自由民主」的政治機制作為美國「國民意識」的凝聚能量事倍功半。政治經濟機制是晚出的機制，是以百年為時間單位形成的「社會結構」；語言、文化、宗教是社會發展的文化能量，是以千年為時間單位形成的「社會基礎」。由於新教以語言多元化為文化基礎，將宗教的文化能量轉變為哲學的思辨能量，「普世價值」成為政治發展的指導思想，但是不具有統攝不同「文化」（文明）的能量，「文化」是「社會基礎」，既影響經濟，也影響政治和「信仰」。

以「民族熔爐」著稱的美國，不可能在短短的二百年左右形成具有獨特「社會意識」的「社會基礎」，美國自生的「文化能量」無法融合不同「文化」（文明）。在美國，不同種族（語言和文化）和不同信仰是「共存」關係，而不是「共生」關係；或者說，美國社會並非是「社會熔爐」而是「利益集合」，是「帝國利益」的分享機制，是典型的「現代國家機制」。這是美國建設「國家文化」的核心挑戰。

　　亨廷頓教授警告稱美國有分裂為五六個國家或社會共同體的危險，說明他對「文明差異」的理解十分深刻。世人應該警惕的是，由於「帝國利益」是「國民意識」的基礎，在帝國地位下降，從國際上獲取利益受挫的時候，美國有為了維持霸主地位不惜一戰的民意基礎，遲早會有政客利用「民主機制」以「國家利益」為口號充分調動「國民意識」，特朗普對美國政治最大的影響是開啟了喚醒「利益國民」的歷史進程，特朗普的華麗登場令美國實現了一次惡劣的轉身。很顯然，美國出希特勒和德國出希特勒對人類發展的破壞力截然不同。

4.4.「民的世界」轉向「人的世界」

　　現代科學技術的高速發展是「民的世界」向「人的世界」轉變的條件和動力，貿易和投資的全球化為「民的世界」轉向「人的世界」提供了經濟基礎。「人的世界」雖然還沒有到來，僅僅是「初露端倪」，其核心內涵已經清晰地顯現在「網絡全球化時代」。

4.4.1. 網絡科技改變社會基礎結構

　　網絡科技帶來三個深刻的社會變化」：1）人類社會首次出現了超越「現代國家機制」的「人以群分」，微信和臉書成為「人以群分」的科技載體；2）人類社會首次出現了超越「國家機制」的超級跨國公司，特別是網絡服務公司的規模超越了實體經濟跨國公司的規模；3）出現了超越國界的「非政府組織」（NGO），NGO對國際政治經濟的影響越來越大。

　　說明網絡載體改變社會基礎結構的最典型案例是出現了通過網絡聯繫建立起來的「宗教國家」（ISIS）。伊斯蘭國（ISIS）通過網絡召集願為宗教獻身的信徒（他國國民），迅速形成集經濟、政治、社會、文化、信仰為一體的「信仰國家」，充分體現了網絡科技（人以群分）強大的聚合能力。

4.4.2. 世界進入「地理閉路體系」

　　隨着「現代國家機制」的充分發展，世界出現了三個重要的新現象：1）地球上已經沒有了空白土地和資源，土地和資源絕大部份都在國界之內；2）隨着「現代國家機制」的發展，「國家機制」神聖

不可侵犯，征服（控制）國家獲得資源已經得不償失；3）人類整體
生存的「物質邊界」日益縮小。這三個現象是世界進入「地理閉路體
系」的重要標誌。

從正面的「效率角度」看，世界政治機制必須從「國家征服」轉
向「國家協調」（國家共生），即建立超越國家主權的世界管理體系
成為歷史的必然。超越國家主權的「人類根本利益」成為「國家共生」
的標準和基礎，「人類根本利益」是「人的世界」的價值標準。

從負面的「問題角度」看，沒有「地球村」全體「村民」的共同
努力，無法解決人類社會中的共性問題，如「物質邊界」問題、「現
代社會結構」改革問題、病毒問題、宇宙風險與開發問題、毒品問題、
極端組織的暴力破壞等等。

從政治經濟學角度看，「地理閉路體系」的出現首次開始令人質
疑人類以「現代社會結構」為基礎的「資源所有制」是否合理、是否
完善。在「產品經濟階段」，「資源」僅指「生物資源」；在「商品
經濟階段」，「資源」開始包括「自然（礦產）資源」；在「資本經
濟階段」，「資源」擴展到「信息資源」和「貨幣資源」（金融資源），
「網絡獨角獸」源自本國「信息資源」、開發全球「信息資源」；在
「網絡全球化時期」，資源開始包括「環境資源」和「太空資源」。
在科技高速發展的未來，資源還可能包括「基因資源」等新型資源。
迄今為止，人類的「資源所有制」只有兩層結構，「私人所有」（包
括企業法人所有）和「國家所有」，沒有「人類共有」的所有制結構，
不能充分反映「人類根本利益」，在「個體」、「群體」、「整體」
三位一體的世界中，顯然缺了一個層次。缺乏人類整體的視野是人類
生存迅速環境惡化的重要原因。

「環境資源」受國界限制較少，空氣和水在全球流動，塑膠污染、
大氣污染和水污染是全球性問題，因此，「網絡全球化」令人類首先
具有了「共有環境資源」的意識，「巴黎環保協議」是人類首次將「環
境資源」（保護）提高到「人類根本利益」的層次。在「自然、環境、
信息」三種資源中，人類僅僅對第一種有深刻認識，對第二種有粗淺
認識，對第三種資源，人類社會尚處於「獨角獸公司」與國家博弈的

探索階段，還沒有形成清晰的認識，最為明顯的是「群體」與「個體」和「整體」信息資源之間的關係還沒有梳理清楚，對個人信息資源的商業化運作模式及其正確開發方法尚未形成基礎共識與通行規範。對於其他新型資源，「現代國家機制」毫無管理能力。

在「全球村」時代，由於「物質邊界」日益縮小，「資源共有性」的特點開始系統地顯現。「資源」的「共有特點」不僅包括滿足當代人類的需要，而且包括滿足人類祖孫後代的需要。「奧巴馬世界」要求人類作出選擇，要麼去掉一半人口，要麼全體人類「共享」資源。奧巴馬站在「先行國家」的立場上宣布，為了維持「先行享受」，不能接受中國和印度等「後發國家」達到「先行國家」的享受水平。

科學技術的高速發展給「現代社會結構」提出了如何應對「資源共有」的挑戰。例如，「現代國家機制」中出現了「新國界」，即以國為界限制網絡發展自由，以國為界限制高科技產品貿易。各國對各國自己的「信息資源」收稅，「理所當然」；這個「理」被「國家」給扭曲了，「共有資源」被人為地畫上了國界。「新國界」極大地限制了科技網絡公司的發展，極大地限制了科技產品成為「國際公共產品」的可能性，極大地限制了人類發揮整體潛力。

在「地理開放體系」時代形成的「現代社會結構」中，「資源」沒有「共有價值」，人類沒有「共有意識」，人類數千年的「文明」從來沒有以「人類根本利益」角度形成社會實踐和社會意識，網絡科技剛剛高速發展了幾十年，缺乏共享資源的意識十分自然。但是，人類思想界對「共有資源」缺乏研究與認識，僅僅依靠「現代社會結構」進行開發與分配，盲目相信「市場經濟機制」的糾錯能力，看不到「市場經濟機制」以「交換價值」為中心運轉的價值偏執問題，這是「物質邊界」加速狹小的思想根源。人類思想界不能僅僅沉醉在新科技的發現上，要認真思考如何根據「人類根本利益」發展人類社會。

4.4.3. 借鑒中華文明的人本信仰

「中華文明」以「木器文化」和農耕經濟為基礎生成的「人本信仰」，雖然處於「自然宗教」的原始狀態，缺乏科學技術的全面解釋和支撐，但是，整體上看對於人類社會走向「人的世界」具有重要的

借鑒意義。

　　正像「中華文明」具有深厚的「民本意識」但是迄今尚未形成完善的「民的世界」一樣,「中華文明」的信仰中有深厚的「人本意識」並不等於「中華文明」已經進入了「人的世界」,從「想到」到「做到」有很大距離,從「做到」到「自覺」還有很大距離。自覺進入「人的世界」是世界所有「文明」的共同方向。同理,不能因為「中華文明」沒有實現「人的世界」而否定「中華文明」的精神世界中「人本信仰」的價值及其合理性,也不能由於「西方文明」的精神世界中「神本信仰」為主,而否定「神本信仰」的價值及其合理性。關於「神本信仰」的價值問題將在「生命與時間」一節中探討。

　　這裡所強調的是,中華「王」的「民本意識」根深蒂固,「以民為本」的政治意識源遠流長;中華「士」的「人本意識」根深蒂固,根植於「自然宗教」的信仰之中,根植於「天人合一」的價值體系之中。因此,中華民族具有走向「人的世界」的巨大熱情,建立「人類命運共同體」的設想雖然不甚精確,集中反映了中華民族走向「天下一家」的精神取向。世界所有「文明」借鑒「中華文明」的「人本信仰」及其價值觀,對人類社會整體發展具有重要意義。

4.5. 中西文明首次全面交匯

　　「西方文明」的「神的世界」漫長,「王的世界」暫短,「民的世界」充分發育,持續時間會相對較長,進入「人的世界」任重道遠。

　　「中華文明」的「神的世界」暫短,「王的世界」漫長,「民的世界」不甚發育,「民的世界」發育任重道遠;由於有孔子仁學(人學)的千年薰陶,「中華文明」進入「人的世界」可能會相對較早,持續時間較長。

　　「民」以國為界,「西方文明」長於創建「現代國家機制」;「人」以天下為家,「中華文明」長於創建「天下國家機制」;這是「社會結構」的兩種不同的發展取向,來自「文明基因」,不僅反映在當今中西文化的方方面面,而且反映在中美兩國政治領袖的政治目標之中。這兩種取向的結合即是「現代社會結構」的發展方向。

　　無論歷史慣性如何影響當今政治，「中西文明」共同處於走向「人的世界」的歷史進程中。只有在正確理解中西哲學、正確理解中西價值觀體系的基礎上，「人的世界」才能成為人類的共同願景，「地球村」的全體「村民」（文明）才能看到這一願景。

　　綜上所述，「神王民人」四個社會發展要素是一個整體，所有「文明」，不分中西，都經歷過「神王民」三個階段，「中西文明」中這些要素的變化規律不盡相同，雖然千變萬化到令人眼花繚亂，恍若兩個世界，實際上本質相同，萬變不離其宗。「中華文明」弱於「神」而強於「王」，抑制「民」而關注「人」；「西方文明」強於「神」而弱於「王」，重於「民」而抽象「人」；看似截然不同，側重而已；兩者並無對錯，都是歷史財富，兩者的慣性絕非一朝一夕可以消失；更為重要的是，兩者之間具有極強的互補性，這一條怎麼強調也不過分。「中西文明」歷史的比較說明了這種互補性，中西哲學的比較將證明這種互補性，「中西文明」在個人生活中的「共生實踐」將培育這種互補性，本書依此順序展開。

5. 人類文明成熟的階段性

　　這是本書首次正式對人類文明整體進行宏觀觀察。「人類文明」涵蓋所有「文明」，超越「中西文明」。我們將再次提高視野，觀察人類整體的成熟階段性。這次關注的是人類社會在經濟基礎和上層建築兩個方面的成熟階段，大致歸納為五個，也可以稱為五次飛躍。隨着人類整體的不斷成熟，每次飛躍之間的時間距離越來越短，呈現「加速度」的形態，甚至可能會出現「級數變化」的趨勢。

5.1. 工具

　　「人」在百萬年的時間內通過使用「工具」（石器或木器）形成能夠征服任何其他「動物」的優勢，這是「人」的第一次飛躍，簡稱「識天文明」階段。「識天文明」的文明概念指的是「意識」的生發，與工具相對應的意識形態。此時的「人」依然是「動物」，最恰當的稱謂是「類人」，具有變為「人類」的條件，沒有必然性。生產力的變化，

令「人」的生存方式發生了變化，形成了產生文明的基本條件。生產力發展並不能確保產生文明，「工具時代」是最好的證明。「工具」以百萬年為時間單位塑造「文化基因」，石器工具和木器工具的不同導致觀察世界的角度不同，「文化基因」以萬年為時間單位悄然形成。

5.2. 定居

　　「定居」令部份「類人」飛躍成為「人類」。數千年農耕養蓄的「定居」形成高級的社會結構以及與社會結構相適應的血緣意識和原始「信仰」（意識形態），不僅有了內部分工合作（上層建築），而且保證了人種優生優育，家庭成為人類社會的基礎單元，「人」成為以社會發展（社會文化）為特點的特類「動物」，形成了戰勝任何動物的群體優勢，這是「人」與其他「動物」開始明顯不同的起點。「定居」是文明的起點。此時，人類進入「識音文明」階段，人類可以用語言實現內部較為充分的溝通，進而形成符合定居生存方式（生產關係）的社會結構，成熟的語言是「社會文化」發展的基本條件。從這個意義上說，「人（類）」的歷史大約只有一萬年左右。

　　通過語言「人能群」，生產關係發生了變化，這是部份「類人」變為「人類」的根本原因。由此可見，生產力的變化只有在導致正確的生產關係的時候，才能產生文明，而正確的生產關係來自於人類內部溝通的深度。

　　同樣是用腦，石器文化的「類人」用腦製作「工具」，認識「物理」規律；「定居文明」的「人類」用腦培育生物，耕種蓄養，認識「生物」規律，「類人」與「人類」用腦的深度截然不同。這是「類人」與「人類」最重大的不同。以此為根據，「人性」的出現是「用腦（心）」[56]能力的飛躍，「人」具有了與動物「神經系統」不同的「精神系統」，理解微妙的生物發展規律是導致腦力飛躍提升的關鍵。

5.3. 文字

　　「定居」之後，「人類」用了數千年時間發明「文字」，「文字」

【56】西方常說用腦，華人常說用心，第三章探討生命與意識的時候對此展開深入研究。

令「人」具有更大的優勢——積累物性的「知識」與倫理的「心得」的優勢，「人」成為以「思考」為核心能力的「動物」，思考抽象問題成為「人」與動物最大的、最本質的不同，從此人類超越了所有動物，成為具有「靈性」的動物，開啟了「識字文明」階段。文字令人類內部交流深度進一步提高，形成了人類獨有的意識形態。「文字」出現以後的「人類」歷史是通過「知識」與「心得」實現社會發展（進步）的歷史，因此，學者們往往將文字出現後的歷史稱為「文明史」。人類文明是所有具體「文明」的集合。由於文字是形成具體「文明」各種差異最基礎的要素，而且文字總體上是越發展種類越多，因此迄今為止的人類文明史的是文字分裂「文明」的歷史。

能夠表述精神世界的「書面文字」的產生迄今約 4000 年，人類通過用文字記錄「心得」，用了 1500 年左右的時間，在「軸心時代」才開始「思考」一些「大問題」，一些社會科學的本質性問題。「軸心時代」距今只有 2500 年左右。「軸心時代」是人類全面建設「精神文明」的起點，人類社會開啟了「識神（真）文明」階段，人類意識進入了探索信仰、探索真理的發展階段。

由於人類文明始終處於「地理開放體系」，社會發展是主要目標，競爭是主要動力，人類在 2500 年中，對內競爭和對外征服所花費的心思，遠遠大於考慮「人類整體效率」和「人類根本利益」，「思考」範圍以個體利益和群體利益為邊界，人類所有的政治經濟學理論、人類社會的上層建築迄今都沒有超越這兩個「利益邊界」。

宋朝和羅馬帝國分別為「中西文明」各自社會綜合發展的頂峰，此時的中西「傳統社會結構」受人類社會生產力（生物資源）發展的限制，始終突破不了社會發展的瓶頸，馬爾薩斯的「人口論」是對這一階段社會發展規律作出的最宏觀、最簡明的總結。

「啟蒙運動」和「工業革命」聯手促成了「傳統社會結構」的瓦解和「現代社會結構」的建立，即人類以競爭和發展為目的所形成的社會結構。雖然這一社會結構還在不斷地完善，始終沒有把人類社會實踐的思考範圍擴大到人類整體，始終對人類整體的根本利益缺乏關注，迄今為止人類文明尚在「幼稚階段」，還處於「青年鬥勇」的階

段。2500 年來，人類在宗教、哲學、社會、政治、經濟各個領域及其各個層次的行為，歸根到底是一個詞──競爭（打架），唯一能夠充分揭示人類內部矛盾並與人類歷史共存迄今的社會現象是戰爭，這些戰爭都是「知識」與「心得」的結果，是「文明」的產物。由於沒有呵護人類根本利益的機制和社會實踐，迄今人類文明的歷史是「文明」分裂史和「文明」競爭史。

宗教本應是超越個體利益和群體利益的信仰，但是，在「現代時期」以前，宗教始終是戰爭的根源；在「現代時期」，不同宗教依然在爭做「神」的唯一代表，然而，此時的宗教之間的競爭已經成為信仰競爭的隱性形態，信仰競爭的顯性形態是哲學之間、哲學與科學之間的競爭。在「網絡全球化時代」，人類社會首次出現哲學、科學、宗教融為一體（三位一體）的思想──共生哲學。這是人類社會進入新發展階段的思想準備。具體分析在中西哲學比較中展開。

5.4. 科技

「科技」是「工具」，與「石器」同質，是「工具」的高級階段，是「工具」的昇華。這個定義的意義在於，如果僅從完善工具角度追求發展，人類文明不可能實現充分發展。在網絡科技時代，人類進入「識數文明」，人類意識進入了理解宇宙深層次規律的發展階段。

「科技」作為「工具」不僅改變物理世界，也改變生物世界，而且改變「人」的社交結構與社交習慣，甚至開始改變人類自身基因與智力結構，因此是「工具」的新階段。「識數文明」指的是一切都數字化了，不僅用數字傳輸、大數據判斷、數字 3D 列印，而且「人」對自己開始了系統性的數字分析、數字管理、數字程式設計改造。

「工業革命」是「科技工具」的產物，迄今數百年；「網絡科技工具」催生了全球化，迄今不過百年；「科技工具」開始以加速度甚至級數速度更新換代。

「科技工具」提高生產效率，降低生產對人力的需求，間接地提出了降低人口數量的問題以及提高人類倫理意識的必要性；科技提高了生產對腦力的需求（人性發展方向），於此同時，也出現了人類依

賴科技提高腦力和科技取代腦力的趨勢（異化趨勢），間接地提出了是否繼續依賴「人腦」的問題以及提高對人類腦力開發的必要性。如果倫理意識和腦力開發沒有突破性發展，「科技」作為「工具」在增強腦力的同時將加快取代腦力的進程，人類或將蛻變為新型「類人」，看似是「人」，本質是數字。

「科技工具」降低對「人力」的需求導致人類現在必須在兩個選擇中取一個，要麼抑制一部份人的消費權利或消滅一部份人的生存權利（奧巴馬世界），要麼通過分享呵護人類整體利益，做到各盡所能，共同發展（共生）；要麼走向「類人世界」要麼走向「人的世界」，人類沒有第三條道路。即便潛意識已經告訴人類第一條道路難以為繼，已經不能算作「人的道路」，但是人類尚不知道如何走第二條道路，既沒有實踐經驗，也沒有理論指導，甚至說不清楚「人類根本利益」是什麼。

「網絡全球化時代」的科技發展和數字化為人類整體地自我審視提供了工具，這是有利條件。「現代社會結構」已經不能促進人類文明的昇華，人類必須開始改革這個百年「社會結構」。世界所有「文明」（村民）都面臨發展道路的選擇，無一例外。

5.5. 自覺

「自覺」是人類內部充分溝通的基礎條件，缺乏「自覺」導致分裂、斷裂、敵對。作為人類社會的一個發展階段，「自覺」與「定居」同質，是「定居」的高級階段，是「定居」的昇華。「人類自覺」既是認識人類整體，也是從人類整體的角度認識外部世界，是人類「社會意識」的昇華，因此是人類「精神文明」發展的新階段，即「識人文明」階段。意識進入了理解人類全部潛能的發展階段。

人類迄今發展了「個體自覺」和「群體自覺」，沒有「整體自覺」，尚沒有令「識人文明」充分發展的上層建築，甚至還沒有出現得到人類普遍認可、有助於建立新型上層建築的理論體系。「共生哲學」是唯一一個符合建立新型上層建築的理論體系，剛剛處於萌芽階段。「識人文明」與其他「文明」階段相比較，最大的不同是正確地認識了個

體人、群體人、整體人之間的關係，能夠杜絕「文明衝突」，終結「文明分裂」。同時，人類開始正確地認識人類與宇宙萬物之間的關係，正確地把握住了提升「精神文明」的方向和方法。

「定居」為了生存，為了提高「生活品質」；「自覺」為了生存，為了提高「生命品質」；一字之差，千里之別。提高「生活品質」的目標中，「人」的物性多些，關注「物質文明」多些；提高「生命品質」的目標中，「人」的人性多些，關注「精神文明」多些。關於「生命品質」的話題將在第三章展開。

「人類自覺」是人類正確運用「資源」和「科技工具」的前提條件，在實現「人類自覺」的時候，1）「資源」和「科技工具」不僅是「競爭」手段，而且是「公共產品」，人類既能夠通過競爭提高個體和群體的效率，又能夠通過分享提高整體的效率；2）「地球村」全體「村民」能夠看到「文明」之間具有互補性，做到各盡所能、取長補短，充分調動人類整體的潛能；3）人類整體的潛能得到充分培育、發展之際，人類能夠實現又一次「質的飛躍」。

通過「識天文明」、「識音文明」、「識字文明」、「識神文明」、「識數文明」、「識人文明」，腦力逐步增強，人類的意識逐步豐富，意識識別範圍逐步全面。只有到了「識人文明」階段，才能較為全面地認識「意識」的內涵，學習目的從生成思想轉變為呵護意識生發。第三章將重點探討生命與意識。

「人類自覺」是人類社會發展的新階段，是人類又一次質的飛躍。這次飛躍是人類首次在發展的時間座標上，看清楚自己「整體發展」的顯能（科技）和潛能（意識），「人類自覺」給人類整體帶來的精神飛躍，比「工具」（征服外界）、「定居」（形成家庭和社區）、「文字」（總結經驗和思考）、「科技」（數字控制）帶來的飛躍更為壯觀，因為「自覺」是在充分認識人類自我的基礎上，充分發揮人類已有的顯能和潛能，因此這次飛躍的高度是前四個飛躍的總合。屆時，「村民們」將會用最小的消耗實現最高的效率，像一個幸福大家庭在「過日子」，「定居」於地球並且共同珍惜地球資源，作為一個整體，面向人類全新的「地理開放體系」，開發浩瀚無垠的宇宙。

6. 歷史比較的總結

　　歷史比較有多種角度，本書從「中西文明」歷史的比較開始，即從經濟（產品、商品、資本）、政治（神國、帝國、民國）、意識形態（古典哲學、現代哲學、後現代哲學；天主教、東正教、新教）三個角度對人類社會發展進程作了階段性的描述，對「中西文明」作了點到為止的比較。同時，從超越具體「文明」的高度，從「神王民人」（上層建築領域）和「工具」、「定居」、「文字」、「科技」（經濟基礎領域）的角度對人類社會的「整體發展進程」作了階段性的描述，通過綜合觀察上述五種角度的內在聯繫，可以看到不同比較角度之間具有生動的有機聯繫，這種通過轉變角度描述人類社會整體發展脈絡的做法，並非歷史研究的主流方法，往往令歷史專業的學者很不適應，似乎在看一個剪接不甚連貫的動畫片，跳躍性極強。然而，這種方法有利於觀察人類社會發展的「有機動態」過程，這種方法是「形象思維」觀察問題的辦法，通過「多元比較」和「同質比較」，用「歸納法」凸顯「整體性」變化規律。所有不同角度的比較說明，人類社會的發展是一個從幼稚走向成熟、從簡單走向複雜的過程，僅此而已，在此簡單歸納為「成熟進化論」【57】。僅此一點，刺痛了當今社會科學界最痛的穴位。

　　社會科學的學者們會將這個結論歸結為「現代哲學」的「競爭進化論」或「唯物主義」以「進步」為標準的「進步進化論」。「進步進化論」是被「後現代哲學」批判得體無完膚的「理性學說」，學者們甚至到了一提「進化」或「進步」就倒胃口的程度，到了談虎色變的程度。然而，個體人是從幼年、童年、少年一路走來，這個「進化」（成熟）過程無法否認。人類也有「同質」的過程，為什麼說到人類整體就一定要否定「進化」呢？雖然「哲學」為「人」或「宇宙」界定了「本體」，無論這個「本體」是什麼，都無法改變這個「（成熟）進化」過程，否定「（成熟）進化」過程即是否定生物發展的過程，是在神化「人」，哲學尋找「本體」的過程成為了「神化人」的過程。或者反過來說，既然「本體」決定事物發展的一切，人類社會發展有

【57】成熟進化論與「真理說」的「進步進化論」之間的差別在 3.2 節中探討。

「進化」過程這個萬年歷史和千年歷史證明的規律，應該被視為是「本體」的產物或特性，為什麼在肯定「本體」的同時，一定要否定「本體」的「產物」或特性？為什麼脫離人類社會現實（進化過程）的哲學成為主導人類意識形態的主流？為什麼談論「本體」滔滔不絕的哲學，掉入「術語」（概念）世界，而且這些「術語」如此超驗，無法用來指導人類社會實踐？這個問題只能在下一章來具體探討了。在完成哲學探討之前，「進化」這個哲學和社會學術語暫不能用，只能用「常理」來對歷史比較作一個總體的描述或判斷。

描述人類社會發展歷史最為生動的一句話是鄧小平偉人「摸着石頭過河」這個比喻。人類社會發展的現狀（階段）是人類「摸着石頭過河」的結果，同時，當代人類社會面向未來，仍然只有一個辦法，「摸着石頭過河」。人類不同「文明」形成不同價值體系，究其原因是，不同「文明」（族群）走過「歷史長河」的路徑不同，因此形成了不同的價值觀和文化，相互之間，既有差異，又有共性。「共性」是都要「過河」，差異是河流上游可以徒步涉水過河，河流中游需要架橋過河，河流入海口需要乘船過河。如果進一步引申鄧小平偉人的整體性的「描述」，不同「文明」摸到了不同的「石頭」（如語言文字），形成自己走「歷史長河」的特殊經驗（信仰），形成各自的「文明基因」。用一種「文明」的文字和價值觀（信仰）取代不同「文明」的文字和價值觀顯然不合理，不合常理，更嚴峻的問題是，取代之法不可行。似乎目前唯一的辦法是，不同「文明」只能以各自「文明基因」（文字和信仰）為基礎，繼續着「摸着石頭過河」的進程。

哲學（哲理）始終在尋找決定一切的那個「本體」，猶如在找一塊能夠決定一切的「石頭」（如「自由」或「初始動力」），以便所有「文明」能夠用同樣正確的方法「過河」。雖然哲學尚未找到公認的那塊「石頭」（哲理概念），尋找的進程從來沒有中斷。有哲人說，所有人可以「飛」過河。絕對正確！但是對於「上游文明」來說，多此一舉；對於「中游文明」來說，不快反慢；對於「下游文明」來說，似乎僅僅適用於南美的拉普拉塔河。這正是「哲理」的麻煩，抽象地找到了本質或方法，邏輯上成立，實踐中用不上。哲學離開了進化，

只有分裂一途，欲速不達。

歷史比較的目的永遠是為了如何面向未來（如何過河）。人類社會除了依賴不同的「文明慣性」各自發展之外，是否還有新的角度能夠發揮人類的整體優勢？人類已經有了「個體自覺」、「群體自覺」，還沒有形成從人類整體（人類自覺）的角度看問題的習慣，借助上述多元歷史比較的背景，帶着這個問題，我們不得不進入「哲學比較」的領地，通過「中西哲學比較」探索形成「人類自覺」的思路和方法。

「中西哲學比較」旨在揭示「中西文明」的兩種「文明基因」和價值觀的各自特點和偏執性，揭示「群體自覺」的「文明發展」與「人類自覺」的「文明發展」之間的內在關係。如前所述，鄧小平偉人領導「改革開放」的指導思想是「轉變思想觀念」，即從關注「矛盾統一體」的「衝突點」，轉向關注「矛盾統一體」的「結合點」。中西兩種「文明」體量最大、差異最大、差異共存時間最長、差異深度最深，因此，界定「中西文明」矛盾統一體的「結合點」，即是在界定人類社會發展方向的觀察「基點」，猶如找到槍的準星。確定基點的過程即是在確定「現代社會結構」的改革內涵，「中西文明比較」、「中西哲學比較」的全部歷史意義在此。「轉變思想觀念」是人類社會實現「社會結構」改革的必由之路。本書第二章「中西哲學比較」的結論是，「人類自覺」不僅「合情」，既符合「家國情懷」，又符合「普世情懷」；而且「合理」，既符合「常理」，也符合「哲理」；不僅「合情合理」，而且具有「可操作性」；不僅具有「可操作性」，而且會有「立竿見影」的社會效果，就像中國改革開放令中國的變化一年等於十年那樣的改革效率。這正是「轉變思想觀念」的迷人之處。礦癡敬請讀者進入這個結論的探索過程。

第二章

第二章
中西哲學比較

　　中西哲學比較是「中西文明」之間差異的深層次比較，是「文明」價值體系的比較，是思維方式差異性的比較。

　　「20 世紀初，中西方文化比較是一個前沿課題。中國文化或東方文化被看作是感性的、精神的、內向的，西方文化是理性的、物質的、外向的。或者，中國文化或東方文化被看作是集體主義的，西方文化是個人主義的，中國文化起源於農耕文明，西方文化起源於海洋文明，中國文化是保守的、中庸的，西方文化是進取的、功利的，諸如此類。」徐迅先生的總結，文字不多，有七個角度的截然不同，羅列了中西文化比較迄今為止的主要結論。然而，這些判斷十分分散，具有真實性、缺乏透視性，具有客觀性、缺乏統攝性，具有理論價值、缺乏實用價值。為了克服這一缺陷，礦癡將中西「文明差異」高度抽象為兩種「文化基因」（思維方式）進而是兩種「文明基因」（文字與信仰）導致的差異，增加了「文明」比較的統攝性和透視性。「中華哲學」偏重形象思維、西方哲學偏重邏輯思維」這一判斷，為探討中西哲學的系統性差異提出了最為簡明的觀察角度。

　　中西哲學描述的是同一個世界，但是有不同的側重角度或立場。「中華哲學」側重描述的是「生物世界」，來自「木器文化」的觀察角度，世界是陰陽合一的整體；西方哲學側重描述的是「物理世界」，來自「石器文化」的觀察角度，世界是造物主（本體）的傑作。「常識」告訴我們，世界是「生物世界」和「物理世界」內在統一的「整體」，

「中華哲學」長於從「生物世界」角度詮釋事物發展規律，強調人倫價值;西方哲學長於從「物理世界」詮釋事物發展規律，強調科學價值;觀察角度不同導致價值觀差異，導致形成各自的思維慣性（思維方式差異）。「思維方式差異」是最基礎的系統性差異，明明是一個整體，肯定一個否定另一個，必然導致「精神分裂」。錢穆先生在《晚學盲言》中詳細說明了「中西文明」對 70 多對、兩兩相對的哲學概念的各自理解，「中西文明」對每個矛盾的兩個方面，側重點截然不同，各居一端，充分說明中西哲學價值觀差異是一種系統性的差異。

「生物世界」、「物理世界」、徐迅先生所說 7 個角度的差異，這些界定中西「文明差異」的角度有助於幫助理解「中西文明」的不同側面，不能界定中西「文明差異」生成的根本原因，因為這些角度只說明了表象特徵，沒有抽象地歸納於「中西文明」的內在差異（內因）。「中西文明」出現差異的內在因素是「思維」的慣性（思維方式）不同，猶如有人慣用左手，有人慣用右手，有人長於左腦思維，有人長於右腦思維。「人」作為一個整體，很難做到左右手完全一致地做出所有動作，這是「常識」；然而，「人」很難做到左右腦平衡思維這個特點不但很難發現，而且更難證明；人類作為一個整體，很難做到平衡運用邏輯思維和形象思維，這個特點甚至尚沒有學術著作正式提及，沒有得到充分的研究。除非大腦受到損傷，一個人不可能只有形象思維而沒有邏輯思維，反之亦然；正像除非失去一隻手，一個人不可能只用一隻手做事情。但是，價值偏好可以嚴重影響思維的全面發展，會導致分裂與衝突。「中西文明」的融合比較困難，充分證明了人類思維「整體上」不甚平衡。這是礦癡認為人類社會整體上還處於「幼稚階段」的核心根據。第一章反復強調，「思維方式差異」來自於思維形成時期外在條件長期的、客觀的影響，逐步發展成為「文明」的內在屬性（文明基因）。中西哲學的比較通過層層撥開哲學價值觀的結構，可以充分揭示「思維方式差異」的整體結構並能附帶展現這一結構形成的歷史軌跡。

在人類文明發展的歷史中，沒有出現過中西兩種哲學（體系）地位平等的時代，兩種哲學體系大部份時間處於「各自東西」的平行發

展狀態，這是「中西文明」的發展長期處於「各自東西」的必然結果。
雖然有一些歷史時期兩者有一定程度的交匯，然而這些時期都是一種
哲學在影響另一種哲學，兩種哲學並非處於平等地位或充分聯動互補
的狀態。例如，儒學和道學思想在啟蒙運動時期對西方哲學形成了強
有力的衝擊，反映了當時發達的、整體運轉效率較好的農耕社會對當
時分裂的、停滯的工商社會所產生的影響。再如，西方傳教士在明朝
晚期將基督教與科學帶到中國，征服了當時最高層次的中華文人，反
映出工商社會的求真精神對農耕社會的倫理世界成功地提出了挑戰。
又如，希臘（西方）哲學在鴉片戰爭之後橫掃「中華文明」的精神世
界，反映了「工業革命」對農耕社會摧枯拉朽式的全面優勢。強勢
「文明」主導社會意識形態發展、主導哲學發展是人類社會精神世界
發展的普遍規律，這個規律在「西方文明」發展的歷史中十分明顯。
這是人類的哲學思想尚不成熟的實證。儒學和道學作為「中華文明」
的核心思想，來自於對「生物世界」的觀察和感悟，對「中華文明」
農耕社會 2000 多年的發展具有重要指導意義，西方哲學界把「中華
哲學」[58] 視為「古代哲學」或「原始哲學」，認為它落後於「現代
哲學」，更落後於「後現代哲學」，這一判斷是西方哲學幼稚的表現。
這就像發現「原子」之後把「分子」視為落後一樣，就像用「物理定律」
否定生物現象。由此可見，邏輯思維主導的「適者生存」的價值觀，
在哲學領域的破壞性極大。「西方文化」偏重邏輯思維、「中華文化」
偏重形象思維，在文字出現之後，兩種「文化基因」定型於兩種「文
明基因」，「思維方式偏好」通過文字這個「思維第一層濾網」，最
終表現為兩種哲學價值觀的不同。因此，中西哲學所有差異的根源是
「思維方式」的偏好不同。

　　「思維偏好差異」是對中西「文明差異」的一種全新的理解角度，
具有對立統一的特點，這個角度與西方哲學追求「真理」的對錯角度
截然不同，是在「思維」這一共性本體的基礎上看方式的「偏好」，

【58】這個術語主要為了與西方哲學形成對比。中華文明的思想體系與西方文明的思想體系用
「哲學」這一西方哲學的術語進行概括，已經是在西方哲學語境中進行中西思想體系的
比較。礦癖傾向於用「人倫體系」作為與西方「哲學體系」的對應，但是需要較多論證，
故用「中華哲學」加引號的辦法設為專有名詞。

「偏好」統一在本體（整體）內。正像從「人」的角度看男人和女人，重在「互補」，不在「對錯」；重在「共生」，不在「衝突」；重在享受差異，不在消滅差異。「常識」告訴我們，人類的大生命（整體）通過男女結合生生不息；同理，人類的「文明」歷史也告訴我們，只有中西兩種「文明」攜起手來，人類的精神世界才能完整、健康。當代人類社會是一個價值觀分裂的社會，「現代社會結構」以競爭為軸心、以國家為最大利益單位，是人類精神分裂的「社會結構性」原因，「思維方式偏好差異」是人類精神分裂的「精神性」原因。「中西文明歷史比較」旨在說明「現代社會結構」的局限性，「中西哲學比較」旨在說明中西哲學各自的局限性，兩個比較都在說明人類需要清醒地認識到，只有兩種「文明」聯合起來，只有兩種哲學體系融合起來，人類才能界定「人類根本利益」，構建人類整體性的「價值大廈」，在這個「大廈」中，「中西文明」兩種價值觀能夠實現完美的融合。

在進行中西哲學比較的時候，必須堅持避免「兩種傾向」。一種傾向是通過判斷好壞，試圖徹底改變一種文明，就像一定要讓男人變成女人，或讓女人變成男人；或者說，一定要用「物理世界」解釋「生物世界」，或用「生物世界」解釋「物理世界」。另一種傾向是通過判斷主次，試圖實現一個為主，另一個為輔，就像要麼父親當家，要麼母親當家，而不是根據特長負責不同的事務。這個立場好懂，不好做，很多家庭做不到。「你應該這樣」、「你應該那樣」，這些話往往是吵架的導火索，就像在「民主潮流」時期，「先行國家」強勢地向不同「文明」推廣「普世價值」。此時最需要的是鄧小平偉人提出的「轉變思想觀念」，即尋找「矛盾統一體」的結合層次和「結合點」。中西哲學觀察世界的角度不同，價值觀因此不同，這是歷史形成的事實，都是人類精神世界的抽象總結，觀察的是同一個世界，共同構成人類社會的價值體系。「中西文明」（哲學）猶如正弦和餘弦，離開任何一方都不可能形成交流電，任何一方過弱，電流也不會穩定，只有「中西文明」（哲學）兩者各自都充分發展，才能為人類社會的發展提供強大的社會（思想）動力。中西哲學這個「矛盾統一體」的結合層次是「人類社會」（人類整體），「結合點」是「價值體系」，

即中西哲學融合形成的「共生價值體系」，這個價值體系需要有具體的客觀標準，這個標準是「人類根本利益」；「人類社會」需要有具體的發展目標，這個目標是「人類利益共同體」【59】。

在進行中西哲學比較的時候，有一個必須採取的方法，這個方法看似與上述的「原則」相衝突，實際上並沒有根本性的矛盾。這個「方法」也有兩個方面，一是發現西方哲學體系的局限性，二是尋找「中華哲學體系」的合理性。採取這個「方法」是由於「現代社會結構」和「現代社會科學」是在西方哲學思想的主導下形成的，堅持「西方文明」好的遺產相對容易，完善「西方文明」薄弱環節相對較難，人類精神世界已經嚴重偏執，必須找到偏執的思想根源，同時必須從「中華哲學體系」中尋找糾正偏差的思路和營養，但是不等於說用「中華哲學體系」統攝人類哲學思想的發展。關鍵是，這一「方法」並非是通過判斷好壞清除西方哲學思想，也不是判斷主次用「中華哲學」統攝西方哲學，而是針對現代社會的具體問題尋找兩者的「結合點」，尋找用「中華哲學」補充西方哲學的思路。尋找西方哲學的偏執角度、從「中華哲學」汲取營養是現階段「轉變思想觀念」的要點，是學術界的時代使命，是通過百年努力調整「社會結構」的必由之路。

最後，在融合中西哲學的時候必須克服畏難情緒。最典型的觀點是，「中西哲學的結合雖然是好事，但是遙遙無期」；有些極為偏執的學者認為，中西哲學的結合根本不可能。中西哲學的融合確實有難度，兩種價值觀的差別往往是「一字之差」，內涵差異卻是「天壤之別」，「人類利益共同體」（「中華哲學」角度）與「人類命運共同體」（西方哲學角度）就是很好的例子，「利益」與「命運」是兩種不同的立場，兩個立場沒有本質衝突。如果能夠換個角度，在兩種「文明」的差異十分清晰之後，把兩種價值觀的差異性從互補性角度去觀察，立場的轉變立刻變得很容易，轉變得越寬廣、越深刻、越簡明，人類越遠離「精神分裂狀態」。從價值體系的「差異性」轉向價值體

【59】「人類利益共同體」和「人類命運共同體」一字之差，立場角度不同。一個關注「生發」（利益），一個關注「歸宿」（命運）。當代中國把「人類命運共同體」視為人類社會發展方向，說明關注人類「整體」，是「大同世界」願景的現代表述；也說明中國思想界受西方哲學影響，關注「歸宿」，這是「主義思維」的特點。中西哲學比較的過程即是解釋這一判斷的過程。

系的「互補性」是「一念之差」（轉變思想觀念），與價值要素的「一字之差」（天壤之別）形成良好的對仗對比；所不同的是，「一念之差」，脫離了「分裂」視野，海闊天空，整個人的精神世界舒暢無比。礦癡進而認為，這個「一念之差」是「人類蒙昧」階段與「人類自覺」階段的分水嶺，「轉變思想觀念」是全球化時代人類思想革命的起點。

正像人類所有的發展一樣，思想轉變了，行動會發生變化，個人、群體、整體即進入了新的飛躍階段，即會發生「質」的變化。中國人民在鄧小平偉人的帶領下，「轉變思想觀念」，把數千年的「產品經濟」（自給經濟）融入到全球的「市場經濟機制」中去，僅僅三十年，令中國發生了翻天覆地的變化，走過了「西方文明」三百年變化的進程（30：300），這個結果令所有參與改革的中國人都大吃一驚。同理，改革「現代社會結構」只要堅定方向，「試點先行，小步快跑」，每天都會發生變化，「人類自覺」的進程也將以十年為單位充分顯現其變革意義，十年的努力將帶來相當於百年的變化，人類覺醒的速度一定令所有參與改革的人驚詫，因為這是人類繼工具、定居、文字、科技之後又一次質變性飛躍，其結果就像「改革開放」令中國人自己都大吃一驚一樣。從這個意義上看，「網絡全球化時代」將有可能成為「人類自覺時代」的起點。

1. 中西哲學價值體系的差異

「中西文明」歷史比較告訴我們，「中西文明」觀察宇宙和世界的角度不同，形成了不同的「文化基因」和「文明基因」，中西哲學的比較將要說明，兩者進而形成不同的價值體系以及反映不同價值體系的哲學體系和信仰體系。中西價值體系中所有關鍵的概念（價值要素）往往是「一字之差，天壤之別」，如西方的「正義」和中華的「仁義」，是中西價值體系的關鍵概念，內涵截然不同。通俗地比喻，「正義」是「價值的天平」，「仁義」是「成人標準」，兩個都沒有錯誤，人類都需要。

簡而言之，「中華哲學」從「生發角度」（生物世界）看世界、看人類發展，西方哲學從「歸宿角度」（物理世界）看世界、看人類

發展，居於價值軸的不同端點（起點和終點）。由於觀察角度不同，中西哲學的「本體論」和「方法論」截然不同。礦癡因此稱西方哲學的價值觀是「終極價值」，稱「中華哲學」的價值觀是「基礎價值」，哲學猶如人類社會的「價值大廈」，這個「大廈」必須既有「地基（基礎價值）」，又有「屋頂（終極價值）」，兩者不可或缺，因此，沒有中西哲學的結合就沒有真正意義的「人類自覺」，沒有「人」的哲學，只有人類分裂；沒有中西結合就沒有「生物世界」與「物理世界」的結合，只有「學問體系」和「知識體系」的分裂。要認清中西哲學價值體系的差異，必須從哲學立場（觀察角度）去看中西哲學的「本體論」和「方法論」，通過比較中西哲學各自的「最高價值」（一級價值），才能看清楚中西哲學各自的合理性和偏執性。

1.1. 「終極價值」的合理性

根據西方宗教觀點，人最終皈依於「神」，或進入天堂或進入地獄；根據西方哲學觀點，人追求「真理」，最終按照「真理」歸寂於「永恆」；「神」和／或「真理」是萬物的「本體」（本質），是一切事物的「歸宿」，「神」和「真理」是超越性的「終極」。

從人類的歸宿（終點）看人類社會發展，任何已知的探索成果都很渺小，從「終點」以最大「未知」（神或真理）看現實（已知），「已知」永遠可以忽略不計，「神」因此確立了不可動搖的絕對地位，能夠給予人類慰藉和歸宿；「真理」因此確立了不可動搖的絕對地位，成為人類思維的方向和歸宿；「超越性」令「神」和「真理」具有合理性。

面向包羅萬象的「終極」，在浩渺「未知」中，任何一個方向都能夠自立成為一條路徑，這是任何宗教派別（哲學學派）可以自成一體的客觀基礎。「自成一體」是宗教（哲學）「合理性」的必然形態，是「終極價值」包羅萬象的存在形態，是面向「終極」自由發展的客觀要求，由此產生「自由」這一價值要素。「西方文明」的宗教（哲學）派別眾多，宗中有派、派中有別，西方宗教與哲學零和發展百花齊放，這是「終極存在」（神和真理）的自然展現。「自由」面向「終極」

具有合理性，「自由」是「西方文明」二級價值體系中的核心要素。

同時，面向包羅萬象的「終極」，人類萬千宗教路徑（哲學流派）都有其自我局限性。西方宗教（哲學）把路徑偏差的原因歸結為人性中的「貪婪」（蒙昧）特性，故對人類發展的起點有「人性惡」（物性為主）的判斷。人類既有「神性」（靈性）又有「獸性」（物性），信仰「神」（追求真理）啟發「神性」（靈性），抑制或消滅「獸性」（物性）；每個個體人對自己的發展道路承擔全部責任，最終都要接受「終極審判」（宗教）或承擔錯誤代價（哲學）。「人性惡」（物性）是「神」（真理）具有神聖性（正確性）的先決條件，「神」是最大的「善」、最博的「愛」，「真理」是最純的「真」、最廣的「理」；進入「天堂」的條件是皈依「善界」，皈依「神」，融入愛中；實現「永恆」的條件是追求「真理」，為「真理」獻身，成為「真理」的一部份。「神」的「終極善」是宗教合理性的基礎，是宗教作為「終極價值」具有合理性的基礎；「真理」的「最純真」是哲學合理性的基礎，是「真理」作為「終極價值」具有合理性的基礎。「神」和「真理」是「西方文明」價值體系構成「人類價值大廈」的「終極價值」（屋頂）具有合理性。必須特別強調，「神」和「真理」迄今僅是「共存關係」（零和關係），不是「共生關係」。「共存」意味着缺乏共同融合發展（共生）的基礎。

由於「人性惡」（蒙昧），故有宗教的「終極審判」和世俗的「法治機制」。「西方文明」世俗社會發展的核心社會管理機制是「法治」，「法治」是維繫「終極價值」的核心機制，當代西方「法治」體系的理論基礎是「人權（神授）」。「法治」是「現代社會結構」的核心管理機制。

人類既有「靈性」又有「物性」，追求「真理」啟發人類用「靈性」認識宇宙、利用環境、推動人類發展。信仰「人性靈」（唯心主義角度），「西方文明」將人類的工具理性發揮到極致，工具形態不斷變化，科學技術成為推動人類社會發展的核心動力。科學技術以「真」為基礎，是「真理說」在物質世界的成果，是「西方文明」的核心優勢。

個體對自我發展承擔全部責任，或進天堂或入地獄（宗教觀點），

適者生存，弱者消亡（哲學觀點），這是「西方文明」之「競爭文化」發展的核心理念。「適者生存」有兩個大的分類，一是創造生存的客觀條件，先走一步海闊天空，工具先進，捷足先登，工具理性推動科學發展；二是，信仰純正者（行善）生存，成為引領人類社會發展的英雄；沒有信仰者（作惡）滅亡，成為人類公敵。「競爭意識」構成「西方文明」精神世界的核心動力，表現在宗教、哲學、政治、經濟、科技、社會、文化所有領域。

1.1.1. 「生發基礎」的無理性

不可能也不需要闡述「神」的來源，「神」造「人」和萬物，故萬物起源於「神」，從「生發角度」看，「神」是一個概念，「神」是一個無法解說、不該解說、一說就錯的概念。不同人類文明對「神」有不同的命名，如耶和華、基督、安拉、彼得、佛、風，這個宗教現實證明了「神」的起源之「不可說」或「不可名」（不能命名），如要命名，各種「文明」只能各取其名；同時證明，「說」與「名」是異化「神」的開端，對「起源」的「名」將「神」的「概念」具體化，即用人可以理解的術語或稱謂來描述「神」，當「神」的名字是人命名（先知轉述）的時候，被人命名的「神」已經是人化的概念，而非「元神」。用統治民族或「霸主文明」的「終極概念」作為全人類各族或各種「文明」的終極是「西方文明」的發展特點。

由於「神」是超越性的，超越人類所能理解的，這樣的「本體」只能用一個名詞（神）來「代稱」，「神」這個稱謂是人對「終極」的稱謂。若無名稱，傳教無從起始，「終極」無所界定，因此，「神」是所有宗教不得不接受的一個「公設」的稱謂。這種抽象的、概括性的「名詞」是哲學術語「概念」。「神」或「真理」顯然具有「不證自明」的特點，雖然西方各個「文明」族群或社區對「神」或「真理」的具體稱謂有所差異，但是「神」是西方早期「文明」之「一級價值」的「本體」、是萬物的「本原」是「不證自明」的，正如「石頭」來自「造物主」不需要解說一樣，這說明西方思維發展的起點是預設、公設、抽象、不證自明的「概念」。建立這樣的「概念」是邏輯思維的優勢，「石器文化」是「西方文明」邏輯思維十分發育最原始、最

基礎的客觀條件。用「不證自明的公設概念」【60】來表述西方精神世界發展的「起點」，十分精準、明晰，這一判斷內在地證明，「西方文明」的「價值起點」不用說、不可說、一說就開始異化成為諸多分支。這是「西方文明」宗教派系數不勝數的哲學原因。

「真理」的起源同樣「不可說」。「真理」是遠遠超越人類認識能力的「本體」（本質），是包羅萬象的知識整體，只能用一個名詞「真理」來表述，是一個「概念」，「不證自明的公設概念」。因此，從「生發」角度看，「真理」是一個無法解說、不該解說、一說就錯的概念，西方哲學中唯心論與唯物論爭奪「生發起點」的辯論，持續了千年之久，結果是「起點」越說越亂，辯論永無終點。西方哲學「真理說」的起源是「不可知論」，「現代哲學」不承認這一點；當代西方哲學最高成果是「後現代哲學」——解構任何理論體系的哲學思想，承認這一點並且將其延伸到對未來的判斷。「普世價值」是「後現代哲學」與新教結合的產物，把「普世價值」視為「真理」與給「神」命名具體的姓名是同質現象，用主導「文明」的「終極價值」作為所有「文明」的「終極價值」是西方哲學的發展特點。

「神」和「真理」起源的「不可說」是西方宗教與哲學「超越性」的必要條件，是「終極價值」具有合理性的必要條件——不能須臾缺少的、絕對必要的條件。「西方文明」「一級價值體系」的最高價值是「神」和「真理」，作為歸宿，具有合理性，構成「人類價值大廈」的「屋頂」（終極價值）；從「生發」角度不可說，不能作為「人類價值大廈」的「地基」（基礎價值）。

1.2. 「基礎價值」的合理性

「中華哲學」認為「人」是順應「天地」規律產生的，是符合天地規律的結果，「天地生人」；因此「人」的出生（初始）是「純正的」，即有道理的、有內在德性的、符合宇宙規律的、符合萬物生長規律的。有了「純正初始」，人類發展才有意義（儒學觀點），「道德」內在於天地孕育人類和人類發展的全過程，正像個體基因內在於母體孕育

【60】馮友蘭先生所創的術語。

個體的全過程中。儒學稱「天地生人」為「天地大德」，德行來自於「天」，人類的誕生和發展是證明「天」之「大德」的社會實踐。從「生發」角度賦予人類發展合理性（人性善）是「中華哲學」價值觀與西方哲學價值觀的核心差異之一。「中華哲學」的價值體系因此構成「人類價值大廈」的「基礎價值」（若地基）。

1.2.1. 「天德」來自「天道」

中華古代聖人強調人類的「德」來自於「天」，對這個「德」的概念，先秦諸子百家有各種側重。周公所言之「德」，不同於孔子之後的德，它首先是天命之德，而非人性之德，是祈天永命的依憑，「天」（天帝）的地位相當於「西方文明」中「神」的地位。與西方不同的是，天命之「德」必須得之於「道」，故稱之為「道德」，因此，「政」則要以德配天才能得到「天佑」。周朝是「中華文明」政治機制中最早出現「民本意識」的朝代，是「神本意識」與「民本意識」轉變的關鍵時期。「以民為本」的信仰意識到了孔子時代逐步轉變為「以人為本」的倫理意識【61】。

「中華文明」最後將「天德」大致歸結於「仁」或「道」。中華先秦的聖人感悟到天人關係，用「仁」總括了「善」，用「道」總括了「真」，此後由於儒學的官學地位，「仁」的地位逐步高於「道」，導致「中華哲學」偏於一端，先是疏忽於求「真」，進而是以「善」代「真」。

「德」的根本意義是符合「天地規律」，符合規律「人」就發展，否則「人」就停滯、衰敗。「德」是「天人關係」的有機內涵，「天」雖然一直在給予萬物（包括人）生命營養（天之德），只有正確用腦（而非僅靠肢體）的動物才能做到把握「（天）德」（天地規律），因此，「天人」之間是有機互動關係，「中華哲學」的「德」是雙向圓滿的價值概念，即「天」生「德」，「人」悟「德」，「人」揚「德」，「人」參贊「天地之化育」。「天德」撫育萬物，人類「用腦」把握「天德」，共同構成「天人合德」，即道德的本源。

1.2.1.1. 教化傳承

在「人性善」的基礎上，中華民族建立了以「教化」為核心

的社會發展機制。「教化」機制與現代教育機制不同，教化以傳承「德」（倫理）為主，教育以傳承「知識」（工具與科技）為主。「教化」包括家庭生活（子不教，父之過）和社會生活（教不嚴，師之惰）。下到庶民百姓，上至皇家天子，花費精力和時間（投資）教化下一代，是所有長輩責任中最重要的責任之一。與此同時，長輩或學識較高者在家庭和社會中具有道德權威的地位，雖然有利於傳承，但是不利於維新，不利於在新的環境中把握「天德」。

1. 2. 1. 2.　感悟易變

「中華哲學」從「生發」角度看世界，並非從科學角度判斷萬物初始，並非從「概念」角度看初始，而是用感悟方法（形象思維的判斷方法）理解世間萬物的整體發展和有機關係，從萬物相互之間的有機關係中看發展規律，這來自「遠古時期」的「文化基因」。感悟生物世界（形象思維方法）必須從時間角度看事物變化規律，《易經》出現的過程和最終成果最簡潔地說明了中華「古人」如何認識世間萬物的發展規律，萬物隨時間變易是「中華哲學」的靈魂。沒有任何事情是「永恆」的，「天」和「神」不是永恆的，只有「易」（變）是永恆的，這是「文化基因」的深層次意識。

1. 2. 1. 3.　道德安定

從「生發」和「易變」的角度，用事物過去與現在的有機變化看事物未來的發展規律（成熟階段性），歷史與道德成為衡量「生發」的標準，「生發」有了可以觀察、可以理解、可以衡量的角度，「人」因「德」獲得「安定」。這是「中華文明」重視歷史的思想根源。經過數千年對社會發展的總結，「中華哲學」確立了衡量發展的標準——「仁」（共生）【62】，即人之間相互理解，物之間和諧共生，天人之間「合德」相應；確立了發展的方向，即「日日新，月又新」。這與西方哲學從「歸宿」角度看人類發展導致「不可知論」的結果截然不同。「過去」可以理解，

【62】在介紹漢字哲學功能的時候會具體解釋「仁」字的這個含義。

「現在」是「過去」的「果」；「未來」可以「感悟」，「未來」是「過去」與「現在」的自然延展（果），「中華文明」從因果關係中獲得「安定」。秦朝以降，記錄歷史的史官始終是官僚機構中的重臣。

1. 2. 1. 4. 客觀性與超越性

「中華哲學」的一級價值是「天」（宇宙）。「天」是一個可信、可靠、友善的自然生命力，是一個多元生發體系。「天」最大的特點是既有客觀性，風雨雷電決定萬物生長；又有超越性，道法自然，超越人類意識。中華民族的「天」與希伯來人絕望中獲得拯救的上帝、印度人冥想能量所感悟的大梵天和希臘人戰鬥精神敬仰的宙斯神不同[63]，是生成人類的「本體」，非「乾父坤母」不能表述中華民族的宇宙觀，「乾父坤母」既有客觀性又有超越性。

1. 2. 1. 5. 天人相應

「天人合德」既包括人類形成階段，又概括人類迄今的發展階段，也描述了人類的未來階段。宇宙處於變化和發展狀態中，人類是宇宙這個生命體中的一種較新的「個體」，她的出現令宇宙發生了不可逆的變化，改變了宇宙的存在形態，是宇宙處於變化狀態（無我）的實證；同時，人類的不斷發展也是宇宙處於變化狀態（無常）的實證；無窮大（無我）和無窮小（無常）的現象存在於社會科學所有領域。人類在宇宙中小若塵埃（無窮小），就像個體人在人類整體中小若塵埃，也像細胞在人體中小若塵埃；然而，人類令宇宙（無窮大）存在狀態產生質的變化，無窮小的人是客觀真實（存在），正像孔子和基督這些「個體」人（人類內部之無窮小）令人類精神世界（無窮大）發生了質的變化一樣。從（人類）整體角度看人類發展是「中華哲學」與西方哲學重大差異之一。人類的出現是宇宙發展的一個重要階段，不是僅對人類而言，對宇宙萬物也具有同樣意義，即宇宙中出現了能夠根據「意識」改變固有狀態、改變生死因果的力量。「人」與宇宙和

【63】許倬雲先生的觀點。

世界萬物共同構成「本體」，處於「共生」狀態，非「民胞物與」不能表述「中華哲學」的世界觀，「民胞物與」是對萬物有機關係的具體描述。

1.2.1.6. 成聖成賢

在整體中，個體性和特殊性（先知與聖人的經驗總結）是整體性的一部份，既反映整體性規律又決定整體階段性特質，即個體的成熟性表明整體的成熟性；反之亦然，整體成熟性反映在個體成熟性之中，故先知和聖人對人類發展具有指導意義。正如每個個體的樂師決定了一曲交響樂的整體品質，只有協調「人與人之間關係」的個體（樂隊指揮），沒有超越群體和整體的個體，樂隊指揮（先知與聖人）只是各有其責。中華民族人人傳詠讚美的歷史人物都是為整體或群體的和諧奉獻個體的偉大人物，而且往往不是成就偉業的英雄，而是悲劇性的殉道者。這與「西方文明」以「神」為榜樣的個人英雄主義截然不同。個人與群體（族群）和整體（人類）共同構成「本體」，非「成仁」（成賢成聖）不能表述「中華哲學」的人生觀，「成聖成賢」是「人德」（仁德）的最高境界。

1.2.2. 「終極歸宿」的無理性

「中華哲學」的「一級價值」（天）從歸宿角度看，是超越的，是一個未知「概念」，不可說、不該說，一說就錯。「天」具有超越性，如何發展不以人類的意識或意志為轉移，人類無法決定、無法界定「天」的「歸宿」，「人法地，地法天，天法道，道法自然」。從「終極歸宿」角度看「中華文明」的價值觀，「天」與「人」都沒有具體的「歸宿」，兩者和合相生，生生不息，發展的結果是「日日新」，「未來」和「歸宿」用一個「新」字總括，「新」是對生發狀態的最簡潔描述，是對「易」的結果最高度的概括。不可能也不需要具體闡述「天人合德」的「歸宿」，最大的歸宿是「無」（人無法表述的狀態），是進入「未知世界」。「天」之「無」和「人」之「無」都是「新」的狀態，並非絕對意義的「無」，並非萬籟皆空。「道可道，非常道；名可名，非常名」，「道」與「天」用人之「理性」無法正面闡述，

只能用「非」（負面）的方法描述。「天」的歸宿「不可說」是「中華哲學」「務實性」和作為「基礎價值」的必要條件，是「基礎價值」合理性的客觀要求。

馮友蘭前輩指出，「希臘哲學家們也區別有和無，有限和無限，……希臘哲學家們卻認為無和無限低於有和有限。在中國哲學裡，情況則剛剛相反。……因為有和有限是有區別的、無和無限是無區別的。從假設的概念出發的哲學家就偏愛有區別的，從直覺的價值出發的哲學家則偏愛無區別的。」最後一句十分清晰地闡述了兩種哲學思維的起點，一個是假設的概念，另一個是直覺的價值；一個是邏輯思維為主，另一個是形象思維為主。同時也說明了兩種哲學研究對象的偏好，一個面向「有」，一個面向「無」。從「有的世界」開出「真理」和「天堂」，從「無的世界」開出「道德」和「大同」，兩種境界實為一體。「真理」與「道德」一體，同為生發之道；「天堂」與「大同」共生，同為歸宿之境；中西「文明」和哲學，和則生，同則不繼。

一元論對人類是永久的誘惑，用「本質」概括一切是西方哲學不懈的努力。「中華文明」雖然「文明基因」不同，也嘗試了用概念表述本質的道路。「中華哲學」中「天人合一」的「一」是「整體」的存在，不是「一元」的概念。「古典儒學」以「敬天」為核心，固有「究天人之際，通古今之變，成一家之言」的內外兼修。到了宋朝明朝，儒學逐步發展為內省為主的心性修養，萬理歸一（心），這是「中華哲學」一個重要的轉捩點，儒學的精神境界從「敬天」轉向「敬心」，「一」從「整體」的「本體」（多元）轉變為「本質」的「本體」（一元），這既是儒學的發展，也是儒學走向異化和衰落的起點。

「天道」與「性理」之間有內在聯繫，「天」與「人」之間的聯繫是一個連續不斷的發展和發現過程，但是，「心性儒學」過分強調「人性」與「天理」之間的聯繫，重「人性」而輕「物性」，最終發展到「心性即天理」（心包天）的極端，簡單地將「天人關係」用哲學「概念」（心性）概括起來，將「人心」等同於「天理」，「心」成為「中華哲學」的「神」，「中華哲學」開始具有了神學的性質，這是「中華哲學」變得狂妄的起點。「心包天」導致中華民族形成「文

化驕傲」.「文化驕傲」持續數百年,社會百朽卻自傲不已是清朝末期的最大特點。儒學一元化導致把儒學變為儒教(宗教)的訴求。「心性儒學」把「古典儒學」的合理性抽象化、概念化、僵化,主要是受到了客觀環境和思想路徑兩大因素的影響。

1.2.2.1. 客觀環境促成內向一元論

「中華文明」的王朝政治在唐朝接觸到東亞次大陸四周所有的邊界,北止於永凍層,東和南面臨大海,西困於高山荒漠,「中華文明」開始認識到自己處於「地理閉路體系」,「天下國家」的外向發展受到制約。同時,「中華文明」農耕經濟在宋朝達到發展頂峰,宋朝之後生物能源的有限供給(生物能量約束)【64】無法滿足人口的高速增長,社會發展進入衰落週期,出現了與羅馬帝國一樣的千年衰敗,政治經濟發展模式出現了與古埃及相似的重複性。政治經濟發展的宏觀環境變化(制約)是中華民族的意識形態開始內向轉變的客觀原因。

值得思考的是,全球化時代是人類社會整體進入「地理閉路體系」的時代,資源與消費之間的矛盾日益突出,人類進入「科技人口約束」,即科技越發展,需要知識越多,需要人口越少,「自然資源」約束反而退居第二位,至少國家們(村民們)首先關心自己的(科技)發展,其次才關心「物質邊界」的縮小。如何「轉變思想觀念」,如何避免出現古埃及那樣的社會結構僵化,如何避免出現「中華文明」那樣的內向思維僵化,是一個重大的發展問題。

1.2.2.2. 佛教促成內向一元論

漢朝佛教的傳入對「古典儒學」主導的意識形態形成強大衝擊,特別是在歸宿角度(成佛)暴露了「古典儒學」在價值軸上的空白,吸引了當時最高層次學者的關注。宗教的「歸宿」(成佛)意識對平民百姓吸引力開始大於儒學,佛教在社會中廣泛傳播,在唐朝佛教寺院開始取代儒學學堂成為遊學學者留宿的首選。

【64】羅馬帝國是西方中古時期政治經濟發展的最高峰,它的崩潰及其以後西方文明的千年動盪(黑暗時代)也是源自「生物能量約束」。參見《為什麼西方主導》(Why the West Rules)。

在佛教的衝擊下，中華民族的文化精英們開始從歸宿角度看宇宙和人生，反思「古典儒學」視野的局限性，或者說從古代經典中尋找歸宿視野，玄學興盛一時。於此同時，儒學「天人相應」的政治理論在漢朝崩潰的過程中受到政治現實的挑戰，皇權天授的形上意識被「勝者王侯敗者賊」的政治權術取而代之，政治和社會的發展方向出現混亂，宗教也開始影響皇權政治和思想精英。這一變化突出表現在魏晉南北朝、五胡十六國時期各種宗教嘗試主導中國政治舞臺。漢末之亂源自信仰危機。

在這一漫長時期，儒學在宗教的挑戰中出現重大思想路徑的變化，人生價值從「成仁」（成人），即成為一個「像樣的人」【65】或「合格的人」，發展為人人可以「成聖成賢」，「成聖成賢」包含了「終極價值」的意義，從「人性善」的立場給出了人生的歸宿。「成聖成賢」這一形上價值與「成佛」、「成仙」形成鮮明對比，突出了儒學指導人生的高層次能量，由此形成儒學的再次復興，這是宋明儒學對「中華哲學」的最大貢獻。

作為儒學從歸宿角度對形上價值不懈追求的必然結果，「心性儒學」悠然而生。心性儒學強調「心」與「德」之一體，為「成聖成賢」奠定了理論根基，論證了人人可以「成聖成賢」（滿街都是聖人），「知行合一」是達到聖賢境界的唯一路徑，儒學「入世修行」的信仰得到了最廣泛的傳播。這是心性儒學對「中華哲學」的重大貢獻。天道內在於人心，「敬天道」的寬闊視野轉變為「修人性」的專一，儒學的一元論誕生了。

1.2.3. 完善儒學的路徑

礦癡認為，通往「人的世界」的修養路徑是「敬業」，故將「網絡全球化時代」的儒學稱為「敬業儒學」。「敬業儒學」在本體論層面強調「敬」的精神，不斷探究如何理解並符合「天之大德」，具有對形上價值的追求；在方法論層面強調「業」的重要，把在社會實踐中的創新作為價值追求的道場。「敬業」將形上追求與形下實踐融為一體，以「敬」的精神汲取「社會營養」，解決了傳統儒學存在的「空」

【65】來自梁燕城先生解釋「仁」的思路。

與「私」的問題。第三章將系統介紹「敬業儒學」的思想。

2. 中西哲學本體論和方法論不同

西方哲學本體論是從「本質」角度界定「本體」，「本體」為「一」，決定一切事物，故為一元論，集中表現在一神教和「真理說」。一元論的抽象程度和概括程度高於多元論，核心立場（角度）是宇宙萬物源自「一」且最終歸於「一」，哲學歸於「真理」，宗教歸於「一神」。西方宗教發展的歷史是從古代的多神論抽象為「中古時期」的一神論，西方哲學發展的歷史是從研究多元素構成的宇宙（古典哲學）轉變成對人類意識第一性的證明，唯物論與唯心論爭論了千年有餘，統稱為「現代哲學」；此後西方哲學依然追求「真理」，不幸路徑迷失，只能自我定義為「後現代哲學」，「後」旨在重新界定起點，絕不界定未來，批判進化論的同時不再以「路徑」或「主義」去探索任何核心問題。

「中華哲學」本體論是從「整體」角度界定「本體」，「本體」包含所有事物，故為多（二）元論，集中表現在「天地生人」和「大同世界」的哲學立場。多元論的包容程度高、整體性強，核心立場是宇宙萬物內在相連，乾父坤母、民胞物與、成聖成賢，由此生成以哲學（人倫價值）為統攝的精神世界。「天人相應」的世界觀、「三教合一」的信仰世界、「陰陽五行」的認識路徑、中庸之道的處事方法是「本體多元」的具體表像。「中華哲學」從「古典哲學」的「究天人之際，通古今之變」，發展到「窮萬物之理、通宇宙之源」的「理學」和「心學」，逐步走向「一元論」。除了成中英先生逆百年潮流提出「整體本體論」（本體詮釋學）之外，各種「新儒學」的主要趨勢是用西方哲學的「本質」概念（一元論）解說儒學，甚至有把儒學變為宗教的訴求。

2.1. 從「一元論」看西方宗教與哲學

「西方文明」的一元論價值體系（終極價值）具有合理性。一元論從「歸宿」角度看現實，形成現實與終極之間的價值關係。「神」（真

理）是人類的終極歸宿，不同文明對「天堂」（真理）有不同的理解，大型「文明」各有自己獨特的宗教信仰（哲學信仰），是通往「歸宿」的不同路徑，具有各自的合理性，地位相互平等。「終極價值」賦予不同價值（文明）體系「合理性」，自由發展是不同價值（文明）的內在權力，「神」（真理）涵蓋不同宗教信仰（哲學派別）是「神性」（真性）的本質。宗教（真理）對個體信徒（個人）的召喚具有「終極價值」的感召力，「歸宿」給予個體「終極安定」（向死而生）。

同理，從「歸宿」角度看，所有宗教信徒（哲學學者）都是信仰歸一的教友（學友），應該互相理解、支持，只有「宗教共生」（哲理共生）能夠反映「神」（真理）的超越性和終極性。正如分子和原子都是物質的一部份，宗教派別和哲學思想的出現，不分先後，都是面向「終極」的一部份，都有其合理性。耶路撒冷的「聖山」是三教合一的聖地，不同信仰的教徒盤山朝聖，相安無事，互相幫助，這是人類社會最為生動、最為純潔的宗教淨土和朝聖之道。

2.1.1. 從「生發基礎」看西方宗教與哲學．

「一神論」宗教和「真理說」哲學把「把不能說的起源」作為闡述「本體」的角度（神造人、唯心論或唯物論），而不是把「必須說的歸宿」作為闡述「本體」的角度，導致闡述宗教（哲學）的立場「本末倒置」。

結果一，所有宗教教派（哲學派別）自稱代表「起源」，自稱代表「本體」（真理），宗教（哲學）在排他路徑上（異化）發展，宗教（哲學）的「本體」（神或真理）被深度分割，導致「本體」迷失。

結果二，發展方法是單向異化，沒有反向回路，只有追求「信仰純潔」（絕對正確）一條發展道路，單向異化追求「末」之精純，以偏代全，否定了「神」（真理）包容萬物、包容所有「不同」的本質。

「西方文明」這一「本體」意識與「西方文明」源自「石器文化」有着重大關係。以萬年為時間單位的求生活動形成了「石頭來自造物主」的「造物主」意識，形成了「工具理性」的思維趨向，這些意識根深蒂固，稱其為「基因」並不能充分反映這種意識存在的深度。各種宗教（各種主義）對不同於自己信仰的「群體信徒」（主義派別）

不僅沒有感召力，而且越往末端排異性越強，不惜採取種族滅絕措施，「信與不信」（對與錯）成為「歸宿」的「入場券」，「天堂」（真理）打上了「教派」（學派）的烙印，「歸宿」僅為「個體」提供「終極安定」，令「群體」之間構成「永恆對立」，「整體」因此永無寧日。結果是，從「起源」角度立意的「一元」異化成為「多元」，多元之一只能通過消滅其他多元（信仰純潔）返歸一元（起源），這種皈依「神」和「真理」的進程是鐵與血的歷程，「三十年戰爭」為例，當代「聖戰」為例。由於立場的本末倒置，西方的宗教和哲學不僅分裂了人類追求精神發展的能量，而且分裂和弱化了宗教和哲學的統攝能量。西方宗教（哲學）從來沒有停止過對「一」的追求，結果卻是「多」的對立。本末倒置的結果是，對「一」追求越純粹，宗教（哲學）立場越極端，內部分裂越嚴重。

2.1.2. 「神造人」（真理說）扭曲「人」（真理）

從「起源」角度看傳統宗教（真理說），「神造人」不是生成了一個人，而是生成了人類整體（真理是萬物的起源），亞當（和夏娃）是人類整體的起源，據此，「神」的「愛」（真理的真）是面向人類整體的博愛（全真）；然而，從「歸宿」角度看傳統宗教（真理說），「神」（真理）只拯救「個體」，根據個體一生行為的善惡（對錯）做出「最終審判」（付出代價）。「整體人」（抽象真理）與「個體人」（具體真理）在「起點」和「歸宿」之間的「概念」徹底轉換了，扭曲了「神性」（真理）的「終極境界」，令「神性」（真理說）內在不圓滿。

從一元「起源」角度確立「神」（真理）的「造人」（普世）價值，從而確立「人」之間的平等地位，不但沒有突出「神」（絕對真理），反而降低了「神性」（真性）。這個判斷的邏輯是，要麼「神性」（真性）造出的人類不完美，因此「神」（真理）不能拯救全人類；要麼「神」（真理）無法控制撒旦（獸性）的影響，導致「人性」變惡。宗教（真理）更不能解釋不同宗教（學派）之間形成的你死我活的關係，這究竟是「神」（真理）創造人類卻只拯救個體或單一民族造成的世俗矛盾（親疏差異）？還是所有相互敵視的宗教（學派）都已叛離「神」（真理），把「神」（真理）視為個體私利或群體私利的護

身符？很顯然，這些不完美或不圓滿並不是宗教（真理）的本質，僅是宗教（真理）的一元立場導致的社會現象。

2.1.3. 「文明基因」與信仰一元

百里不同音，千里不同字，多樣的地理氣候條件所生成的「字母（拼音）文字」，作為個體思維和群體思維的「第一層濾網」，形成多樣性的文化（宗教／信仰），固有萬里不同教，這是「西方文明」意識形態最顯著的特點。將任何一種「字母文字」視為唯一通用的語言文字，必須改變所有其他「字母文字」的發音和語法，等於取消了「字母文字」的獨特性，西方語言中「一與多」的關係與西方信仰「一與多」的關係，既是同質現象，也是同源現象，共存共變。文化生成信仰，令信仰多元；信仰維繫文化，強化文化多元。

在西方文字尚未定型為「字母（拼音）文字」的時候，西方宗教以多神教為主；當希臘語成為書面語言，成為環地中海地區的「世界語」的時候，普世教（基督教）出現；當希臘語和拉丁語把「西方文明」的社會分裂的時候，基督教分裂為天主教和東正教；當文藝復興令語言出現百花齊放的時候，天主教和東正教兩個宗教的轄區內都出現了新教，新教成為徹底改革基督教的教派。語言的發展帶來宗教的變化，在西方三千年一神教「文明」的歷史中，語言與宗教這種聯動性變化（共存共變）迄今依然主導着人類的精神世界。

同理，語言越多元，「文化」決定信仰的現象越普遍、越深入，用文字表述抽象「本體」的局限性越清晰，這一趨勢一直發展到語言學成為哲學的重要分支。康德先生清晰地指出，用人類意識、語言表述超越性「本體」（本質）不可行，這是西方版本的「道可道，非常道；名可名，非常名」。然而，「不可知論」越清晰，追求用「一」表述「本質」的願望越執着，結果越紛雜，導致目前哲學界勉強能夠用「後現代」的這一模糊術語將哲學歸攏起來。追求「一」而終於「多」不僅是宗教現象，而且是哲學現象，也是社會現象。

2.2. 從多元論看「中華哲學」

「中華哲學」的多元論價值體系（基礎價值）具有合理性。多元

論從「生發」角度看現實，形成「起點」與「現實」之間的雙向價值關係，這一價值關係具有面向未來的動力。構成「中華哲學」「基礎價值」的多元論「本體」可以從三個密切相關的價值角度進行觀察，「純正初始」、「天道性理」、「以人為本」。

2.2.1. 「天地」是人類的「純正初始」

「天地生人」這一「起點」（人類生發的基礎）令人類的發展和探索建立在安定可靠的基礎之上，確立了「人類」初始的純正性質。

由於宇宙（未知）的浩瀚無際，人類全方位向外探索沒有具體的終點，容易迷失方向；有了「起點」，探索過程與成果可以衡量，具有對未來的指導意義，這是「純正初始」的哲學意義。「安定」來自「已知」與「未知」同源一體的整體觀，「安定」來自「已知」的不斷發展與增長，「安定」來自「已知」從「未知」中獲得無窮的探索動力，「安定」來自「已知」一步步走向「未知」的實現過程，這是「中華哲學」現實主義的基礎。

「安定人生」是「中華哲學」「純正初始」價值觀（宇宙觀）的哲學意義，不知現在（生），安知未來（死），這是孔子對未來的態度，因此，「中華哲學」是人類價值體系中的「基礎價值」。「常理」告訴我們，如果人類出生不是純正的（不符合天地規律、不符合「神」的意願），人類則沒有出生與生存的合理性，那麼，「天」之「生人」和「神」之「造人」都是錯誤，不僅「人」失去了存在的意義，「本體」（天和神）也失去了創造價值的「本體」地位。

2.2.2. 「天人相應」與「天道性理」

「天地生人」決定了「起點」的純正，人類「生發」猶如草木，必須符合天地規律，即「天人相應」。人類生命以天地宇宙為家園，汲取天地宇宙的營養和能量，符合天地宇宙的規律則發展，違背天地宇宙的規律則滅亡，天人兩兩相應，互為表裡。「中華哲學」認為天地規律（道）是人類行為的準則（德），人類最大的「道德」標準來自於天地，故「天地」不僅僅是人類的生存環境，而且決定着人類的生存之道（道德），「天之道」與「人之性」內在一體，「天」之「道」決定「人」之「性」，「人之性」反映「天」之「道」。這是「中華

哲學」「天道性理」價值觀（世界觀）的哲學意義。「天道性理」的世界觀證明了「中華哲學」是形上世界和形下世界圓滿融合的哲學體系，是「初始」與「現實」雙向互動的價值體系，是面向「未來」的價值動力。2000 多年之後人類的環保科學證明了「中華古典哲學」通過感悟判斷形成的「利用厚生」的發展理念，「利用厚生」的理念來自「天人相應」世界觀。

宋明時期儒學出現重大變化，理學側重「天之理」，心學側重「人之性」，各居「天道性理」的一端，這種分裂是「中華哲學」邁向「一元論」的自然過程。成中英先生的「整體本體論」（本體詮釋學）將處於分裂狀態的儒學重歸一體，必將引領中華儒學進入新的發展階段。

2.2.3. 三教合一與「以人為本」

中華文明的信仰體系簡單地說是「三教（學）合一」，按照影響力排列，儒學第一，佛教（學）第二，道教（學）第三。這是「中華文明」信仰體系符合「多元論」的最佳證明，這也是「中華文明」的意識形態「以人為本」的充分表達。「三教」是約定俗成，礦礙認為，稱為「三學」更為準確，更能反映「中華文明」信仰特點——宗教色彩較淡，人文色彩較濃。

「中華文明」的信仰體系是多元信仰的「共生」格局（依存關係），「共生」以「生發」為立場，互不相同為基礎，互相借鑒為特色。這一格局與「西方文明」宗教派別（主義學說）之間「本體異化」導致的「共存」格局（零和關係）截然不同，「共存」是以歸宿為立場，以排他為基礎，以競爭為特色。當代有許多中華學者主張提升儒學為儒教，走「西方文明」的宗教路徑，這是從一個極端轉向另一個極端，他們不是在「提升」儒學，而是在降低儒學的包容性。「中華哲學」多元信仰有一個基點、兩個特點。一個基點是「以人為本」，兩個特長是共生互補、各有所長。

先看一個基點。總體上說，中華三「教」都認為人人可以「成道」、「成佛」、「成聖成賢」，這是從「人」的生發角度看人類，「以人為本」，「人」只有通過修養才能實現「質變」（飛躍）。反觀西方宗教和哲學是從「神」的角度看人類，「神」具有決定「人」進入天

堂還是地獄的絕對裁決權力，以神為本，敬「神」是「人」唯一的修養方法。這一「基點」（基本立場）的差別說明中西哲學各居價值觀的一端，即「以人為本」的信仰體系（基礎價值）和「以神為本」的信仰體系（終極價值）。

再看「共生關係」。中華三教（學）都是多元論，因此立場相通，三教（學）長期相互借鑒。在「王朝時代」，所有頂級學者雖然以儒學為學問本體，無一不是精通卜卦、佛經、醫術，都能夠融通儒釋道三學。學界有朱熹引道入儒、守仁引禪入儒之說，充分說明三教之間學術思想互相啟迪的深度。如前所述，沒有佛學在中華大地的大規模發展即沒有儒學的終極意識。三教（學）是「共生關係」，不是「共存關係」，即存在相互滋養的關係。

再看「各有所長」。儒釋道各有特長，這是三教（學）「共生」的基礎。簡而言之，儒學強於求「善」（仁），故普遍流行於政治和社會領域；道學強於求「真」（規律），故普遍流行於養生和醫學領域；佛學強於求「美」（極樂世界），故成為大眾百姓修行之道，存養於名山大川。「各有所長」是「共生互補」的基礎。「中華哲學」的三學（多元論）「共生狀態」與「西方文明」不同的「神」（真理）集「真善美」於一身（一元論）、互相排斥所形成的「共存狀態」，形成了鮮明的反差。

2.2.4. 合一的世界觀與一元的世界觀

「純正初始」的「起點」和「天人相應」的「過程」共同構成「中華文明」「天人合一」的世界觀。將「中西文明」兩種世界觀進行對比，可以得出以下觀察。

首先，本體論角度不同。「天人合一」的「一」與「西方文明」之「一神論」和「真理說」的「一」不是同一個事物（概念）。「中華哲學」的「一」指的是「整體」，是以「整體」為本質的「本體」，是以變化、動態、有機為特點的「整體」，是「活」的「本體」，是觀察「生物世界」的總結，是「木器文明」的立場，是形象思維的產物。

西方哲學的「一」指的是「本質」，是以「性質」為本質的「本體」，是以不變、靜態、永恆為特點的「概念」，是「靜」（死）的「本

體」，是觀察「物理世界」的總結，是「石器文明」的立場，是邏輯思維的產物。

第二，兩個「本體」沒有對錯，一個是從「生發」（變化）角度看世間萬物，一個是從「歸宿」（永恆）角度看世間萬物；一個來自「木器文化」（生物世界），一個來自「石器文化」（物理世界）；兩者都是人類認識世間萬物的心得，因此，兩者一體，互相印證，互相互補，相輔相成。

第三，兩個「本體」沒有對錯，但是都不全面，各自偏執一端。無論中西，如果偏執的價值體系不能增加角度（轉變思想觀念），如果「生發」價值和「歸宿」價值本末倒置，如果用一端試圖涵蓋兩端，該價值體系一定會崩潰。換句話說，用中華價值體系取代、囊括、統攝西方價值體系或用西方價值體系取代、囊括、統攝中華價值體系都是錯誤的，而且是不可行的。雖然現代有了變性的技術，但是男女變性並非「人」的變化常態，男女結合是人類社會發展的常態。因此，只有中西價值體系相互融合才是人類精神世界實現「自覺」的唯一路徑。兩種五千年以上的「文明」剛剛見面不到 200 年，融合發展大有前途。

第四，只有認真汲取對方「文明」優點的「文明」才能獲得較為全面的發展。「中華文明」自鴉片戰爭後約 200 年傾心學習「西方文明」，中華民族翻譯西方作品的規模，無論從翻譯速度、翻譯範圍還是從翻譯量來看，都遠遠超出阿拉伯文明開創的翻譯運動。雖然「中華文明」學習「西方文明」時，優點和缺點都學了，走了許多彎路，但是整體發展速度越來越快，完全符合持久學習產生後勁的邏輯。這是「中華文明」在「現代時期」，在「現代社會結構」中能有長足進步的根本原因。正是因為在虛心學習的同時，合理應用了「中華文明」的優勢，中國「改革開放」才能夠成功。鄧小平偉人一方面強調虛心學習西方，一方面採用「中庸之道」引導社會改革，令中國在短短 30年後一躍成為世界第二大經濟體。然而，僅僅學習了一百多年，自認為中華民族已經學會了「西方文明」的精髓，這是典型的「自以為是」，這是「中華文明」可能再次走向「文化驕傲」的意識形態陷阱。

仔細觀察「西方文明」，除了廚藝之外，近 200 年向「中華文明」學習了什麼？啟蒙運動開啟了短暫的中西思想交流，西方學習了一些「中華文明」的行政管理制度，迄今為止，西方思想界對「中華文明」的了解依然停留在啟蒙運動時代的水平，甚至還有些退步。特別是在哲學領域，西方哲學對「中華哲學」完全持否定態度，用邏輯思維（知識）否定形象思維（心得），這種極端趨勢是導致西方哲學失去方向的根本原因。再如，中華民族因為有「家國情懷」而能夠通過社區隔離封殺新冠病毒的傳播，如此鮮明的文化特點卻被西方思想家和媒體描繪為「集權政治」的結果，可謂驕傲之極。驕傲使「人」落後，驕傲使「國」落後，驕傲使「文明」落後。「西方文明」應該認真學習中華社會勤儉節約、融合信仰、整體意識等優點，從排他的世界中走出來，走向共生世界。

2.2.5. 生命形態與人性

生命的「生發」形態呈「綿延」[66] 狀態，「綿延」是無數個體的過去、現在、未來的集合，個體生死是整體「綿延」的一部份，個體價值表現在整體綿延之中，傳承（1）、聯繫（2）、變化（3）是「綿延」的三個本質特徵，既是「生物特性」，又是「人性」內涵。這是「中華文明」人性概念的基本立場。

人類以生命綿延的形態生存，「人性」是人類「綿延」的內因，繼承（1）、仁愛（2）、創新（3）是「人性」的三個本質特點，三者內在一體，簡稱人性三要素。生命中的自覺、科學發現、宗教信仰等是生命綿延的各種「表象」，「文明」發展的路徑、方法、過程不盡相同，卻共同構成「綿延」之整體；部份（群體）之間融合則優勢互補，部份（群體）之間排斥則各自變異、削弱或滅亡。這是「中華哲學」「以人為本」價值觀（人生觀）的哲學意義。

2.2.5.1. 繼承

人類經歷了「工具」、「定居」、「文字」、「科技」四個飛躍。人類用百年之壽（古代人類壽命更短）感悟天地規律、認識和利

【66】弗格森是西方哲學家中第一個認識到有生物哲學和物理哲學差異的學者，綿延一詞是他所著《生命哲學》中的術語。

用客觀世界，創造了前所未有的科技發明和前所未有的全球化社會，這是人類通過點點滴滴積累經驗和知識，祖祖輩輩傳承經驗和知識所實現的。「繼承」能力是人區別於所有其他動物的特殊性（人性），故為人性的核心要素之一。

中華民族注重「傳承」。「不孝有三，無後為大」的社會意識體現了中華民族把子孫傳承作為最重要的人倫價值。「子承父業」的社會習俗體現了中華民族對知識（技能）傳承的重視。「家譜修史」的文化習慣體現了中華民族對「文化傳承」的重視，令每個家族成員認識到「繼承」的歷史意義和自己承擔的家庭（社會）責任。人類的發展歷史證明，從「繼承」角度實現「個體自覺」、「群體自覺」、「整體自覺」是人類生存與發展的必然過程。

人類用了數十萬年才通過「繼承」學會了使用和製造「工具」（用腦鍛煉），用了數萬年才感悟到自己與周邊世界的關係以及人群內部的關係（文化基因），在此基礎上又用了數千年才學會用文字記錄心得（文明基因），有了文字之後又用了 3000 多年才從「文字」心得中總結了一些知識與心得，提出一些抽象問題（樞軸時代），又用了 2000 多年才有現代的自然科學和社會科學，人類的「靈性」顯然是靠「時間」熬出來的、用腦練出來的。在科技時代，人類的心得僅僅局限在「競爭」（打架）與「分利」的水平，從來沒有正眼看看人類整體，在認識人類整體方面，人類還十分缺乏「靈性」，尚處於幼稚階段。在社會學領域，人類迄今積累的知識和心得尚不全面，最明顯的標誌是人類精神世界尚處於「分裂」狀態，部份人把局部經驗視為「普世真理」，「普世價值」中完全沒有「人類根本利益」的角度和立場，只有來自宗教和「現代哲學」的抽象價值。從人類分裂深度看，完全有理由判定，用「神性」或「靈性」概括「人性」過於簡單狂妄。「靈性說」是人類的「自我神化」。

2.2.5.2. 仁愛

「仁愛」以相互理解為基礎，是人與人之間、人與自然之間雙向關係的基本原則。「仁愛」是人區別於所有其他動物的特殊

性（人性），故為人性核心要素之二。

仁字有多重含義，有兩個最為重要。「二」字上面短橫為「地」，下面長橫為「天」，「人」字旁與天地合為一體，故仁字是「天人合一」的卦象。二字是複數，是多人的意思，能夠相互理解，把「二個人」（多人）的事情處理好才可稱為「人」，故仁字是「仁者為人」的卦象。「仁」字重在理解他人和認知天理。

「己所不欲勿施於人」強調的是從將心比心的角度理解他人，儒學將理解他人視為「人性」（品德），把有揖讓精神的人稱為「人」，故曰「仁者為人」。與之相對反，動物以佔有為特性。先秦思想家們已經界定了人與獸的界限，沒有「仁」的意識是「衣冠禽獸」，是動物欲望（物欲）大於「人性」。在分工越來越精微的全球化當代，更需要以「仁」的精神認識到各個不同崗位、行業、社會、信仰、宗教之間的「共生」關係（仁德關係）。「仁」的核心精神是「和諧共生」，相互理解各自的不同才能實現「人類自覺」。

使用「工具」是聰明，理解他人是「智慧」，「智慧」是有「自覺」意識的「聰明」（仁愛）。「仁愛」的精神土壤比「理智」更複雜、更深邃，是「人」內在能量的源泉。「網絡全球化時代」應該成為人類所有不同「文明」把地球作為一個家庭、「分享」地球資源的時代，人類整體將在「仁愛」的基礎上實現另一次飛躍，進入「智慧」（自覺）的時代。

2.2.5.3. 創新

「創新」是人類的發展能力。人類通過不斷改變自己和自己的生存條件超越了一切其他動物，「創新」是人區別於任何其他動物的特殊性（人性），故為人性的核心要素之三。人類以「用腦（心）」作為生存手段，奠定了人類具有與所有動物都不同的「創新」素質和手段，「用腦（心）」是人類「靈性」之源。

生命最幸福和最美的狀態是「日日新」。儒學「日日新」的概念是對「自覺」狀態不斷精進的描述，是生命蒸蒸向上的狀態，

是人的能動性勃勃向上發展的狀態，是人類「生發向量」的卦象。

創新包括兩個方面，一是提高人類利用客觀條件的能力，以邏輯思維為主，主要成果是自然科學的日新月異；二是提高人類自我認識能力，以形象思維為主，主要成果是社會科學的多元發展；兩種能力（思維）內在一體，從不分離。科技以邏輯思維為主，需要輔之以形象思維；人倫意識以形象思維為主，需要輔之以邏輯思維；各有側重而非互相排斥。「西方文明」主導人類社會最近數百年的發展，導致人類社會整體上強於邏輯思維，長於科技發展，弱於形象思維，貧於「自覺意識」。

2.2.5.4. 「人性三要素」的價值意義

「人類特性」（人性）源於生物特性，沒有「繼承」人類沒有今日，沒有「仁愛」人類沒有群體和整體，沒有「創新」人類沒有未來。「人性」是個體價值、群體價值、整體價值的本源。「人的世界」是「以人為本」的世界，「以人為本」的世界是以「人性」為本的世界。

2.2.6. 中華民族的神秘崇拜

中華民族的宗教意識（神秘崇拜）與西方民族不同，具有鮮明的多元色彩。中華百姓把代表神秘力量的「神」的地位降低到財、運、福、壽、祿、土地等「行業主管」的層次，最小的「行業主管」非「門神」莫屬，「神」的地位低到「看門守夜」。由此可見，中華百姓首先不把「神」放在最高層次，其次是不同的「神」管不同的事物，這些都是信仰是多元論的證明。

在遇到最大麻煩的時候，需要拯救的時候，百姓會祈禱「老天爺保佑」，把「天」尊為終極力量（一級價值）。百姓稱「天」為「老天爺」，加了「老」和「爺」兩個字。「天」的意思與西方「上帝」或「神」的地位相似，「爺」字有「Lord」（主）的地位與敬畏情感，還有中國特色的輩分因素（地位與親情）；「老」字有「He」（永恆）的時間與敬畏因素，也有中國特色的輩分因素（前輩和長輩）。因此中華百姓之「天」既有「神」的地位，又有同為一家的親情（天民意識），既有神格又有人格，更有幾分「拉近乎」的民俗，並非是純粹

人格的概念，是多重價值的綜合。這是二元論在中華文化最基層的樸素表述。把中華百姓的神秘信仰與西方宗教視為「同一」，就像把中國水墨畫等同於西方油畫一樣，典型的「指東說西」、指鹿為馬。

2.3. 西方哲學的方法論是「一分為二」

無論從理論分析還是從社會實踐角度觀察，「西方文明」精神世界的發展進程是「一分為二（多）」的過程。「一分為二（多）」是「一元本體論」無可選擇、不能避免、須臾不離的方法論。「神造萬物」和「真理永恆」的「本體論」都採用「一分為二」方法論，形上（超驗）世界（本質）與形下世界（事物）兩分。一元論「兩分」的特點是，1）兩界本質不同；2）單向形成「共存」關係，不能逆向發展（非共生關係）；3）一個為「本」（本體），一個為「末」（不具本體特性），「本」與「末」不能顛倒。

2.3.1. 「神人兩界」

用上述「分」的方法看西方宗教體系，1）「神造人」形成「神人兩界」（一分為二）；2）「神」與「人」是「共存」關係，不能逆向變化，「人」不能成為「神」；3）「神」為「本體」，「人」為「末體」，人有「本體」特點（神性），沒有本體的「本質」。人永遠不能達到「神」的層次，最完美的昇華是與「神」同住、同思考。

同理，「真理」統攝萬物，「理」與「物」兩界（一分為二），1）「真（理）」和「人（類）」兩界，「真人兩界」；2）真理形成「人」，單向形成「共存」關係，不能逆向變化，「人」不能成為「真理」；3）「真理」為「本」，「人」為「末」，「人」可以增強「理性」，沒有本體的「本質」。「人」永遠不能達到「真理」層次，最完美的昇華是「人」的精神世界與「真理」共存。

進而，「人」有意識（理性）能認識「真理」，「物」沒有意識（理性）不能認識「真理」，1）「人」造「物」，形成「人物兩界」，2）人物兩界本質不同，單向形成「共存」關係，3）人為「本」，物為「末」，「本末」不能顛倒，不能逆向發展。「物」永遠不能達到「人」的層次，最完美的昇華是為「人」所用。

總之，西方宗教和哲學的主體與客體之間是單向創造的關係（異化關係），「一分為二」的方法論證明了「一元論」不是內在圓滿、雙向互動的「本體論」。

2.3.1.1. 最大善與「貪婪」，最純真與「蒙昧」

在「西方文明」中，「人性惡（貪婪）」的宗教價值觀來自「神」為「最大善（愛）」，「人蒙昧」的哲學價值觀來自「真理」為「最純真」（真）。「最善」與「最真」的超越性構成一元論的最大合理性，同時導致分裂的二元世界（神人兩界、真人兩界、人物兩界），導致「人性」的無理性（貪婪/蒙昧）。

根據西方宗教的這一立場，人類自然發展的歷史是「人性惡」的發展史，人類越來越偏離「神」的旨意，只有部份人能得到「神」的拯救。

根據西方哲學的這一立場，人類歷史是改造「真實」以滿足欲望的歷史，只有部份人具有區別「真實」與「虛擬」和「虛假」的能力，只有他們的生命具有真實性。

2.3.1.2. 性善與性惡的互補性

「人性惡」的判斷令西方精英從「受難」（批判）角度認識「真實」、認識自我、汲取教訓；「人性善」的判斷令中華精英從「理解」（融合）角度認識「真實」、認識自我、總結心得。兩者各有所長，都在努力認識人類發展的「真實」現狀，都有歷史的能動能量，都是人類發展的核心推動力。最主要的差別，西方的「受難」角度多走批判路徑而「汲取教訓」，中華的「理解」角度多走融合路徑而「總結心得」；兩者都對，人類既需要「教訓」也需要「心得」；然而，兩者單個都不全面，兩者結合才能全面，兩者不可或缺，互相依存。

2.3.1.3. 法制抑惡與教化揚善

用「法制」抑制「貪婪」是「西方文明」最核心的社會管理機制，用「批判」發展「學術」是「西方文明」最主要的知識認知路徑，「抑制」和「批判」構成「抑惡」路徑。

用「教化」培育「良知」是「中華文明」最核心的社會管理

機制，用「融合」獲得「心得」是「中華文明」最主要的學識生發體系，「教化」與「融合」構成「揚善」路徑。

同理，兩者都對，「抑惡」和「揚善」都需要，兩者單個都不全面，兩者結合才能全面，兩者不可或缺，互相依存。

2.3.2. 追求「一」而歸於「多」

先看宗教。在「西方文明」追求「救贖」（終極價值）的進程中，宗教的發展歷史始終在追求「一」（一神論），結果是歸於「多」（諸多「一神」），這是「一元論」無法「歸一」的歷史證明。「西方文明」從大多數人信奉同一種「一神教」異化發展為多種一神教此起彼伏地發展，基督教向內異化為天主教、東正教、新教、摩門教諸多派別，基督教向外異化為伊斯蘭教，伊斯蘭教異化為遜尼派和什葉派，異化進程迄今繼續。由於沒有新的世界級語言的出現，不會有新的世界級一神論宗教出現，異化轉向所有世界性宗教的內部，教派迅速增多，每個有較大精神能量的教士構成一個小派別。宗教派別如同經文解釋形成的「井」，教士坐井論神。同時，在「現代社會結構」形成的群體利益的刺激下，各大派系之間的對立日益激化。例如，在猶太教內部和伊斯蘭教內部，各個教派之間的矛盾惡化到了你死我活的程度。西方宗教的發展歷史是追求「一」而歸於「多」。

再看哲學和科學。在「西方文明」追求「真理」的進程中，知識被分為眾多學科，首先是自然科學（科學）和社會科學（哲學）兩軍對峙，聯繫甚弱；其次是自然科學和社會科學內部再不斷地細分為不同學科，生物分為門綱目科屬；「真理」被分解為無數「學科」的集合，一些「邊緣學科」試圖彌合不同學科之間的鴻溝，效果有限。世俗世界意識形態的分裂狀態與宗教世界的分裂狀態，如出一轍。學術「概念」猶如「磚」，邏輯把「磚」砌成「牆」，每個學科猶如這樣砌成的「井」，每個「井」都很深（學術性很強），「井」間（學科間）幾乎互不相連，一旦進入某個學科，猶如掉進一個「陷阱」，由此形成的「抽象界限」即為本書經常提到的「概念陷阱」，每個學科的資深學者猶如「井底之蛙」，坐井論天。西方科學與哲學的發展歷史同樣是追求「一」而歸於「多」。

2.3.3. 西方文明的精神世界

「西方文明」的精神世界是宗教與哲學的零和孿生體，是多元一體的結構；宗教統攝哲學的一統天下自從經院哲學退出歷史舞臺，一去不返；哲學從來沒有實現過一統天下。

在「西方文明」歷史中，「中古時期」「神」的地位高些，「現代時期」哲學與宗教近乎平起平坐，展望未來，哲學或能聯合科學，兩者聯合的地位可能會略高於宗教，然而，儘管宗教與哲學的統攝地位有所變化，兩者的「共存結構」沒有變化，宗教和哲學無法消除對方的存在，也無法在沒有對方的條件下獨自存在。例如，「普世價值」（哲學）中的「人權」來自「神」，「人權神授」。

深入觀察西方宗教內涵的發展，也是一種孿生結構的成熟過程。「終極價值」是「思考」的結果，是從現實面向未來的利益思考，是邏輯思維的無限延伸，終結於「天堂」和「地獄」；「基礎價值」是「思想」[67]的結果，是從基礎（日月）面向未來（明）的嚮往和想像，是形象思維的無限延伸，歸納為「愛」。西方宗教意識早期以「天堂」為主，神的獎罰為主；近代以「愛」為主，神的引領為主；這個轉變以千年為時間單位去看，十分明顯。這說明西方宗教意識形態逐步完成了這一內在結構的融合與成熟，其終極價值的表述成為「神是愛」、「愛是天堂」。在當代，判斷「西方文明」中某個社會的意識形態是否成熟，通過觀察其在「天堂」與「愛」兩種價值取向之間是否分裂，可以看出一些端倪。

在當今世界，宗教與哲學的孿生體正在變為宗教、哲學與科學三位一體。科學侵佔了哲學大部份領地，同時消弱了宗教的勢力，這一變化出現於啟蒙運動，孔德認為實證科學將取代宗教和哲學。科技崇拜在冷戰時期「戰爭科技」高速發展的時候已經出現，只是不甚明晰。冷戰後，攜「普世價值」的威力，科學崇拜如日中天，正在試圖實現孔德所預測的一統天下。當今的現實是，科技是國家機制的救世主，

【67】礦癲認為，思考和思想是不同的術語，思考以邏輯思維為主，思想以形象思維為主，兩者缺一不可。「西方文明」的形象思維主要依賴宗教對「情懷」的拓展，宗教是「西方文明」最重要的文化資產。第三章主要探討世俗世界如何正確處理「思考」與「思想」之間的關係，關係和諧即是達到信仰層次。

國家在科技戰中再次走向對立，科技在充分顯示全面發展潛力之前，優先顯示的是其創造力和破壞力，最危險的是其創造性的破壞力。在晶片入腦之後，科學或許能夠實現一統天下，只不過那個時候的「人」已經異化為「機器人」或「軟件人」。

2.4. 「中華哲學」的方法論是「合二為一」

「中華哲學」方法論是「合二（多）為一」，集中表現在「中庸之道」的方法論。

「合二為一」是「多元本體論」（整體論）的方法論，沒有「多元本體」（整體）不會有「合二為一」，沒有「合二為一」不會有「本體多元」，「本體論」（整體論）與「方法論」同為一體；「合二為一」是「多元本體論」無可選擇、不能避免、須臾不離的方法論。天人合一、陰陽太極、五行八卦、仁義禮智信，這些都是「合二為一」方法論產生的核心思想。

2.4.1. 「合二為一」是多元論最根本的方法論

「合二為一」的本質是從多元（二）的角度看「本體」（一），「本體」是「整體」，因此是多元論最根本的方法論。「天」生「人」，故「天」和「人」構成一個「本體」（天人合一），這是「中華哲學」認識宇宙的根本立場。必須再次強調，這個強調「整體」的「一」（多之和）與西方哲學「一元論」中強調「本質」的「一」（純一），角度截然不同；兩者沒有對錯，只有角度差異。

2.4.1.1. 本末相合

天地（本體）的變化形成人類（末體），「本」與「末」相「合」（本末相合），「天」與「人」相「應」（天人相應），共同構成「本體」。根據這一本體論和方法論，沒有不「內在地」包括「萬物」的「本體」，即沒有不包括「末體」（末）的「本體」（本），「末體」不是在「本體」之外或僅僅具有「本體」的特性，而是「本體」的一部份。因此，最微小的「末」所產生的最微小變化也是「本體」的變化，「本末相應（合）」[68]，「共生」易變，易變不息，生

【68】本末相合與本末相應意思相同，根據上下文的情景，用在不同的地方。

生不息。「本末相合」這一點很重要，清晰地說明了多元本體論的生發體系，清晰地劃清了與一元論的界限。「合二為一」的方法論決定了多元論是內在圓滿、多元互動、「本末相應」的「本體論」。

「末」的變化是「本體」變化的一部份，這一立場與西方宗教與哲學的立場截然不同，猶如在說，人類的變化是「神」（真理）的變化的一部份。西方宗教顯然不能接受「人改變神」的觀點，「真理說」或許可以從存在論角度相對地接受這一感念，但是，很顯然，「真理」改變的部份不能包括人類的愚昧現象。多元論認為本末同源共生（內在圓滿），一元論認為本末兩界異質異類（內在分裂），這是「中西文明」最深層次的認識差異。可以想像，由於萬年生存實踐環境的不同，中華古人把自己視為「生物世界」的一部份，與草木同類，固有「草民」、「天民」之謂；西方古人把自己視為「物理世界」的外在存在，是「神」造靈物，固有「選民」、「信徒」之謂；「中西文明」看世界的角度由此不同，「文化基因」萬年形成，由此產生「合二為一」與「一分為二」，即方法論的差別。西方哲學關心「一」的問題和「有」的問題，「雞生蛋」還是「蛋生雞」；「中華哲學」關心「二」的問題和「無」的問題，「二生三，三生萬物」。

2.4.1.2. 和而不同與「合之所」

二元論「合」的特點是，「不同」（性質）的事物「合」在同一「本體」中，即「和而不同」。正是因為有「不同之和」，才有「和則相生」。這是從「整體」角度觀察「生物世界」事物變化與發展的基本規律，可以普遍用於社會科學。

例如，工人（1）與老闆（2）「合」（1+2）於「企業」（3），「企業」（3）是工人與老闆構成的「整體」，在這個「整體」（3）中（從「合」的角度）談論工人和老闆的關係，有意義，「和則相生」，即工人和老闆的關係正確，企業則發展。肯定工人否定老闆，甚至取消老闆（純化工人），沒有意義；取消老闆後，工人只能選個「幹部」接替；幹部是老闆的異化，若實現了與工人一樣（純化），「同則不繼」，企業不能發展。反之，肯定老闆

否定工人，甚至把工人視為工具（不合），只能用機器代替工人，老闆實現了與工人一樣，「同則不繼」，老闆成為技術員。

同理，社會主義（1）與資本主義（2）「合」（1+2）於「市場經濟機制」（3），民族（4）與文化（5）「合」於「現代國家機制」（6），「市場經濟機制」(3) 與「現代國家機制」（6）合於「現代社會」（7），構成「現代社會」的核心結構(8)。「現代社會結構」(8) 的發展現狀，如「反全球化潮流」的出現，是多元要素（1、2；4、5）與多層次（1+2,4+5,3+6）之間不斷「易變」的結果。「美國優先」是美國（現代國家機制6) 對如何發展全球「現代社會結構」(8) 的一種「政治選擇」，由於美國處於絕對霸主的地位，這個選擇是對全球「現代社會結構」(8) 發展方向的一次重大調整。

更深入地看「合二為一」，「合」是「方法」，「合」於「整體」，認識到「合」，即是認識到了「整體」。「對立矛盾」（不同）統一（合）在不同「本體」之內，正如「工人」與「老闆」，「合」在企業中；鄧小平偉人把「社會主義經濟」（1）與「資本主義經濟」（2）都視為「市場經濟機制」（3）的一部份，把「市場經濟機制」（3）視為「社會主義經濟」和「資本主義經濟」兩者「共生」的「整體」（合之所），主張「兩手都要硬」地發展「市場經濟機制」，解決了「主義之爭」分裂經濟、分裂政治、分裂社會的問題，這是對「中華哲學」思想（和實生物，同則不繼）的正確應用。「不同」必須找到通過「合」實現「共生」的「本體」（所）。正如「企業」是「工人」與「老闆」所「合成」的「合之所」（整體即「本」），「市場經濟」是「社會主義經濟」和「資本主義經濟」所「合成」的「合之所」（本）。這是中國改革開放成功的哲學說明，它證明了哲學具有引領社會實踐的能力，顯然，鄧偉人的哲學不是「後現代哲學」，具有普適性的指導意義。

同理，「市場經濟機制（3）」和「現代國家機制（6）」形成「現代社會結構（8）」，「現代社會結構」的發展出現了問題，主要原因是（3）與（6）應該「合」的「整體」（現代社會7）

產生了變化，出現了電子網絡科技主導的全球經濟基礎的一體化趨勢，人類必須根據「現代社會」（7）的變化，以人類整體（9）為「合之所」改革「現代社會結構」（8）。

人類社會迄今為止最大的、有管理系統的「合之所」是「國家」，包括「英聯邦」和歐盟等鬆散政體，即以「國家」為核心的「帝國體制」或「聯盟體制」，人類社會所有活動還沒有「合」在「人類社會（9）」這個最大的「整體」（合之所），因此，從「市場」和「國家」相結合的角度所做的任何事情，不是根據「人類根本利益」（巴黎環保協議除外）所做的事情，而是根據「競爭原則」（市場經濟3）與「國家利益」（現代國家6）所做的事情。人類社會很少從「人類根本利益」的角度看問題，缺乏以「人類根本利益」為標準的社會實踐。還是那句俗話，人類從來沒有正眼看過自己一次，這是人類社會尚處於「幼稚階段」的充分證明。

隨着生產力的高速發展，「物質邊界（A）」出現了，電子網絡一體化（B）出現了，「現代社會（7）」發生了變化。「物質邊界A」是人類社會用「市場機制（3）」與「國家機制（6）」追求發展所產生的外在環境變化；「電子網絡一體化B」是「市場機制3」與「國家機制6」導致「現代社會7」追求發展所產生的內在要素變化；要想解除外在發展瓶頸（物質邊界A）的約束，要想充分發揮內在要素（電子網絡一體化B）的潛力，必須提高「市場3」與「國家6」兩者「合」的層次，從更高的「整體9」尋找「市場3」發展的正確「標準」與「國家6」發展的正確「利益」。這個「合之所」是「人類利益共同體9」。

道理很簡單，科技以「國家」（群體）為發展核心，戰爭是正常現象。人類戰爭形態從「石器」發展到「冷兵器」，從「熱兵器」發展到「核兵器」（出現恐怖制約），今後一定會從「核兵器」發展到「陰兵器」（不對外展示的科技武器），即基因武器、生化武器、晶片武器等。科技戰既不是熱戰，也不是冷戰，而是「陰戰」，暗器傷人。到了「科技兵器」階段，「恐怖制約」邊界將迅速消失，領先者勝（競爭原則），勝者通吃，國家「獨角獸」出現，「人吃

人」（人殺人）的規模將以「億」為數字單位。這不是噩夢，而是現實。要想消滅戰爭，必須提高視野，在人類社會的「整體」角度考慮「國家機制」的發展方向。發展不是只有一個「競爭」的原則（利益原則），還有一個「和」的原則（共生原則）；人類社會不是只有一個「國家利益」，還有一個「人類利益」，形成「人類利益共同體」是「現代國家機制」的發展方向。

同理，「市場」以「交換價值」為核心，用科技主導人類活動是為了通吃「交換價值」，最終形成人類與機器人的交換，人類徹底異化。這不是噩夢，而是現實。要想制衡「交換價值」，必須提高視野，從人類社會的「整體」角度考慮改革「市場機制」。「市場」發展不是只有一個「交換價值」，還有一「使用價值」，呵護「物質邊界」最簡單的辦法是最大限度地利用「產品」的「使用價值」，物盡其用（重視使用價值）是「人類利益共同體」的核心價值標準，是「市場經濟機制」的發展方向。

總而論之，道理很簡單，只要「轉變思想觀念」，「市場經濟機制」和「現代國家機制」的視野都提升到「人類根本利益共同體」的層次（合之所），「人類根本利益」自然顯現。這是對「和實生物」（共生哲學）的現代詮釋。這個道理不是書本條條，而是被中國改革開放充分證明的、行之有效的哲學思想。改革「現代社會結構」的具體方法將在「共生哲學」一節中探討。

「人類整體」是人類社會和所有「文明」能夠「合」的最大「整體」，一旦有了「人類整體」的視野（人類自覺），形成「共生信仰」，從社會學角度看，這是「人」成熟的標誌；從政治學角度看，這是「國家」成熟的標誌；從經濟學角度看，這是「市場」成熟的標誌；從哲學信仰角度看，這是「人」的意識成熟的標誌。「合之所」的出現將改變「競爭原則」主導人類行為（並非消滅競爭價值），改變「國家利益」主導人類分配（並非消滅文化國家），形成人類所有「文明」共生的機制，即「共生社會機制」。

2.4.2. 「中華哲學」的靈魂是「易」（變）

「中華哲學」聯繫「本體論」和「方法論」最核心的統攝概念是

「易」（變）。根據「中華哲學」，「本體是指宇宙呈現的生動活潑、生生不息的整體」[69]，「生生不息之為易」。「易」是萬物「生發」之道，自然之道（道法自然）；「易」既是對「（多元）本體」（本體論角度）所處狀態的具體描述，也是對「多元本體」方法論（方法論角度）的高度概括，是對「本體論」與「方法論」相結合的「整體狀態」所作的高度「概括」和抽象「歸納」。「本末相應」和「生生不息」是「易變」兩大特性，離開「末體」，「本體」沒有內涵；離開「生發」，「本體」沒有意義；離開變化（易），「本體」永恆死寂，多它一個不多，少它一個不少。

2.4.2.1. 「易」的起源

　　《易經》是觀察世間萬物之間變化規律的心得，來自「木器文化」觀察「生物世界」特有的觀察角度，因此是「中華哲學」的起源，也是中華文字的起源。草木天地，晨露晚霞，時時都在變化或互相轉化，「木器文化」與「石器文化」觀察世界的角度截然不同。「天」無所不包，故乾卦為三長橫；「地」起伏變化，故坤卦為三斷橫；「天」為主導，因此卦從下向上畫，故先畫「乾卦」，可見「天」的「基礎」作用。把「天地」特點抽象到筆劃之中，花費了中華「古人」千年的時間。《易經》的發展經歷了從「符」（象）到「卦」（數），再到「義」（辭），最後到「理」（規律）四個階段[70]，成型過程經歷了夏、商、周三朝，有《連山》、《歸藏》、《周易》三個版本，歷時一千多年。最早的漢字符號是乾卦符號，這是漢字成為中華文化之「聖經」的根本原因。作為「中華哲學」與漢字之本源，《易經》是中華民族以哲學為信仰、不以宗教為信仰的根本原因。用楊振寧先生的術語，中華古人將「歸納法」用到了極致才產生了《易經》。

2.4.2.2. 易變特點

　　「易變」是「合二為一」，變化結果中有多元因素的互動，猶如晚霞變為晨露；由於多種要素在「易變」過程中發展速度與

【69】成中英先生的總結，是對「多元整體論」的高度概括。

【70】成中英先生的研究成果。這一成果通過《易經》的發展階段性，展現了中華文明從「遠古時期」到「中古時期」意識形態發展的脈絡。

狀態不可能完全一樣，因此所有生命要素的「易變」結果都不同，就像一首交響樂，換了任何一位樂師，其演奏結果一定不同，這是「易變」最重要的特性——「和而不同」；同時，這些「不同」通過長時間的融合，會產生新的內涵，正如人類通過使用「工具」從動物世界中慢慢地脫穎而出，產生新的事物或舊事物產生飛躍是「易變」最重要的本質特性（和實生物）。「本末相應」和「和實生物」是「易」的兩個最重要性質。

「易變」與「異化」都是變化的形態，很顯然，特點不同。「異化」是「一分為二」，是「一」的細分，是「一」的裂變，結果是純化；「易變」是「合二為一」，是「新生」，是「日日新」。

2.4.2.3. 易變的規律與方法

「中華文明」的世界觀把世界看作多元的（整體性），「中華文明」的歷史觀把歷史看作有機的（繼承性），把握「整體性」和「繼承性」（易變規律）的方法是「中庸之道」，即把握多元「結構」中的「權重」，多重「維度」中的「適度」，多種「角度」的「聚焦」，多種「要素」中的「和諧」與「轉化」（和變）。需要注意的是，以上幾種「擇中」是同時發生的，而且這幾個角度不能完全涵蓋「多元」的全部內涵。

這就像體操運動員表演平衡木，看似平衡木很直也不很窄，但是一旦放在「多維」的層面，即要跑、跳、轉、旋、翻合為一體，難度就大了，力的恰到好處為「中」，要完成動作，必須通過反復練習捕捉這個「中」；回歸「本位」為「庸」，「庸」是萬變中的不變，運動員無論做了多麼複雜的動作還要返回到平衡木上面，正像人類的所有活動（撚轉騰挪）最終是要解決人類生存和社會發展（生發）問題。要在日常生活事務中和社會發展的歷史中找到「中」，既需要「高」瞻遠矚，又需要「明」察秋毫。捕捉「中」的「練習」對個人來說是人性的「修養」，對社會來說是完善社會機制的「改革」，固有，「極高明方可道中庸」。平衡木很簡單，只是「直」與「寬」兩個維度，因此有觀賞性；而日常生活中任何事情都是牽三掛四、連五帶六，在這樣的多重關

係中做出各種決策（動作組合）並達到美（成功）的效果，當然是「高明」的，這是「極高明方可道中庸」的含義之一。鄧偉人（小平）領導中國「改革開放」的三十年，即是社會改革「美」的展現，極具觀賞性。任何深入「中華文明」社會實踐的「士」都能掌握中庸之道，中庸之道是知行合一之道。

　　「中庸之道」是生物世界「生發」變化的根本之道。生物世界的變化是綿延的有機變化，變化的結果有兩個方向，一個是進化，一個是退化。「和實生物」是「進化」，「同則不繼」是退化，「中庸之道」是「和實生物」的「進化」之道，隨着多元要素的變化，「中點」永遠在易變（新），「庸」即不斷變化但是沒有脫離整體的狀態。

　　「儒家主張在形成意見時，執兩用中，也就是考慮不同的甚至極端對立的意見與情況。裁取適當的中庸之道。『中』也未必即是調和，也可以在兩個極端之間，取得辯證的第三種意見。儒家在『同』與『和』之間有所區別。用烹飪為例，『同』是鹹上加鹽，大家同聲服從一個意見。『和』是五味調和，從不同的味道適當地創造諸味的綜合。」【71】中庸的「中點」是有機的、動態的、隨機的，因此是適時的、發展的、創新的，因為中庸之「和」的結果必然「不同」。濫用「中庸」之名，導致「和而同」，是失敗之兆。「中庸之道」是「和諧生發之道」，不是「和稀泥」之道，本質是「創新」。把中庸之道視為「和稀泥」的人，哲學水平還在「玩泥」層次。

2.4.2.4.　「改革開放」的「中庸之美」

　　中國「改革開放」的成功是鄧偉人成功運用「中華哲學」的成功。「改革開放」有三個要點，第一是「轉變思想觀念」，轉變的關鍵是放棄兩極擇一的思維，走多元融合的道路。這是指導思想的變化，從「一」轉變為「多」，是正確地應用了「中華哲學」的「多元本體論」。另外兩個要點分別是「試點先行，小步快跑」，這是正確地應用了「中華哲學」的方法論（中庸之道）。

【71】許倬雲先生的論述。

「試點先行」是尋找各個領域各自的「適中」,「小步快跑」是「積小勝為大勝」,「和變」始終處於相對「適中」的狀態,即處於社會能夠承受的變化速度之內。「改革開放」最佳地展現了「中庸之道」貫徹「本體論」(和變)的「美」,展現了「中庸之道」在社會改革進程中的重要性和必要性。鄧公(小平)通過改革開放的成功,為人類改革「現代社會結構」提供了思路和借鑒,不僅是中華民族的偉人,也是世界人民的偉人。

2.4.2.5. 「同則不繼」是「退化」之道

與「和」不同,「同」是鹹上加鹽、純上加純,是一元本體論的展現方法,結果往往是「同則不繼」,導致社會矛盾激化,社會整體水平退化。

例如,「中華哲學」賦予「孝」過高的倫理地位和倫理價值,認為它是引導社會發展的唯一標準,脫離了「孝」的「繼承」本性,僅僅呵護「孝」的「敬愛」的特點,導致用「生物價值」否定「物理價值」。「以孝治國」的清朝為了維護本族的騎射優勢,否定兵器從冷兵器發展為熱兵器的物理發展規律,導致清朝在鴉片戰爭中戰敗;同理,在世界「商品經濟」高速發展時期,清朝以不變應萬變,繼續「重農輕商」的國策,導致中國在世界經濟中的地位不斷下降。即便是學習,依然有「同」與「和」的區別,清朝的滿族統治階層認真學習中華文化,注重對「古典儒學」的恢復和整理,以樸學為要,專注「考證」,祈望從復古中找到維持政權穩定的根據,對儒學的理解知其一,不知其二(變),社會越管越死,腐敗越禁越多,最終國家政治腐朽,社會道德墮落。清朝是「同則不繼」的典型案例。

2.5. 中西哲學的思維方式

「中華哲學」「多元本體論」與「合二為一方法論」來自側重「形象思維」的思維方式。中華「古人」發現晚霞與晨露的關係,不是依賴邏輯(科學)判斷,不是依賴「實證實驗」,而是來自心靈「感悟」的觀察「心得」。「感悟」是形象思維的核心方法。與邏輯思維相同,

「感悟」是「意識」的運作結果，但是得出來的結論不是邏輯性的、概念性的「判斷」（知識），而是綜合性的、整體性的、相關性的「體會」（心得）【72】。

西方哲學「一元本體論」與「一分為二方法論」來自側重「邏輯思維」的思維方式。西方「古人」發現物質的發展規律，不是依賴直覺（感悟）判斷，而是來自概念驗證和邏輯推理，來自改變物理世界的社會實踐。概念驗證和邏輯推理是邏輯思維的核心方法，邏輯判斷的結果是知識，是具體的、局部的、抽象的「判斷」（知識）。

由於思維方式的側重不同和觀察問題的角度不同，「中西文明」形成了認識路徑不同的「學識體系」。「學識體系」這個新術語旨在同時包括「中華文明」的「學問」心得（學）與「西方文明」的「知識」積累（識）。

2.5.1. 感悟心得形成「學問體系」

陰陽、五行、八卦是「感悟」的結果，「感悟」來自「直覺」。「感悟」是「木器文化」、「形象思維」從內向外認識世界的方法，「感悟」的成果是「心得」，馮友蘭教授稱之為「直覺的價值」。現代科學體系尚不能系統地認識這一形象思維的認識路徑，對「意識」的直覺缺乏足夠的認識，因此缺乏正確的重視。例如，當人進入冥想狀態時，首先會感悟到「光」，然後是「線條」，用線條高度概括對事物規律的感悟「心得」是中華古人「畫八卦」的方法。再如，人的經絡體系是中華古人通過不斷「感悟」體內氣場迴圈所形成的「心得」，用解剖方法很難發現人體內的這一循環體系。

很顯然，「感悟」是「意識」的一種形態，「中華哲學」將「感悟」源頭稱之為「心」，「感悟心得」是「心」（身）與「腦」共鳴的結果，是全身能量感悟到的事物，即「直覺的價值」，這是「中華哲學」中「心性」一詞的根據，因此，「心性」往往也被視為「人性」之本。西方哲學認為人類思維靠「腦」，「中華哲學」認為人類思維靠「心」，而且這個「心」不是西醫「心臟」的心，是人的「精神體系」，是人

【72】為了不偏離哲學比較的主題，點到為止。這個判斷的具體論證將在「生命與價值」一章中展開。

的感悟能量，遍佈全身。直覺的「心得」可以通過「歸納法」形成理論，如五行八卦，故將其定義為「學問體系」。

「學問」一詞是動名詞形態，用語言學術語說是「進行體」，即不斷地「學」與「問」的過程，沒有終點，沒有辦法劃上「句號」，這是漢語「獨立語」形成的思維根基。換句話說，這個體系需要不斷地「感悟」和驗證，這正是「感悟」的特點，「感悟」最重要的特點是連續性，反映生命的本質。這正是中醫學發展的方法。沒有治某個病一勞永逸的藥方，針對具體病人中醫永遠需要有一個「學問」過程。問題是，「感悟心得」往往不能用「邏輯推理」作出全面解釋，這是「中西文明」傳統意識形態不能融合、各居一端的重要原因。概括地說，「中華文明」用「歸納法」將形象思維的感悟能量發展到極致，「西方文明」用「推演法」將邏輯思維的推理邏輯發展到極致，數千年的積累導致兩種思維的「成果」（學識）互不相識，看似相同，卻又不同。這是兩種價值體系「一字之差千里之別」產生的思維背景。

一方面，「中華文明」眾多的「感悟」心得只有少數能被現代科技所「驗證」，因此在一定程度上被「西方文明」所接受，如針灸治病（調理）。但是由於用現代科技始終不能系統地解釋經絡與針灸理論，針灸治病的方法很難普及。這充分證明，人類尚不知道如何把形象思維與邏輯思維相結合。

另一方面，「感悟」（直覺價值）離開具體的邏輯方法（知識體系），只能把握大趨勢，無法把握事物發展的具體細節，生搬硬套的結果是驢唇馬嘴。孔氏《春秋》在總結社會發展規律時常用「天意若曰」的說法，這是典型的形象思維用語，「若」是表述「感悟」心得時的用語。依賴這一方法孔氏《春秋》做到了把握「天人相應」的大規律，但是在解釋人類社會具體政治事件與特殊「天象」之間的關係的時候，孔氏《春秋》天災來自人禍的案例缺乏邏輯分析，沒有「科學」依據。「心性儒學」主張「致良知」，「致」以「感悟」為要，邏輯被貶為「術」，觀察問題的立場偏執和思維方法的偏執導致「中華文明」的價值體系偏執於一端，重人文而輕科技，重感覺而輕驗證，嚴重妨礙了「中華文明」的全面發展。

2.5.2. 邏輯判斷形成「知識體系」

邏輯、數學、法律是「判斷」的結果，「判斷」是「石器文化」、「邏輯思維」從外向內認識世界的路徑，是「知識體系」的認知方法，惟「神授人權」或「真理永恆」方能表述「神人」、「真人」、「人物」之間關係的外在約束性。西方哲學將「判斷」源頭稱之為「腦」，邏輯判斷的中樞。「知識體系」的傳承載體是「科學」（工具），「科學」是「判斷」的結果，也是證明「判斷」的過程。「法」是「有條有理」（邏輯）地「判斷」人際（人倫）關係，是西方人文價值體系的核心標準。這些說明「西方文明」是側重「邏輯思維」的文明形態。

由於「西方文明」主導「現代社會結構」的形成與發展，「知識體系」被認為強於「學問體系」，陰陽、五行、八卦、通靈等寶貴的人類「心得」逐步被現代社會拋棄，漢字傳承「感悟能力」的方法被邏輯清晰的科學實證方法所壓制，「中華文明」的「心得」被視為落後、幼稚甚至荒誕的。在華人社區中篤信中醫和篤信西醫的分裂現象，一方面表明中華文化持久的生命力，同時也深刻地揭示了數百年「西方文明」對中華民族意識形態的影響和改造。

2.5.3. 哲學「方法論」對當代「學識體系」的影響

人們常常把哲學在社會科學中的地位比喻為數學在自然科學中的地位，這個比喻十分形象生動，並不十分準確，有分裂傾向。哲學和數學是一體兩面，哲學的研究範圍和領域是所有學科的總合，包括自然科學；數學的研究範圍和領域是所有學科，包括社會科學；雖有所長，不限其用。哲學與數學是連結所有「學識體系」的兩大系統，這兩大體系迄今尚未全面融合，這是人類學識體系尚未成熟的證明。從顯性特點看，數學依賴邏輯思維多些，用推演法多些；哲學依賴形象思維多些，用歸納法多些[73]；從本質性質看，兩者都必須將邏輯思維和形象思維緊密結合而且不能偏執。最偉大的數學思想和最偉大的

【73】由於哲學界尚未充分認識形象思維的思維特點，因此並不認同「哲學需要形象思維和歸納法多些」這一判斷。事實上，「現代哲學」正是因為僅僅依賴邏輯思維和推演法而無法發展下去，充分證明了人類哲學思想尚處於偏執發展的狀態。這個問題涉及到哲學的系統性偏執，需要專門論述。

哲學思想都是兩種思維方式完美結合的產物。

人類現代「學識體系」以「一分為二」方法論為主導，最明顯的偏執現象有兩個：1）把「學識體系」分為「社會科學」和「自然科學」，然後逐步再細分，這是將「學問體系」與「知識體系」割裂開來，這是本體論偏執的結果；2）「社會科學」和「自然科學」只認可「邏輯判斷」和「科學驗證」的研究方法，嚴重忽略「感悟思維」和「能量交流」的思維方法，這是方法論偏執的結果。

糾正「學識體系」偏執狀態的關鍵是，在不排斥「一分為二」思維方法的同時，認真研究「合二為一」思維方法的哲學意義，積極培育和充分使用「感悟思維」的方法，力爭將「形象思維」全面地應用於「學識體系」，積極融合「社會科學」和「自然科學」。本書在「生命與價值」一章將介紹培育「感悟」思維的膚淺心得。

人們常說，西方文化以個人主義（自由）為核心，中華文化以集體主義（責任）為核心。然而，在「學識」領域有一個十分詭秘的現象，西方思想體系獲得的「知識」是共有性質的，中華思想體系獲得的「心得」是私有性質的。「學識」是公私融合的，而「知識」偏於共享的，是客觀的，所有人可以用同樣方法應用「知識」；「心得」是私有的，主觀的，同樣的事情導致不同的「心得」，同一「心得」應用結果不同。例如，吸煙危害健康是「知識」，吸煙者對這個「知識」理解的「心得」不同，有的人能戒煙，有的戒不了。醫生對戒不了的人說，再繼續抽煙你大概只有若干時間的壽命了，這些人立刻戒煙了。這充分說明了「感悟心得」的巨大能量，也說明「感悟能量」每人不同。很顯然，「知識」的功能偏於顯性，「心得」的功能偏於隱性；「西方文明」私的努力得出公共成果，「中華文明」私的努力給出很難分享的生命選擇。如果簡單地用一個概念，就像用公或私的概念來看所有事情，結果往往出乎意料。從個體人的角度，他人無法分享的真正財富不是「知識」而是「心得」。「學識體系」、「知識體系」、「學問體系」不是簡單地換個概念，而是具有深刻的哲學含義，涉及到最深層次的思維模式和價值觀念。這是本書要在最後才重點討論「感悟能量」與「生命價值」的重要原因。

2.6. 人類社會偏執發展的危險性

大自然具有自我平衡（適度）發展的特點。一種動物過於強勢，其獵物會減少，食物短缺進而導致該動物數量下降，生物鏈最終達到「自然平衡」（中庸）。人類過度發展造成「物質邊界」縮小是大自然自我平衡的過程，人類不得不自動減少繁衍數量，減少的辦法或通過瘟疫疾病（人類抵抗力下降），或通過戰爭（爭奪生存機會）。人類社會已經意識到了這個問題，「奧巴馬世界」【74】正確地反映了這個趨勢。政客們不知道怎樣克服盲目發展導致的問題，或者說不出問題的根本原因是什麼，甚至迴避深入探討這個問題，真正的不知所措。這是當今人類社會意識形態出現「分裂潮流」的主要原因。分裂潮流的出現意味着不同「文明」、國家、社群各自「摸着石頭過河」，都用自己的經驗或理論說明問題產生的原因，因此，這是人類社會在同一個「現代社會結構」中第一次真正意義的「百家爭鳴」、百家實踐。所有「文明」都沒有面對過這種「全球化」的「河流」，以往的「摸着石頭過河」的經驗，不能充分說明當代許多問題，更不能解決問題。例如，人類社會第一次面對如何從環保角度維護「人類根本利益」的問題，《巴黎協議》是所有「村民」的一次十分認真的共同努力。特朗普一上臺就宣布美國從《巴黎協議》退出，說明了人類這次共同努力的結果多麼脆弱。我們暫且先從負面角度看這種「不知所措」的後果。

任何違反「自然之道」（中庸之道）的事物都會進入「衰敗週期」，「衰敗週期」大致分為三個階段布：1）「自損」，2）「異化」（變質），3）「消亡」。

2.6.1. 人類社會處於「自損週期」

人類在歷史上發生過三次質變：1）「工具」淘汰古猿，2）「定居」淘汰「類人」，3）「文字」奴役「原始」（老歐洲征服新大陸）。「科技」是第四次「質變」，內涵仁者見仁，智者見智，先從負面觀察。

人類社會在工業革命之後，「工具」經歷了四百年左右的高速發

【74】「中國人和美國人一樣富裕，這個世界根本承受不起。」奧巴馬這一判斷正確地反映了世界所面臨的兩難抉擇。抉擇不限於要麼美國人降低富裕水平，要麼抑制中國人富裕，而是提出了世界如何選擇發展道路的問題。

展，「科技」發展方興未艾，形成重資源開發、輕自然和諧、輕人倫感悟的發展特點，「物質邊界」越箍越緊。很顯然，沒有「人類自覺」的「科技」發展導致人類全面進入「自損週期」。「自損週期」的特點是：越發展，生存的環境越惡劣；越發展，人群之間利益爭奪越激烈；越發展，人類自然生存的能力越降低；越發展，人類開發本身「生物智慧」的能力越降低，越來越依賴「人工智能」處理和分析信息。極而言之，可以稱其為「科技吃人階段」。「科技吃人」現象首先表現在降低對「人力」的需求，其次表現在對低智商人群的否定，最後表現為用「科技」改造並最終取代人類。「科技」在增加社會效率的同時，具有令人類徹底異化的趨勢。

「科技」致富導致社會致貧是人類社會遇到的最為詭異的、最為現實的社會現象。導致「科技」發展產生負面社會效益的原因有三條：第一，「科技」資源猶如自然資源，在人類社會中的自然分布很不均勻，「科技」資源「分布不均」是出現貧富差距的客觀基礎，即人群中智商的差距和「科技」水平的差距是貧富差距擴大的客觀基礎。現實是，絕大多數人科技水平較低，掌握科技者富，貧於科技者貧，故少數富，多數貧。第二，「市場經濟」追求「交換價值」的價值鏈是放大貧富差距的杠杆。「市場經濟」令價值向高端彙集，「科技」產品成為市場價值體系的最高端，市場經濟通過價值體系放大「科技」資源「分布不均」的結構，專利體系維繫的「路徑壟斷」導致「科技壟斷」固化「科技資源」分布不均的結構，結果是社會貧富極化。第三，「現代國家」依賴「貨幣經濟」維持政權穩定，「資本壟斷」和「貨幣壟斷」推動「科技壟斷」的高速發展，強化「科技資源」的偏置結構，導致貧富差距固化。例如，「現代國家」的政權機制賦予「科技獨角獸」行政能量，加速實現「科技壟斷」，甚至禁售競爭對手科技產品，「新國界」令經濟結構的分裂深入到科技標準的深度，加速國家的貧富極化。由於「科技資源」越來越集中，人類社會總體發展趨勢是「後發國家」與「先行國家」之間的差距全面固化且越來越大。「國家間貧富差距擴大」問題與美國「國民間貧富差距擴大」的問題是同源同質問題，「國家間貧富差距」和「國民間貧富差距」擴大的速率十分

相似，是「科技」、「市場」、「國家」三種分裂力量共同導致的結果。在可以預見的將來，缺乏「文明」基礎或文明發展的地區，如南部非洲和美國鐵銹地帶，將基本喪失平等發展的地位與可能性。這些現象和趨勢可以統稱為「科技致貧」。

在「科技」高速發展之際，「奧巴馬世界」提出了如何選擇人類發展道路的問題，要麼奴役「後發世界」、「低智文明」、「貧困鄉村」，要麼不擇手段減少人類人口。科技越發展，這個選擇越緊迫。人類思想界對這一選擇沒有準備，缺乏系統的討論。政治學停留在「地緣政治」層次，對內分裂，對外找敵人用以彌合分裂；經濟學停留在「競爭效率」層次，越來越依賴科技工具，效率越高人力需求越少；社會學尚處於「文明衝突」的階段，沒有任何一種學術思想全面探索「人類根本利益」。現實證明「現代社會結構」存在系統性問題，這一系統性問題是所有問題出現的根本原因，也是政治家談論這個問題戛然而止的根本原因。

「市場經濟機制」以競爭和「消費」為核心運轉，「現代國家機制」以競爭和「國民」為核心運轉，「現代社會結構」集合個體利益、重視群體利益，忽略「整體利益」，無法聚焦「人類根本利益」，人類在征服自然的過程中失去了從整體角度認識「自我」的能力和角度，導致人類整體的「精神品質」不斷惡化，內鬥趨於極端化。這是人類精神世界分裂的社會根源，「現代社會結構」是人類發展進入「自損週期」的結構之源。

2.6.2. 人類社會開始「異化週期」

「科學崇拜」（科技信仰）是「西方文明」的意識形態在宗教（神學）和現代哲學（真理說）之後出現的一種新型意識形態，它弱化宗教信仰，分割哲學信仰，希望通過「科技」實現人類發展的「確定性」和人類精神的「安定」。

僅僅依靠「科技」發展實現全球化會壓抑並扭曲人類的人倫關係和精神世界，加重人類的精神分裂。「科技崇拜」是加深宗教與哲學分裂的第三信仰，它生於啟蒙運動，在冷戰依賴原子武器的時代高速發展，它以群體競爭中「領先」為使命，塑造了人類精神世界最新的、

全面的分裂，是人類社會發展進入「自損週期」的精神根源。

　　「科技」與「人倫」的背離，猶如「古人」只有「工具」沒有「定居」（社會），是「類人」的特點。正是因為「科技」發展與「人倫」發展形成了「悖論關係」，成為相互依賴卻又相互否定的零和關係，「科技」異化人類的趨勢開始出現。主要表現在以下幾個方面：

　　科技增智等於腦力弱智。「人工智能」效率在許多方面遠遠高於人類的「生物智慧」，出現了「人工智能」越發達，人類對「腦力智慧」的信心越小、需求越少，對「腦力智慧」的需求越細化（腦力異化），統稱「科技智慧悖論」，對於那些能夠在「科技社會」求得立足之地的高智商人群來說，大多數人只是專於一項技能，形成腦力單一化。

　　「科技」有效率，人類無效率，人類必須接受「科技」的改造，人類開始向人工智能改造（晶片入腦）和基因改造的方向異化。人類「社會整體」面臨「本性異化」的問題。「人工智能」有取代「生物智慧」導致人類「腦力異化」的風險，基因改造有取代「生物進化」導致「基因異化」的風險；「現代社會結構」創造的「智慧型武器」和「基因武器」有通過激化社會衝突導致「科技毀滅」的風險。這些趨勢可以統稱為「科技蛻人」（Decay）。「科技蛻人」首先表現在人類生物特性降低，其次表現為人類社會性減低（人際交往必要性減少），集中表現在人類「物性」全面統攝「人性」。當無法改變這一趨勢的時候，人類將全面進入「消亡週期」。

　　以上不同章節中有五個用「感悟」得出的「心得」（觀察），「科技吃人」、「科技致貧」、「科技弱智」、「科技異化」、「科技蛻人」，都正在發生，雖然沒有資料統計，沒有概念驗證，其發展邏輯卻有歷史的「同質比較」。在「中西文明」歷史比較中，礦癥提出了人類社會中「兩對」具有相同性質、相同內在聯繫的階段，顯現出「物性」與「人性」發展的對立統一關係：1）「工具」與「定居」，2）「科技」與「自覺」。人類發展（成熟）的階段性具有內在共性，針對「奧巴馬世界」提出的問題，人類社會發展道路的選擇有兩條，要麼被「科技蛻化」走向消亡，要麼從「自覺」中昇華。前者的誘惑極大，後者甚至尚未被人類提及。

總而論之，人類社會處於「自損狀態」，開始「異化進程」，可能出現「消亡」結局，大概率出現惡性戰爭。

要想走出人類發展的「衰敗週期」，停在「異化週期」門口，最重要的一步是「轉變思想觀念」，改變觀察事物發展的角度，相容並蓄「中華文明」人文價值體系中的合理因素，發揚「西方文明」已有的成功經驗，通過「兩手都要硬」，「試點先行、小步快跑」，以「人類根本利益」為標準，以人類社會整體為「合之所」，形成「人類利益共同體」，人類定將迎來一年等於十年的「人性」昇華時代。在此基礎上，形成全體人類共同面向宇宙的發展方向，進入人類整體發展的「地理開放體系」，迎來又一次科學技術發展的高潮。

3. 共生哲學

全面地融合中西哲學（宗教、信仰）是人類發展史一次重要的精神飛躍，這次飛躍（人類自覺）將超越「工具」、「定居」、「文字」、「科技」所產生的飛躍，是人類第一次通過在「整體」層次「自覺」獲得發展能量，最大限度地從內部增強人類的能動性。主導這次變革的「共生哲學」給人類整體的思想方法、價值觀（人生觀、世界觀、宇宙觀）帶來系統性的變化。礦癡才疏學淺，不能窮「共生哲學」之萬一，在此拋磚引玉，期待先學指引，供來者參考、批判。

「共生哲學」以「中華哲學」的「天地人」立場為生發基礎，以西方哲學「真理」和宗教「神」為發展歸宿，其「本體論」是涵蓋中西哲學（「始」與「終」兩端）的「整體」，在最高層次融合人類不同「文明」的價值體系和信仰體系。「中華哲學」重視人倫價值，認為人與人之間可以相互理解，「基礎價值」帶給人類仁愛的生發基礎和強大的生發動力；西方哲學重視科學知識，認為人類可以認識外部世界，「終極價值」帶給人類博愛的普世情懷和對真理（神）的敬畏。

哲學是對人類自身發展的反思和總結，是社會科學的「皇冠」，揭示「人文價值」；數學是對自然規律的計算和應用，是自然科學的「皇冠」，揭示「科學價值」；「共生哲學」認為，「人文價值」（學問體系）和「科學價值」（知識體系）是內在一體的，共同構成人類

的「學識體系」。把用人類的「人文心得」與「科學知識」截然分開，是科學走向異化道路的根本原因，也是哲學脫離生活現實的根本原因；用一種「文明」的「學識體系」統攝另一種「文明」的「學識體系」，甚至取而代之，是人類精神分裂的本源。

中國五千年農耕經濟以「自給經濟」為特色，形成了以家庭和家族為核心的「共生意識」，這種原始的「共生意識」表現為：1）勞動生存、厲行節約、和氣生財、利用厚生等經濟意識和自給自足的經濟發展形態；2）「小國寡民」的政治取向和「天下國家」的「政治體系」；3）「仁義禮智信」的「社會價值」和「大同世界」的「社會理想」。然而，「中華文明」以農耕經濟為本的經濟政治倫理體系，偏於人倫「學問」，忽略物性「知識」，適應於「農耕經濟」的社會結構，不適應於「工業經濟」和「科技經濟」的社會結構，「中華文明」的「學問心得」雖然對「現代社會結構」的改革具有重要參考價值，但是不具備領導全面「社會結構改革」的全部能量。改革「社會結構」是「中西文明」共同的使命，「中西文明」都必須「從我做起」。

「共生哲學」融合「基礎價值」與「終極價值」、融合「人文價值」與「科學價值」，是人類「思想觀念」的重大轉變，對經濟、政治、社會、信仰、文化（社會五層次）都有根本性的影響。本書闡述「共生哲學」的方法與「傳統哲學」的表述方法截然不同，不是首先界定「抽象概念」再通過邏輯推理作出判斷，而是通過面對人類社會實踐中的問題，通過論證具體「價值要素」來顯現「共生哲學」的價值內涵，是以「社會感悟」（常理）為基礎，輔之一些「哲學概念」的推理判斷。在充分介紹了「共生價值」的核心「價值要素」之後，再對當代哲學思想展開理論批判，力爭系統地展現「共生哲學」的全貌及其對社會結構改革的意義。礦癡對「社會五層次」中的每個層次都從「共生」角度提出了一個具有統攝性的「價值要素」，通過五個「價值要素」形成對「共生社會結構」的透視，這些「價值要素」的內在關係能夠鮮活地展現「共生哲學」的價值體系；同時，通過「共生價值」與「普世價值」的鮮活對照，反襯「人類社會結構」的價值體系與「現代社會結構」價值體系的差異。對照不是排斥，以比較和借鑒為方法，

以互相融合為原則，以形成新型價值體系為目標。

　　針對「社會五層次」，每個層次只提出一個「價值要素」，即最為關鍵的價值要素，追求基色差異，追求簡明，主要是通過進行層次間比較展現五個層次之間的有機輪廓，形成整體感悟心得。每個層次的「價值要素」是獨特的，五個「價值要素」相互之間的影響是共鳴性質的，五個「價值要素」的發展「和而不同」，內在一體。「層次」是「形象地」描繪有機動態結構的重要角度，檢驗層次設置是否合理，檢驗整體動態描述是否合理，需要觀察各個層次的統攝概念（價值要素）之間的聯繫是否合理，是否具有內在的有機聯繫，是否反映人類社會發展的特點，是否既反映形上價值又反映形下現實，是否具有指導社會實踐的具體作用，是否具有可行性。

3.1. 共生經濟的價值要素「節約」

　　在經濟層次「轉變思想觀念」的核心「價值要素」是「節約」。「節約」是價值觀，是統攝經濟機制的價值要素之一，與「消費」共同構成人類社會的經濟結構和經濟價值體系，正如「佔有」與「分享」共同構成社會經濟結構中的分配體系一樣。「節約」是經濟層次「轉變思想觀念」的要點，是令「市場經濟機制」從僅僅專注「交換價值」轉向同時專注「使用價值」的關鍵，沒有之一。「節約」解決市場經濟機制的本質性問題，「分享」解決市場經濟機制的特性問題。

　　「節約」是「人性」特點，是人類「繼承本性」的經濟特點，是「共生經濟」【75】的核心特點；「消費」是「動物」特性，是動物的經濟特點，是「市場經濟」的發展動力；「浪費」是獸性（動物貪性）的經濟特點，高消費基於「獸性」，導致「市場經濟」成為破壞社會發展的力量。

　　「共生哲學」認為，「人類自覺」建立在正確認識人的「物性」和「人性」的基礎上，包括自覺地積極培育「人性」，滿足「物性」需求，減少和消滅「獸性」。人類整體注意「節約」之時，即是人類社會全面進入「人的世界」之日，是人類社會成熟的經濟標誌。

【75】共生哲學指導下的經濟價值體系和機制。

在「市場經濟機制」中，「生產」關注「節約」（降低成本追求效率），「消費」不關注「節約」，因此，用「節約」這一價值標準來觀察人類經濟活動，觀察生產與消費的關係，人類當代的價值體系是分裂的。「市場經濟機制」的歷史是從「生產」促進「消費」轉變為「消費」引導「生產」，近期又轉變為「貨幣」引導「消費」加速「生產」。當今「市場經濟機制」以「高消費經濟」為特點，表明「市場經濟機制」偏重於滿足「獸性」，忽視培育「人性」。中美不共存的「奧巴馬世界」來自獸性立場。

3.1.1. 「高消費」是人性墮落的標誌

一位億萬富翁只有三雙皮鞋，一位總統夫人（菲律賓總統馬克斯夫人）有上千雙皮鞋，這是「人」與「獸」之間的差別；「人」追求內在的美，「獸」追求外在的美。同理，「國家」過度舉債消費是在超支「國民」後代的財富，人類惡化「物質邊界」是在超支人類後代的生存資源，這些都是「獸性」的表現，是「市場經濟機制」專注「競爭」的必然結果。「市場經濟機制」是導致出現「奧巴馬世界」的核心機制。例如，給手機人為設計使用年限，強迫客戶更新手機，是科技領域推動「高消費」的手段，是手機生產企業取得競爭優勢的措施之一，是不惜「浪費」刺激「消費」的道德淪喪。新冠肺炎防治期間，關閉商場、封城鎖國，消費降低到「剛性消費」的水平，廁所手紙被搶購一空，時髦服飾銷量暴跌，清晰地表明疫情之前「高消費」的規模和浪費程度。全球經濟學家都將疫情時期「消費」斷崖式跌落視為大難臨頭，證明「高消費」已經成為「市場經濟機制」不可或缺的核心組成部份。經濟立場反映道德水平。

以消費為中心的發展模式對人類社會發展做出過重大貢獻，是人類經濟機制發展無法避免的一條彎路。人類只有在「高消費」不可持續的時候才可能考慮「節約」，這一轉捩點已經到來。人類社會整體生活水平的提高，世界人口迅速增加，壽命普遍延長，這些是導致「物質邊界」日益狹小的客觀原因，「市場經濟機制」以「消費」為動力，不鼓勵「節約」，是導致「物質邊界」日益狹小的機制性（主觀）原因。

3.1.2. 提倡節約邁向人的世界

通過在「市場經濟機制」中培育鼓勵「節約」的機制，逐步轉變「市場經濟」中「高消費」的價值取向，可以降低人類的物質消耗，減緩環境惡化的趨勢。「節約」沒有降低「人」的生活水平，只是改變了做人的標準，人類社會中的「獸性」成分會大大降低。經濟越是發達，節約責任越重，「先行國家」是形成「節約」價值觀的關鍵群體。

作為「建制派」領袖，奧巴馬總統提出的世界性問題（奧巴馬世界）證明政客們意識到了世界政治經濟運行機制有問題，但是不知道如何應對；確切地說，不知道「先行國家」在保證既得利益的前提下如何與「後發國家」分享人類資源和發展成果。從「共生經濟」角度解說，奧巴馬不僅應該關注如何提高美國人民的消費水平，而且應該關注如何提高美國人民的消費道德，只有既關注物質利益又關注道德標準的政治家才是合格的政治家。同理，只有既關注發展又關注道德的世界才是「人的世界」。

萬事開頭難。把「節約」，特別是「消費節約」，設定為「做人」的客觀標準，作為人類通行的標準，是人類社會在經濟領域「轉變思想觀念」的最重要起點。一切違反「節約」標準的「生產」和「消費」行為要接受經濟懲戒，過度「消費」要接受法律制裁。如此持之以恆，人類在「生產」和「消費」兩方面都能培育和發揚「人的本性」。改變「市場經濟運行標準」是培育新型「共生價值觀」的關鍵舉措。

「民主國家」的選舉政治令政治家只能關注經濟機制的微調，無法提倡與刺激經濟相反的道德建設；國際競爭令國家通過刺激消費提高國力，「現代國家機制」是「市場經濟機制」無法自然生成「節約經濟機制」的政治原因。「節約經濟」的建設不是一屆政府所能實現的，應該把建立「節約型經濟」寫入國家的法律文件中，寫入國際通行的規則中，所有民選首領必須把它作為基本國策，鍥而不捨地共同努力。「綠黨」正在表達人類這一政治訴求，「綠黨」應該提出推廣「節約」價值觀的立法工作。

3.1.3. 節約完善市場機制的價值標準

提倡「節約」認可產品「交換價值」，強調充分實現產品的「使

用價值」。產品的「使用價值」包括兩個方面：「使用性」和「破壞性」。「節約」通過充分使用產品（提高使用性）減少物質資源消耗，同時減少有害物質的使用和排放（降低破壞性）。鼓勵「節約」是對「市場經濟機制」僅僅關注產品「交換價值」的糾偏，是系統性的、本質性的改革，是令「市場經濟機制」從偏執走向平衡的關鍵之舉。從「消費」（交換價值）主導的經濟機制（市場經濟機制）轉向「節約」（使用價值）主導的經濟機制（共生經濟機制）是人類社會的經濟基礎最為重要的改革，是人類社會走向成熟的標誌。

這場變革不是放棄「市場經濟機制」的革命，是以「市場經濟機制」為基礎逐步走向「共生經濟機制」的改革。正如中國經濟的改革開放，全面建設「市場經濟機制」不等於完全拋棄計劃經濟的優點，中國政府通過多元政策引導經濟發展與美國政府通過貨幣政策引導經濟發展是本質相同的行為，前者的管理效率更高一些。在「市場經濟機制」中，「碳排放交易市場」是利用「市場經濟機制」推廣環保意識的早期探索，是在「交換價值」主導的經濟發展階段，利用「交換價值」反映「使用價值」的寶貴嘗試。礦癡認為，利用「市場經濟機制」建立「節約經濟機制」有兩條關鍵措施：一是建立「以舊換新」的新型「易貨銷售」網絡，二是在市場交換體系中增加「節約積分」的價值體系，兩者都旨在彌補「貨幣交換體系」的偏執。

首先，「貨幣」可以反映產品的「交換價值」，不能全面反映產品的「使用價值」。「節約易貨體系」改變「市場經濟」完全以貨幣為交換媒介的「交換機制」，強調關注「產品」。例如，電池污染危害極大，電池的消費應該引進「以舊換新」的「易貨機制」，消費者必須帶着舊電池去買新電池，沒有舊電池要買新電池的價格是以舊電池換新電池的十倍甚至百倍以上，高額利潤（罰金）用於發展相關的「節約環保經濟」，包括處理電池污染、補貼易貨銷售的成本、反哺資源行業、發展清潔能源和材料等。「廢品易貨機制」關注產品的「破壞性」，減少產品的浪費。

其次，現代大數據管理機制具有提供各類消費「節約積分」的能力，「節約積分」可以成為「市場經濟機制」改革的早期措施。「消

費趨勢」中有「消費道德」，完全可以利用大數據抑制浪費鼓勵「節約」。居民在「消費」領域的「節約」達到一定水平，不僅可以獲得最先進同類「消費品」的獎勵，也可以獲得「資產」的獎勵，持之以恆，「節約」可以蔚然成風。

中國的曹德旺先生是個億萬富翁，由於經常要出席正式活動，襯衫更換率較高，他限制自己一年只能買六件襯衫。然而，華爾街一些金融人士每次換下來的襯衫不洗，直接扔掉，一次要買幾打襯衫，對他們來說洗燙襯衫是浪費時間。很顯然，用「節約積分」那一點物質優惠無法刺激這類「浪費者」，還需要較為系統的措施才能有效制止這種浪費行為。更重要的是，改變金融界的價值觀念，丟人的不是襯衫舊，而是浪費。

顯然，「獎勵積分」和「易貨罰金」都是利用現行「市場經濟機制」的辦法，同類方法很多，絕不限於這兩種，需要根據國家經濟成熟度、政治成熟度進行具體設計。例如，「社會經濟」比較發達的國家，獎勵方法可以是直接提高節約者個人「社保資本」。在「市場經濟機制」改革初期，反映「使用價值」的易貨體系可以獨立且平行於反映「交換價值」的貨幣體系，只要一屆接一屆的政治家持之以恆地「試點先行，小步快跑」，人類經濟機制在幾十年後就會發生深刻變化，萬里之行，始於足下。中國的「改革開放」證明了「社會改革」通過「小步快跑」可以有驚人的發展速度，可以毫不誇張地用一年等於十年來界定。

最後，鼓勵「節約」抑制「浪費」是人類社會提高精神文明素質的重要基礎工作，政治機制、法律體系要為經濟機制的這項改革保駕護航。政治家和法官要像維護「言論自由」那樣維護「鼓勵節約」，確保「獎勵節約機制」的不斷發展和強化。

3.1.4. 「節約」價值的超越性和現實性

改革「現代社會結構」最重要的立場是要超越「市場經濟機制」和「現代國家機制」，從更高層次管理人類發展。

「節約」價值觀的超越性表現在它超越「主義之爭」（意識形態），「節約」關注的是整體的「人」，是「人性」的立場，既是「工人」

（社會主義）的立場，也是「老闆」（資本主義）的立場，因此，「節約」超越「主義之爭」。「節約」價值觀超越「現代社會結構」，既有「競爭」（市場）立場，也有「利益」（國家或企業）立場，核心立場是「人類整體」與物質世界、自然界的共生關係。因此，「節約」是人類在經濟領域從人類整體（人性）的角度看「利益」的立場，是遠遠高於「個人利益」和「群體利益」的立場，是人類價值觀變化的重要內涵。

「節約」價值觀的現實性表現在它始終存在於人類社會實踐中，它符合宗教精神，存在於「中古時期」的禁欲修行的實踐中，符合所有高尚的信仰，存在於歷史上所有追求真理的實踐中，它始終與人類社會的「生發」歷史共存。

「節約」行為廣泛存在於「產品經濟」的社會中。中華傳統社會布鞋製作流程是「節約」價值觀的最佳案例。家中老年婦女把一家人用過的破布在一個板子上用稀麵糊層層地粘起來，形成很厚的「布板」。這些布已經用得很破、很薄，粘起來強度增加，可以得到充分的利用。然後根據家人腳的大小做成「鞋底板」，用麻繩做線，用針整齊地、密密麻麻地用麻繩把「鞋板底」勒緊（納鞋底），增強「鞋底板」的強度，然後縫上鞋幫。這樣做成的鞋舒適、合腳、結實耐穿。棉花紡成布，製成衣服，舊損後做抹布，最後做「鞋底板」，「鞋底板」在走路過程中逐步消耗，「零落成泥碾作塵」，棉花返回到土地之中，這是「中華文明」最原始的「循環經濟」，充分反映了「節約」物盡其用（重視使用價值）的特點。從家人生產力角度看，這個工作老年婦女做最合適，不消耗很多體力，又能充分利用時間，雖然「納鞋底」很消耗時間，老人可以一邊看孩子，一邊與鄰里聊天，一邊納鞋底。這是「中華文明」傳統的「分享經濟」，家庭內部的「分享經濟機制」。

「產品經濟」是依賴人力生存的經濟形態，因此具有更多的「人性」內涵；「市場經濟」依賴「工具」（機器和網絡），因此具有更多的「物性」內涵；不能因為「市場經濟」追求「物性」和效率而否定「市場經濟」的道德意義，完全可以在提高效率的同時，提高人類修養，「效率」與「修養」並沒有本質衝突；同理，不能因為「產品經濟」生產效率低而否定「產品經濟」的道德意義。把兩種經濟形態

用抽象的、局部的價值概念作比較，如用「效率」作比較，得出一種經濟形態（市場經濟）是對的，另一種經濟形態（產品經濟）是錯的，十分符合邏輯，是正確的結論，但是僅僅限於「效率」這個角度。超出「效率」角度說對錯不符合邏輯。「現代哲學」的「進步論」之所以是錯誤的，因為它把「現代標準」（效率）作為經濟的「進步標準」，全盤否定過去的（社會）價值實踐。

中國經濟在融入「市場經濟」之後能夠高速發展，一個重要的原因是中國國民在掌握技能的同時，保持了注重「節約」的傳統習慣，表現在重視降低物質消耗和重視儲蓄等方面。曹德旺先生那樣的企業家很多。「產品經濟」的慣性是中國快速崛起的深層次（意識形態）原因之一。可以想像，如果在全人類推廣「節約價值觀」，中國等進入市場經濟機制較晚的經濟實體在這方面的進步可能更為突出。尺有所短，寸有所長。

「消費」是「動物」的經濟特性（物性），「物性」來自於「天地」（儒學），是「神」賦予的功能（宗教），是「人」的「本性」（西哲），「物性」符合唯物主義和存在主義。「浪費」是動物的經濟特性之一，而高消費完全是「獸性」。當我們說「人性」的時候，強調的是「人」的特質，而不是「物」的特質，更不是「獸」的特質，是「人」超越「物」否定「獸」的特質。「節約」不違反「物性」，鮮明地彰顯「人性」，徹底地反對「獸性」，充分顯現「共生哲學價值觀」的特點，既有超越性，又有現實性。用唯心論或唯物論片面強調「人性」或片面強調「物性」都是錯誤的。

尋找在「市場經濟」中普及「節約」意識的手段是經濟領域「轉變思想觀念」最基礎的工作，是提高社會道德水平最基礎的工作。如前所述，由於人類成熟有階段性，人類已經初步具有了個體自覺、群體自覺，還沒有學會「整體自覺」。要培養「整體自覺」，必須在經濟基礎中建立培育整體意識的價值觀，這個價值觀必須要做到與「個體自覺」和「群體自覺」沒有本質的利益衝突。「節約」的價值觀符合這一定義。

第一，從人類根本利益（整體層次）角度看，具有「合理性」，

不僅降低人類整體的物質消耗，而且提高人類的「整體」視野，從「個體」和「群體」的視野提高到「整體」的視野；

　　第二，從國家或企業（群體層次）角度看沒有傷及「根本利益」，有利於國家或企業降低物質消耗，有利於提高國家或企業「整體」的道德水平；

　　第三，從個人（個體層次）角度看能夠提高「修養水平」，有利於提高「人性」克服「獸性」，可以充分展現「人性」之美，充分暴露「獸性」之醜。

　　歷史告訴我們，「工具」的發展在古代並沒有消滅「人吃人」（獸性）的現象，「定居」的出現逐步消滅了「人吃人」的現象。同理，單純依賴科學技術（工具）的發展在當代不可能消滅「人吃人」（科技吃人、資本吃人）的（獸性）現象，通過「節約」等「共生價值」的普及，通過人類的「整體自覺」，可以逐步消滅「人吃人」的「獸性」現象。當人類「整體意識」成為社會發展的動力，當「人類根本利益」成為社會發展的標準，人類才能完善「現代社會結構」，才能從根本上消滅「人吃人」的現象。

　　「共生價值」、「共生經濟」並不是新的事物或新概念，它們始終存在於人類社會實踐中，人類社會的發展不到達一定的成熟階段，它們的特點和必要性不會充分顯現，人類不會認識它們。「中西文明」平行「共存」了數千年，只有 200 年左右才開始全面接觸，相互之間缺乏理解、缺乏「共生意識」，本屬正常。但是，熟讀經典的學者們，看不到「中西文明」之間的互補作用，或者只看到衝突看不到融合，只看到「消費」看不到「節約」，說明當代「學識體系」尚處於嚴重偏執狀態；有些學者雖然認識到「共生價值」的意義，不知道改革經濟機制從哪裡下手，還在「競爭」、「公平」、「平等」等「現代社會結構」的價值概念中尋找。由此可見，「轉變思想觀念」的任務十分艱巨且光榮。

3.2. 共生政治的價值要素「中庸」

　　如前所述，「中庸之道」是多元有機世界的生發變化之道，作為政治價值的核心要素，具有鮮明的價值取向，其核心內涵是「融合漸

進」，反對「排他」與「激進」。

「中庸」的政治價值觀並非是沒有「對錯」的價值觀，而是反對以「正確」為理由走極端化道路。因此，以「中庸價值」為核心的「成熟階段論」，不同於以「真理價值」為核心的「進步階段論」，是融合之道，不是排他之道，是改革之道，不是革命之道。「普世價值」屬於「真理說」，從一分為二的角度用「對錯」的立場「排他」，追求純之又純的「（政治）正確」，在政治領域往往產生一蹴而就的革命衝動。「中庸價值」（融合漸進）基於「共生價值」，從合二為一的角度用「完善」的立場「漸進」，追求「整體和諧」。「成熟階段論」必須關注本體對成熟過程的承受能力，因此不會出現一蹴而就的過激行為。需要再次強調指出的是，「融合漸進」與「對錯排他」是互補共存的關係，而不是零和排斥的關係。在「西方文明」主導人類意識形態的時候，在決定人類政治發展方向的時候，旗幟鮮明地（從對錯角度）反對「排他」與「極端」，是人類意識形態全面發展的核心要求。例如，在提倡「自由」的同時，禁止「極端化」；在提倡「獨立」的同時，防止「排他性」。

思想家的核心能力是發現「融合」角度，政治家的核心能力是在社會發展過程中用「中和」的政治手段展現、培育、呵護多元融合的「共生」關係，防止社會偏執發展是當代政治家最重要的歷史責任。「美國優先」不是錯誤，前提是「人類根本利益」大於美國利益。「中庸之道」是實現這一政治責任的最重要方法。

「真理說」從「對錯」立場看社會發展，具有排他性和偏執性。冷戰時期，政治全面對立，美國作為冷戰期間推廣「普世價值」的旗手，社會價值體系偏執發展的特點最為明顯，現在患有典型的「冷戰內傷」。我們可以從美國與澳大利亞社會實踐的差別中發現「價值觀」偏執對社會發展的負面影響以及「中庸之道」的政治意義。

從政治角度看，澳大利亞的選舉制度是「強制投票」（不投票罰款 50 澳元[76]）。幾十年州政府和聯邦政府選舉幾乎百分之百的

【76】從絕對價值角度看，50 澳元並不多，稱其為「強制投票」似乎有些過分。然而，50 澳元可以買兩大箱啤酒，百姓不會因為投票問題犧牲兩箱啤酒。百姓是政治之本，50 澳元撬動了政治機制的變革，充分證明中庸之道顯然大有可為。

投票率令澳大利亞國民容易理解政府的決策，信任政府，服從政府的理性決策，政府與國民之間的溝通較為順暢。這些都表現在澳大利亞國民在防範新冠肺炎期間十分遵守政府規定，沒有出現重大的社會動盪，只是有短暫的、小規模的反隔離政策的示威遊行，結果是全國防範疫情十分成功。這與美國新冠疫情期間的社會行為形成了巨大的反差。在美國，政府與民眾之間缺乏信任，結果是錯失控制疫情的良機。

從經濟角度看，澳大利亞社保制度是「強制入保」，不入社保的人納稅數額更高。雖然人口不多，澳大利亞社保基金總額處於世界前五之列，「社會資本」十分活躍。正因為此，澳大利亞是發達國家唯一一個連續 29 年沒有衰退的國家（2020 年受新冠疫情影響出現了經濟衰退）。在新冠疫情期間，由於資本市場沒有崩潰，社保機制發揮了全面服務社會的功能。這與美國貧富差距不斷擴大，社會福利和醫療體系不健全，在疫情期間政府缺乏服務全社會能力的現象，形成鮮明反差。

很顯然，雖然澳大利亞兩種「強制」都是採用經濟手段，不是採用硬性措施（法律措施），社會效果非常好。與其相比，美國社會強調保護個人決策權力（人權），既沒有「強制投票」（政治領域），也沒有「強制社保」（經濟領域），主張個人持槍自由（社會領域），導致價值觀（個人主義）極端化，這一「冷戰內傷」令美國政府與國民的溝通管道不暢，社會貧富差距擴大，經濟、政治、社會都出現極端分裂的現象，這些社會問題在新冠肺炎疫情期間集中地、充分地、系統性地表現出來。

值得指出的是，兩國政治機制和經濟機制的細微差別只有幾十年，導致兩國社會應對疫情危機的能力差異很大，純之又純的自由民主（美國模式）與自由民主結合強制（澳大利亞模式）之間的比較充分說明，「中庸」是正確的政治發展道路。澳大利亞和美國都是歐洲移民新大陸創造的國家，在價值觀方面近乎雷同，然而，小小的「中庸」舉措，持之以恆，可以帶來巨大的社會差異，可見「中庸」價值對政治發展的重要性。

從人類發展整體角度看，在政治領域推廣「中庸」價值，最重要的任務有兩個：1）禁止極端宗教／信仰，2）禁止宗教國家。

（國家）政治機制既有呵護「信仰自由」的責任（普世價值的內涵），也有防止信仰極端化的責任（中庸價值的內涵）。極端宗教（信仰）把宗教（價值）或信仰（價值）視為遠遠高於生命（價值），從否定生命的角度提高和宗教（信仰）的地位。沒有生命，何來宗教？何來信仰？極端宗教（信仰）是價值觀本末顛倒達到極端程度的社會現象，歷史上絕大多數戰爭都是它們以「神聖」或「正確」為價值標準發動的，因此極端宗教（信仰）是人類社會發展的毒瘤，必須堅決取締。防止宗教走向極端、取締極端宗教是所有「國家」的責任，是所有政治家，不分左派右派，最重要的政治責任，需要持之以恆的努力。只要這樣做了，正如澳大利亞政治家持之以恆地奉行「中庸」價值一樣，人類社會一定會發生良好的、深刻的變化。

吸取澳大利亞的經驗，只要「轉變思想觀念」，對「宗教（信仰）自由」設定一個界限，即「非暴力界限」，完全可以杜絕極端宗教。這樣做的辦法很多。例如，一旦出現宗教教徒以宗教信仰為動力發動的恐怖襲擊事件，不僅要懲戒該暴徒，而且要懲戒該暴徒所追隨的教士和教派。在經濟上，該教士和教派必須承擔暴徒造成的損失並接受十倍或百倍的罰款；在政治上，終身禁止該教士在世界任何地方傳教，在一定時間內，禁止該教派在本國境內傳教，時間長短視恐怖事件惡劣程度，直到該教派領袖承擔責任，承認錯誤，承諾不再發生類似事件。

從人類社會結構角度看，國家是利益分配機制，宗教（信仰）是精神淨化、追求高尚情懷的機制，「宗教（信仰）國家」依靠國家機制追求宗教（信仰）的利益最大化，因此是結構錯配的政治機制，違反「中庸價值」，必須堅決取締。人類五千年歷史證明，宗教擁有最高世俗權力的時候，一定導致宗教走向極端化，導致國家走向獨裁和戰爭。固有，「要想一個宗教墮落，給它一個國家」。防止出現新的「宗教國家」，抑制已有的「宗教國家」的極端發展是國際政治社會大家庭的共同責任，是所有國家領導人的共同責任。

3.2.1. 中庸追求多元平衡

「普世價值」中「自由」、「民主」、「人權」等抽象的價值概念（要素）是「終極價值」的組成部份，在國際政治中，「普世價值」應該成為人類社會價值標準之一，但是不應該成為所有「文明」整齊劃一的唯一標準，否則反而會降低「普世價值」對人類社會發展的指導作用。從生發角度看，不同「文明」的歷史進程不同，價值體系不同，形成了「多重價值」共存的狀態，「普世價值」是這一多重價值中的一員，不同「文明」需要採用中庸之道，尋求「多重價值」的平衡，找到傾向於建立「共生價值體系」的權重點，持之以恆地提升本「文明」的道德標準。期望用同一個尺度（普世價值）衡量發展，不但不可能解決重大的社會問題，還有可能激化社會矛盾，令經濟和政治體系出現系統性偏差。用「中庸之道」的說法，欲速則不達。

美國社會經過 200 多年的高速發展，整體相對成熟，但是在社會結構中，種族結構是短板，1960 年代開始改進，落後於其他社會結構 100 多年。正因為此，自從 1960 年代開始，美國一般 5-10 年會有一次種族問題導致的、大規模的全國性暴亂。人們既不能因為有種族問題而否定美國社會其他領域的成熟，也不能因為美國社會的成熟而忽視種族歧視問題的嚴重性和系統性。美國推行種族融合、文化融合已經取得了很大的成績，奧巴馬先生當選美國總統是美國社會解決種族矛盾取得重大進展的最好證明。2020 年美國大選期間族群矛盾激化，暴亂不僅持續時間較長，而且加深了美國社會的分裂程度。目前最重要的措施不是尋找解決種族問題的「政治正確」，不是尋找純之又純的語言、政策，而是改變美國經濟貧富兩級分化的趨勢，通過經濟平等實現種族平等，同時禁止在種族問題上使用暴力和走極端化道路，把降低矛盾衝突烈度作為工作重點。

南部非洲提高社會整體意識，中東地區解決宗教矛盾衝突，這些「社會問題」的性質與中國「自然經濟」（產品經濟）轉向「市場經濟」是同質問題，解決問題需要一定過程，不同國家、不同「文明」要根據本文明的具體問題，採用多元融合、「小步快跑」的改革方法，會有事半功倍的社會效果。

3.2.2. 國策與微調

採用中庸之道實現社會改革的重要方法是「試點先行，小步快跑」，「試點」旨在衡量社會接受能力，「小步」旨在維持社會穩定，「小步」雖小，因為每一步都很堅實，既有量變又有質變，糾偏速度快，社會整體變化的速度反而比「大步」更快。只有保證「小步」的方向一致，才能實現「快跑」的效果，把改革方向作為「國策」是提高「民主機制」管理效率的重要步驟。美國政治機制應該學習中國在制定國策方面的一些機制和角度。

「現代國家機制」中的民主選舉機制是政治糾錯機制，對完善「國家機制」具有至關重要的的作用。然而，數年一次的選舉制度往往導致政治決策的左搖右擺，不利於社會改革政策的穩定推進。任何一種社會性改革，都需要三十年以上「小步快跑」的持之以恆的努力，才能出現事半功倍的改革效率。中國改革開放的成功要歸功於鄧小平偉人把「改革開放」提高到「國家戰略」（國策）的高度，歸功於鄧公之後兩代領導人切實貫徹這一「國策」的不懈努力。很顯然，「國策機制」是「國家機制」中至關重要的建設機制，它主要適用於解決社會結構問題，解決社會道德建設問題，有利於文化建設。在美國，國策機制應該主要用於「經濟結構」的調整和「文明教化機制」的建設這兩項工作。例如，在經濟領域把建立全民社保體系和醫保體系作為「國策」，所有美國總統在任期內都必須採用「試點先行，小步快跑」的方法在「全民社保」、「全民醫保」領域有所建樹，通過數十年持之以恆的政治努力，經濟結構的調整就會取得事半功倍的效率。

3.3. 共生社會的價值要素「教化」

長者對後人、先學對後學具有「教化」責任，「教化」意識反映人類的「繼承」特性。「教化」是全社會普及倫理意識和價值標準的行為。「教化」是人類自從「定居文明」開始始終在踐行的社會實踐，無論何種「文明」，父母都會教導孩子如何為人，因此「教化」是歷史悠久的普世行為。「教化」是形成和普及價值觀的行為，是人類不同於所有「動物」的特性，是人性，是文明的標誌。「文字」是文明

的顯性起點，「教化」是文明的特質，貫穿文明發展的全過程。

　　「中西文明」維繫價值觀的社會規範和機制既有共性也有差異。共性是「中西文明」都既有「教化」機制，也有「法治」機制，不同的是「中華文明」側重於社會進行自我「教化」，「西方文明」側重於通過權力實行「法制」；「中華文明」的「社會（維繫）機制」是「教化」強、法治弱，「西方文明」的「社會（維繫）機制」是「法治」強、「教化」弱。再次強調，側重性差異是互補性差異，沒有對錯之分。「教化」以揚善為主，來自「人性善」的價值立場；「法治」以抑惡為主，來自「人性惡」的價值立場；兩者都是對的，只是觀察角度差異造成的價值觀差異，兩者之間是相輔相成的關係，偏重任何一個都是錯誤的。

　　「中西文明」各自偏重一種機制，是「文化基因」和「文明基因」導致的歷史現象，自然而然。例如，中國在「改革開放」以後才系統地學習西方的法律體系，提高了法律在社會機制中的地位。儘管中國目前的法治機制與西方「先行國家」的法治機制相比較，落後很多，但是已經完成從無到有的變革，改革開放後建立的法治體系推動了市場經濟的發展。與此同時，「西方文明」主導的國家並沒有認真研究「中華文明」的「教化體系」，沒有做出建立「教化」體系的具體努力，甚至對「中華文明」表現出來的一些「教化」行為非常抵觸。由於缺乏文化價值的「教化」，隨着移民群體的不斷發展，日益深刻的文化分裂妨礙了市場經濟的發展。鑒於「西方文明」主導人類社會數百年，在社會學領域「轉變思想觀念」的核心是在保持法治傳統的同時發展和強化「教化機制」，改變科技發展和知識教育一枝獨秀、基本忽視「教化機制」的現象，通過「教化機制」提高道德修養的社會地位。總而言之，「中西文明」的社會管理機制都有缺陷，要形成正確的價值觀需要揚善抑惡「兩手都要硬」。

3.3.1. 「教化」的昇華

　　「中華文明」的「教化」意識源遠流長。「天命之謂性，率性之謂道，修道之謂教」，《中庸》篇首定義了「教」，「教」的本質是修養行為。「教化」是全社會的道德繼承行為、道德修養行為。在傳

統中華社會，許多農耕家庭幾代人中沒有一位識字的人，但是都懂得
「三省吾身」的道理，懂得「為人忠、交友信、傳而習」的倫理道德。
一些著名的家族，由於有良好的家訓，幾乎每一代人都會產生出傑出
的人物。例如，《錢氏家訓》有「利在一身勿謀也，利在天下必謀之」
的家教標準。「教化」是「中華文明」成為「文化國家」最重要的社
會機制。

　　《三字經》是中華傳統社會學童的啟蒙讀物。「人之初，性本善；
性相近，習相遠；苟不教，性乃遷；教之道，貴以專。」寥寥數語，
通俗清晰地說明了「教」的重要性和基本原則。讓三、五歲的孩子知
道人是善的，要注意自己的「習」（修養），要「向善」，這是中華
社會最基礎的教育。「養不教，父之過；教不嚴，師之墮。」通俗清
晰地說明了誰對「教化」負責，長者和先學承擔「教化」不當的責任。
「中華文明」的「教化」涵蓋社會的方方面面，家訓、師訓、行規、
國策、聖人之言都是在傳承「做人的原則」，這些道德經驗的傳承構
成了「中華文明」的靈魂，構成了中華民族獨特的「文明特質」。「中
華文明」的「教化」傳統源自五千年的「農耕經濟」（自給經濟），
源自以「家庭」為單位的社會結構，包括兩個方面，一個是對「有機
世界」的觀察和總結，以道教為主；一個是對「農耕社會」的觀察和
總結，以儒學為主；道教和儒學在漢代被董子（仲舒）融為一體。宋
朝張子（橫渠）的《西銘》最為簡潔地總結了這一思想體系，總結了
中華文明的「教化」內容，它對儒學的作用與《心經》在佛學的地位
一樣，與《道德經》在道學的地位一樣[77]。這個思想體系成為「中
華文明」的文化靈魂，成為社會「教化」的基礎內涵，塑造了中華民
族與眾不同的道德意識和「家國情懷」。

　　以「家庭」為基礎的「教化」體系從「生發」角度正確地反映「人
性」的本質，「中華文明」因此而強於倫理價值和集體意識。中國接
受「現代社會結構」以後，社會結構開始變得簡明，社會能量更多地
聚集在「家庭」與「國家」兩個層次，表現為強烈的「家國情懷」，
族情、鄉誼、師友等社會情懷有所減少。傳統的「家國情懷」是中國

【77】許倬雲先生的觀點，獨具慧眼。

建設「現代社會結構」的歷史能量（意識形態），也是中國百姓能夠自動隔離防範新冠疫情的精神動力。

　　「中華文明」的「家國情懷」與「西方文明」的「普世情懷」具有同樣深邃的歷史根基和文化凝聚力，是同質的精神凝聚力。在「現代社會結構」中，國家有三種主要形態，「帝國」是「國民」構成的利益國家，「族國」是「族民」構成的血緣國家或信仰國家，「家國」是「家民」構成的文化國家，後兩個可以統稱為「文明國家」或「文化國家」，簡稱「文國」。亨廷頓教授從歷史角度把「文明」作為人類社會最大的「人文組合」單位，作為社會矛盾最大的「合之所」，以「現代國家」作為社會發展結構（利益結構）展開推理，得出「文明衝突」的判斷，正確地總結了「帝國」、「族國」、「家國」三種「國家」之間的一些矛盾關係，阿富汗對抗兩個超級大國的例子是「三國」矛盾最尖銳的展現。唯一的問題是他把大的單位（文明）放在了小的框架（國家）中，導致「衝突」成為唯一可能，可以說明阿富汗案例（具體過程），不適用認識人類發展方向。如前文所述，人類社會正在從「民的世界」走向「人的世界」，「國民」、「族民」、「家民」都是「人民」，他們都在人類這個更大的整體內（超越個體「文明」）具有共同的利益（人類根本利益），所有「國」和所有「民」在「人類根本利益」面前沒有根本利益衝突，除非某一群體（國民、族民、家民）以各種理由將自己置於人類之上，那是極端宗教和極端信仰的立場，也是法西斯主義或特朗普「美國優先」的政治立場。歷史上漢族是用「天民」價值體系與蒙族和滿族融為一體的。從「文明」相互借鑒的角度看，把「人類」作為最大的「人文組合」，作為所有「文明」的「合之所」，從整體立場分享利益，人類從來沒有嘗試過，甚至想都沒有想過，許多學者想都不敢想。因此，新時代的「教化」內涵是以「人」為本，人類社會的道德意識應該以「人類根本利益」為基礎，由此形成與「文明衝突」截然不同的社會發展方向——「文明共生」。

　　人類社會是一個整體，「人類情懷」超越「帝國情懷」、「宗教情懷」、「種族情懷」、「家國情懷」。「人類情懷」和「普世情懷」不完全一樣，是具體的、集合的、生命的信仰；「普世情懷」是抽象的、

同一的、終極的信仰。可以想像，如果美國建立「以人為本」的「教化」體系，持之以恆，美國的「文明衝突」就會減少，種族矛盾就會緩解甚至消失。人類迄今為止培育了個體自覺、群體自覺，通過認識「人類根本利益」培育「整體自覺」是新時代「整體教化」的歷史使命，這是傳統「中華文明」的「教化」內涵的昇華，從「家國」昇華到「人類」。「中華文明」傳統的「天民意識」具有這一價值觀的原始形態。「人類教化」是「教化」的昇華，推行「人類教化」是「地球村」所有「村民」和全體「公民」共同的責任。

　　中華民族傳統的道德意識有結構性的局限性。由於是以家為基礎擴展到族群，進而到社區、到國家、到天下，猶如投石入水形成的環形波（五個價值環區），最內環範圍最小、能量最大，「虎媽」是最好的例子。然而，隨着環區面積擴大，能量遞減，「教化」的意識與責任隨着「價值環區」的逐步擴大而減弱。華人對家人和外人有時採取不同的價值標準，導致華人在遵守社會法治規則（價值外環）的自覺性低於西方社會，這也是中華社會家庭型腐敗事件比西方社會更多的文化原因。華人社會必須學習西方社會嚴格遵守社會公共道德準則的優點，在保持「教化」優點的同時強化「法治」意識。

　　「教化」呵護「共生價值」，「法治」呵護「競爭價值」，以「共生」為基礎「競爭」，以「競爭」昇華「共生」，兩者不但沒有根本利益衝突，而且互相有極為重要的互補關係，這種互補關係需要現代法律系統做出相應調整，提高法律體系的層次，實現「法治」的「昇華」。「人類教化」在提高教化層次的同時，也要與「法治」高度融合，通過「法治」體系彌補「教化」體系的不足，提升「教化」的效率。

3.3.2. 「法治」的昇華

　　「人」既有「人性」也有「物性」，「教化」揚善，弘揚「人性」；「法治」抑惡，防止「物性」墮落為「獸性」；「共生哲學」對社會學最重要的發展是強調「教化」與「法治」兩者共生，相互依存，你中有我，我中有你。人類要繼續弘揚「西方文明」的法治精神，同時，把「教化」與「法治」正確地結合起來，令「法治」昇華。

　　首先，「法治」昇華的特點是呵護「人類權」。與傳統「法治」

原則不同，「法治」既要保護個體權力（人權）和群體權力（法人權）又要保護整體權力（人類權），即將「人權」提升到「人類權」的高度，即不允許私人權力、法人權力、國家權力超越「人類權力」，任何權力都不能違背「人類根本利益」。只有在此時，「法治」和「教化」才能建立在相同的價值基礎之上共生，才能構成有機結合的整體。

其次，在「教化」和「法治」擁有共同的基礎和原則的時候，「教化」是傳承文明、普及原則的基礎機制，「法治」是「教化」的手段和保障，兩者相輔相成。通過「法治」機制正確地、適度地保障和推廣「教化」的價值標準，是「法治」昇華的具體內涵。遵守法律是人類社會「全體公民」基本的社會責任，力行「教化」是「全體人民」基本的法律責任。

例如，保護「宗教自由」的法律底線是宗教不侵犯「人類根本利益」，最簡單的標準是，不能用殺人或犧牲人的手段維護宗教權威或利益。極端宗教抹殺「人」的生存權力，法律不僅不能保障其自由發展，而且要終止其發展權力，充分發揮法律抑惡的作用，直至該宗教從自我極端發展轉變為呵護所有宗教的共生利益。

再如，「私有欲」是人類「物性」的表達，「共生欲」是「人性」的表達，「法治」保護「私有欲」，確保私有財產神聖不可侵犯（法權），同時，禁止破壞共生價值的「私有欲」（獸性），如持槍自由，禁止使用大規模殺傷性武器，最終禁止研發大規模殺傷性武器。人類與萬物共生，人類有權撲殺過度繁殖的動物以保證自然生態平衡，沒有權力殺戮動物取樂，「打獵娛樂」違背了「以人為本」的「基礎價值」，培養的是殺戮欲望（獸性）。法律應該提高「打獵娛樂」的社會成本，抑制其無限發展的自由。

「法治」的昇華是一個持續不斷的發展過程，最重要的起點是「轉變思想觀念」，從呵護「個體利益」和「群體利益」發展到呵護以不破壞「整體利益」為前提的「個體利益」和「群體利益」，或者說，呵護比「個體利益」和「群體利益」更高一級的「整體利益」。呵護「人類根本利益」（人類權）的法治體系是法治的昇華，是人類社會成熟的標誌。

3.3.3. 教化與教育

「教化」側重於「人性」價值（倫理）的傳承，是「人性」的培育和發展，「人性」的「教化」主要來自家長和家庭；現代的「教育」側重於「物性」知識（科學）的傳承，是知識的積累和傳承，知識的教育主要來自老師和學校。所有「先行國家」都十分重視教育，教育水平居世界前列。然而，僅有「知識教育體系」並不充分，需要培育「道德教化體系」。教育與「教化」兩者共生、互相依存，你中有我、我中有你。沒有無科學內涵的倫理（教化），沒有無倫理內涵的科學（教育）。例如，在理工大學一年級加入一個學期的哲學必修課，即是將「教化」與教育相結合的好辦法。

「教化」與「教育」的最大區別是，教育來自課堂，「教化」來自社會；教育來自書本，教化來自實踐。讀萬卷書和行萬里路是兩種不同的學習道路，讀萬卷書可以是在課堂，行萬里路則必須來自社會實踐。正確的倫理心得來自人類的社會實踐，長者和先學通過「言傳身教」（教化）把這些倫理價值普及到實踐中去，社會實踐既是汲取倫理價值營養的「土壤」，也是傳播倫理價值的「課堂」。「言傳身教」是「教化」的基本方法，課堂宣講倫理道德，能「懂」，但是難「悟」，這是「教化」與「教育」不同之處。「教化」離不開社會實踐和生活實踐，是有針對性、實踐性的「人性教育」。沒有母親與孩子的共同生活，無法生成正常的母子關係（人倫關係），母親對孩子的「教化」是在哺育孩子的生活中進行的，母乳餵養是形成正確母子關係的重要步驟，奠定了「教化」的基礎。「養不教，父之過」說明了「教」的責任在誰，也說明了「教」的過程，「教」與「養」不能須臾分離。「教育」從孩子抓起，「教化」從家長抓起。和諧的家庭生活不僅是夫妻幸福生活的基礎，也是「教化」孩子、令孩子良性發育的必要環境。

用現代社會學術語作為總結，人類通過「工具」建立「勞動意識」，通過「家庭」建立「倫理意識」，通過「文字」建立「生命意識」（價值意識），通過「科學」建立「創新意識」，通過「自覺」建立「人類意識」（整體意識）。勞動意識、倫理意識、價值意識、創新意識、整體意識，步步高，這是人類意識形態成熟的過程，不同「文明」的

歷史經歷不同，「文化社群」（文明）的意識形態側重不同，「五種意識」各自的成熟程度不同，因此，「文化社群」（文明）的「教化」重點隨之不同。每種「文明」需要根據各自的特點，確定「多重價值」中的權重，有的放矢地推行「教化」（和而不同）。由於人類所有「文明」都缺乏「整體意識」（人類意識），推行「人類意識」的「教化」是人類社會所有「文明」的共同使命。於此同時，根據社會成熟現狀有針對性地推行「教化」，會有事半功倍的效果。例如，對於「定居」歷史較短的南部非洲的「族群文明」，一方面需要通過「教育」（課堂）提高知識水平和「創新意識」，同時需要通過生產勞動建立「勞動意識」，通過穩定的家庭生活提高「倫理意識」。有針對性的社會「教化」會產生跳躍式發展，這就像不同的植物通過施不同的肥料起到特定「生發」效果一樣。例如，「中華文明」通過改革開放認真地學習了「西方文明」的「創新意識」，中華民族整體科學素質在短短幾十年中得到了迅速的提高。

「教化」、「法治」、教育這三個體系是人類社會價值大廈的三根「頂樑柱」，從地基一直到屋頂，「基礎價值」與「終極價值」因此成為一體，三者缺一不可。建立全社會的「教化」體系不僅不會絲毫削弱「法治」體系的地位，還會提高「法治體系」的社會地位和懲戒效率；與此同時，「教化」能夠極大地豐富「教育」的內涵，令「教育」具有生動的社會氣息。「西方文明」歷史上是通過「法治」和「教育」兩個體系繼承自己的優秀傳統，整體上看，缺乏對「教化」的重視，主要因為在意識形態領域過於偏向「神」和「真理說」，對「人性向善」的能量缺乏基本認識。「教化」向善，不違背「宗教」和「真理說」的價值觀，因此，提倡「教化」不是反對宗教和「真理」，而是增加了普及宗教和「真理」的方法，從抑惡為主轉向揚善抑惡「兩手都要硬」即是在社會意識形態領域的「轉變思想觀念」。

在當代西方社會中有許多提倡教化的先進做法。例如，當代許多西方大型公司都有公司內部的「價值宣言」，這種「公司價值觀」（法人價值）的傳播猶如「中華文明」傳統社會的「師訓」，是十分有效的「教化」方法。礦癡工作過的澳華黃金有限公司像許多礦業公司一

樣，把安全環保作為公司全體員工必須呵護的「公司價值」，這是根據礦業的行業特點有針對性地塑造法人價值。「教化」和「法治」兩種社會保障體系形成的共生結構是真正的互補結構，「社會人」和「法人」共同遵守和呵護「人類根本利益」，這是人類形成「整體意識」的起點。「共生哲學」融合「基礎價值」和「終極價值」，「教化法治體系」也是在融合兩種價值，這是體現人類整體價值的社會結構，因此是「人的世界」的「社會結構」，是名副其實的「人類社會結構」。

3.4. 共生信仰的價值要素「共生」

從社會學角度看，「共生」是一種社會現象；從哲學角度看，「共生」是一種價值觀；社會信奉的哲學思想（價值觀）是社會信仰，「共生哲學」闡述「共生價值」，「共生」是一種社會信仰。

「工業革命」（工具的昇華）迄今 300 年左右，「工具」發展依然日新月異，創造出絢麗多彩的「物質利益」，令人眼花繚亂，難割難捨。由於社會「分享」機制的變化跟不上「工具」變化的速度，人類遇到了「物質邊界」。面對「物質邊界」，人類社會全面分裂，在社會的五個層次都出現了水火不容的分裂，最大、最集中的社會分裂現像是「中美衝突」。

所有分裂集中體現在信仰分裂和價值觀分裂，價值觀分裂問題來自於只考慮「競爭」（利益），忽視了「共生」（分享），通觀人類的「心得」，科技創新的「心得」浩如煙海，社會倫理的「心得」只有兩個字──「競爭」。如此下去，人類在競爭的道路上只有兩種走法，一個走法是異化為「物」，被軟件統治；一個走法是競爭導致戰爭，勝者內傷，茫茫大地真乾淨。楊小凱先生說得好，「決定經濟績效的是制度，決定制度成敗的是信仰」。「競爭」還是「共生」，局部「利益最大化」還是整體「分享最優化」，這是價值觀問題，也是信仰問題，這個信仰問題是人類社會五千多年「文明」歷史始終沒有解決的問題。

「共生」是人類始終具有的社會現象，只是不到「全球村」時代，人類沒有看到「物質邊界」，沒有形成「共生價值」的客觀條件，「共

生」不可能成為指導社會發展的信仰。預見到了人類整體性危機，解決整體性問題的哲學思想才能出現；只有人類社會整體陷入危機，改革「現代社會結構」的社會動力才能出現，「試點先行 + 小步快跑」的改革機會才能出現。兵馬未動，糧草先行；改革未動，觀念先變，「共生哲學」、「共生信仰」應運而生。

礦癡探討「共生哲學」先從社會問題着手，找到解決不同層次社會問題的核心「價值要素」，把不同層次的「價值要素」進行有機的整體思考與歸納，「共生哲學」即在其中。

例如，資本市場是投資效益的分享平臺，社會上大部份勞工並沒有投資資本市場的經驗，很多人根本沒有這種能力；同時，許多勞工在有勞動收入的時候不具備儲蓄資金的自覺性，在退休之後往往不能保證基本生活品質；「強制社保」的機制通過專業人士管理社保基金投資資本市場，為不懂投資的勞工提供個人資產的保值增值，為沒有儲蓄意識的勞工實現儲蓄增值，確保他們退休後有穩定的生活，同時避免社會財富的兩極分化、代際分化。這是用「市場經濟機制」形成資本與勞工的「共生」生態。這個方法的普及有利於緩解「市場經濟機制」導致的社會問題，是在「市場經濟機制」內部生成「共生機制」。與「節約」價值的推廣相比，「強制社保」僅僅適合一國體制內的相對社會和諧，不是在「人類根本利益」的立場上解決發展問題。雖然層次不同，兩者都是以「共生」和分享為原則，因此具有相輔相成的關係。由此可見，「共生」是反映問題本質的價值要素，是內在於社會所有層次問題的價值要素，是「生發」的基本形態。

再如，用「節約」作為價值標準來衡量個體、群體、整體的精神境界，並沒有降低人類的物性需求和追求「美」的能力，而是在「節約」的前提下展現「人」的生命品質和精神文明。「節約」以珍惜自然環境和資源為立場，旨在維護人類與世界萬物之間的「共生」生態，是高尚的「美」。

又如，把「中庸之道」作為推動社會變革的政治價值，採取各方面都可以承受的速度推行改革，是對各種政治力量和各種社會群體「共生」狀態的尊重。它與摧枯拉朽式的革命運動形成了鮮明的對比，

最好的比較案例是「文化大革命」與「改革開放」。建立反映「人類根本利益」的價值體系是一個長期的、系統性的歷史進程，要確保國家機制不干擾這一進程並且能夠成為推進這一進程穩步發展的政治機制，必須制定約束全體「村民」的「人類基本法」，形成超越「國家」的社會管理機制（人類社會機制）。

從社會變革的角度描述「共生價值」比較生動，比較現實，但是缺乏概念性定義和邏輯推理。採用這種思路是因為礦癡哲學邏輯的修養有限，缺乏相關思維訓練，熟悉從社會看哲學再從哲學看社會的思維路徑，而這條路徑是社會學、哲學專業學者不太熟悉的路徑。礦癡相信，專業學者一定能夠將這些形象思維的「感悟心得」，變為以概念為基礎、以邏輯思維為主的理論體系，通過把不同社會層次的「價值要素」有機結合起來，彰顯「共生哲學」的「價值」內涵和邏輯結構。為此礦癡嘗試提出以下哲學分析角度。

3.4.1. 「共生哲學」的本體是「基礎」與「終極」的「整體」

「人」的存在狀態是「生發」，由此產生「基礎價值」；「人」的發展方向是「永恆」（純真），由此產生「終極價值」；「共生價值本體」的特性是「整體性」，涵蓋了「基礎價值」和「終極價值」，沒有增加一分，沒有減少一秒，只是兩者融合一體。沒有離開了「基礎」的「整體」，也沒有離開「終極」的「整體」，「始」與「終」互為參照，缺少一個，另一個毫無意義，無「始」何談「終」？無「終」何談「始」？離開「人」說「神／信仰」，等於離開了局部說正題；離開「神」說「人」，等於離開了「整體」說局部；分則各不相干。「本體」多元，末體一元，兩端共生方有始終；從「生發」角度看發展，「和而不同」、相生相剋、生生不息；從歸宿角度看未來，自由發展、各具特色、殊途同歸；始終有別而「知所先後」，知所先後則近道矣。

當「人」與「神」（天）互相參照的時候才有圓滿的價值整體，「人性」中有「神性」（人來自神／天），「神性」（天地）中有「人性」，是「人性」本源，「神」（真理）是人類的「歸宿」，非「人」所能夠定義的概念；「神」（真理）與「人」共生是「神」（真理）存在的特殊形態，「人」與「神」（真理）共生才能證明「神」（真理）

的終極意義。「神」（真理）與「人」互為參照，構成「有機整體」，所有價值和概念都鮮活地存在於「有機整體」，「神人同在」，「本末相合」。

「共生信仰」糾正了傳統宗教信仰（真理信仰）以「終極價值」（概念）作為唯一「價值本體」的偏差，它把生命作為連接宇宙和萬物的「能量通道」，把「生活」作為理解「本體」與「末體」相關性的「精神通道」，作為證明「神人同在」的實踐通道，強調知行合一，正如科學家把鍥而不捨的科研實踐作為實現生命價值的精神通道一樣。因此「共生價值」是內外圓滿、本末相合的「價值本體」，是人類成熟階段的信仰。

從「生發」角度提倡「厲行節約」，同時完善物性的「消費機制」；提倡揚善的「教化體系」，同時完善抑惡的「法治體系」；這些都是通過「兩手都要硬」完善「價值整體」（多元價值）的具體做法。主體多元（本質相同）、客體一元（做法有別），兩者渾然一體；無論「主體」多大（從「人」到「人類」）或多小（從「人」到「細胞」），主客有別、渾然一體的規律不變；主客有別而「知所輕重」，知所輕重則近義矣。

3.4.2. 信仰的本質是「共生」

在信仰領域，「共生」是「本質」。「共生價值」是標準，是衡量所有宗教和信仰的價值標準，是界定一種宗教或信仰是否符合「終極價值」（神性或真理）最重要的標準。

人類社會很難在信仰領域建立「共生價值」，最主要原因是「信仰」被賦予了排他性，成為「唯一正確」的代名詞，具有永恆正確的性質。從「神性」和「真理」的角度看人類五千年以來的各種「信仰」，所有「信仰」只有階段性的正確性（相對正確），只有階段性的指導意義。信仰的不斷發展反映了人類社會意識形態的發展狀態，所有信仰共同構成人類精神世界的成熟歷史。迄今為止，所有「信仰」的集合僅僅捕捉到了「終極價值」的一小部份，宗教不斷變化（不斷認識「真理」）的歷史證明了信仰絕非一個教派能夠涵蓋，絕非一種主義能夠涵蓋。不同宗教，基督教、伊斯蘭教、佛教、猶太教，都是「神性」

的一部份;不同信仰,正義、仁義、博愛、友愛、主義,都是「真理」的一部份。只有信奉「共生」價值的宗教信仰更接近「神性」(愛),只有信奉「共生」價值的哲學信仰才具有更多的「真理」(慧),在這個基礎上形成的「愛」(宗教)與「慧」(哲學),沒有任何內在衝突。

例如,基督教派生出來的各種教派共同構成基督教的整體,各種教派是「共生」關係、互補關係,不是排斥或否定關係,都以基督教「普世情懷」(愛)為基礎,「普世情懷」是基督教「神性」的「本體」,各個教派只是在歷史的不同階段發展了展示「神性」的不同路徑和方法,都是在弘揚「神性」,因此,所有一神教都具有「神」的性質,但不能代表「神」的本質。這是從「共生」的角度看基督教的變化。隨着社會結構的變化,基督教發生教派變化是十分正常的現象,這些變化是對基督教的豐富和發展。不同的教派是在不同的時代背景、不同的社會結構、不同的「文明」結構中弘揚基督教的「普世情懷」。這種教派差異不僅是歷史的,在當今世界,不同的基督教派對不同的社會群體或「文明」具有不同的感召能量。這充分說明,如果基督教沒有能力融合所有基督教派,只能證明基督教無法引領人類整體,只有所有基督教派成為教友並互相借鑒的時候,基督教才具有引領人類整體的精神能量。由此類推,伊斯蘭教、猶太教等世界大型宗教無一例外。

用「一元」作為「起點」,把「起點」作為萬物的「本體」(本質),「起點」這個「概念」從「本質」角度被賦予了「整體」的特性,這是邏輯思維經常出現的「概念陷阱」,特點是以「點」(性質)代面、代體積、代維度,以局部(性質)代整體(本質)。

無論是用「中華文明」的價值觀(仁義禮智信)還是用「西方文明」的價值觀(普世價值)作為人類整體的價值觀,都是把一種文明(一元)的價值觀等同於人類文明(多元整體)的價值觀,是「以點代面」的邏輯錯誤。人有「人性」和「物性」,把「人」僅僅看作為「動物」,把「自私」(物性)看作是人類本性,以此「點」為道德基礎發展市場經濟,作為法律基礎發展現代國家,丟掉了人類超越動物最

重要的特性「分享」和「節約」，也是「以點代面」的邏輯錯誤。

一神論、唯物或唯心的「真理說」、「文明衝突論」都是同質現象、同源問題。沒有一種宗教可以代表「神」，「排他性」的宗教否定了「神性」的普世性，「唯我獨尊」（一神論）的「神」是對「神」的褻瀆；「真理」涵蓋所有理論，沒有一種理論可以代表「真理」，「主義學說」否定了真理的整體性，「唯一正確」（真理說）是對「真理」的背叛。任何宗教和信仰都有發展的自由，但是沒有「排他」的自由。「排他」是邪惡（貪婪）和蒙昧的表現，是「獸性」佔有欲的表現，是「神」所痛斥的「貪婪」，是「類人」的「獸性」殘餘，最強烈地表現在人類社會的信仰領域。

「共生哲學」認為，所有宗教（信仰）都是人類「宗教（信仰）整體」的一部份，任何一種宗教（信仰）都沒有扼殺、打壓其他宗教（信仰）的理由和權力，應該禁止的是那些不擇手段打壓其他宗教（信仰）的宗教或信仰，是那些擁有武裝力量的宗教。禁止排他性宗教（信仰）的傳播與發展是人類社會最為神聖的歷史使命。

3.4.2.1. 宗教、哲學、科學共生一體

宗教、哲學、科學之間的分裂來自人類精神世界的不成熟，來自人類對宇宙的認識十分片面且分裂。早期人類認識大自然離不開宗教，宗教領袖通過「感悟能力」與宇宙溝通，領悟到常人無法領悟的事物，正確地引領了人類社會的早期發展。在文字出現之後，人類的精神世界開始出現「自我意識」，開始用邏輯思維分析人類社會，由此產生對意識的崇拜，哲學應運而生。宗教與哲學都是在科學（生產力）發展的基礎上形成的，「工具」時代生成對造物主的崇拜，「定居」時代生成對社會組織能力的崇拜，「文字」出現生成對意識的崇拜，電子網絡出現生成對科學的崇拜，科學、哲學、宗教始終是共生的一體（三者一體），從來沒有分開過，隨着人類社會的發展，三者在人類意識形態中的地位不斷變化，反映在社會發展階段中，包括上文所述「神王民人」的色彩變化，所有這些變化都以三者處於分裂狀態為特點。

宗教、哲學、科學五千年分裂史並不能改變三者五千年來始

終共生的本質，只是這個本質被人類社會的多元矛盾所遮蔽了。人類沒有找到「三者一體」的證據，最重要原因是科學發展尚沒有足夠強大，反映宇宙規律不夠深刻。例如，星空從來是產生宗教情懷的重要存在，偉大的哲學家康得對於星空與道德的無限深邃所發出的感悟，最鮮明地揭示了宗教對建立宇宙與人類之間關係的無可替代的作用，深刻地揭示了人類諸多「先知」通過宗教教誨人類對宇宙（神）保持敬畏之心的偉大之處。

然而，「科技」時代出現了，「科技」為人類找到「三者一體」的證據提供了可能性。天體力學已經發展到能夠說明所有人類通過儀器觀察到的星體，能夠計算出哈勃望眼鏡看到的一些星雲是星體滅亡前的輝煌，當人類看到這些輝煌的時候，由於光傳播的時間滯後，這個星體已經不存在了。人類可以精確地計算數千光年、數億光年之外發生的宇宙現象，星空不再神秘。不僅如此，科學生成了信仰，生成了對宇宙最為虔誠的敬畏。只有在這個時候，人類才真正出現了能夠意識到「三者一體」的客觀性。

楊振寧先生和愛因斯坦先生是兩位偉大的物理學家，同時又具有深邃的宗教情懷。楊振寧先生認為，所有窺視到宇宙規律之美的科學家，不可避免地感悟到宇宙規律所具有的「神聖的、威嚴的氣氛」，從而產生深深的宗教情懷，深信「造物主」的存在。要注意，這是邏輯思維產生的「敬的精神」，它與西方宗教先知和中華先秦精英通過形象思維感悟到「天地」（宇宙）的神聖和莊嚴，是相同的精神境界。這一點怎麼強調也不過分。

對宇宙的敬畏最原始、最直接的來源是人類的「感悟思維」，中華「聖人」、西方「先知」都是具有超越性「感悟思維」的超人，他們能夠直接產生對宇宙（神與天）的「敬畏」之心。然而，用邏輯思維產生「敬畏之心」卻需要漫長的推導過程。科學家在窺視到宇宙之精密的時候產生的「敬畏之心」與「聖人」和「先知」產生的「敬畏之心」完全一樣，這即是最虔誠的「宗教情懷」，只是時間上滯後了 2000 多年。

在科技時代，科學家用邏輯思維成果證明了「聖人」與「先

知」們感悟思維的成果，宗教、哲學、哲學終於見面了，「三者一體」是人類用時間換來的「知識心得」。

愛因斯坦說，「在思想深刻的科學家當中，很難找到一個沒有宗教感情的人。但這種宗教感情與常人的宗教信仰有所不同……但科學家卻一心相信普遍的因果關係。在科學家看來，未來和過去一樣，任何細節都是必然和確定的。……其宗教感情表現為對自然法則的和諧感到狂喜和驚奇。這種和諧揭示出一種高超的智慧，與之相比，人類一切系統性的思想和行動都只是它微不足道的反映罷了。這種感情是科學家生活和工作的指導原則，只要他能成功擺脫私欲的束縛。這種感情與歷代宗教天才所懷有的感情無疑非常相似。」科學家在宇宙能量運轉之精密的感召下展現的「使命精神」和「奉獻精神」（信仰產生的精神）與孔子在「天人相應」的感悟中展現的「參贊天地之化育」的入世精神，完全相同；科技界的精英與人文界的精英在 2000 多年後，殊途同歸了！這是我們第一次觀察到形象思維和邏輯思維在人類文化層次的殊途同歸，具有深遠的歷史意義。

楊振寧先生和愛因斯坦先生都從「自然法則的和諧之美」感悟到了神聖、莊嚴的宗教情懷。愛因斯坦先生由此總結了科學、宗教、哲學之間的關係，「科學不僅滌淨了宗教感情的擬人論糟粕，而且有助於使我們對生活的理解達到宗教的精神境界【78】。」愛因斯坦先生這個判斷十分中肯，充分說明了「三者一體」的本質。把宗教擬人論（神造人）稱為糟粕過於嚴厲，這是人類從幼稚到成熟必須經歷的過程，由於人類認識宇宙的能力有限，不用擬人方法，「先知」們當時無法傳達對「神」和對宇宙的「敬畏之心」，人們恰恰因此對「先知」和聖人們的「感悟能量」生出無限敬畏之心。瑕不掩瑜，愛因斯坦這個判斷是偉大的，不僅批判了宗教的擬人論，而且提出來「對生活的理解」可

【78】礦癡認為，「使我們對生活的理解達到宗教的精神境界」也是對哲學的最高概括，是對「本質」世界與「整體」世界兩者的全面描述。任何人都可以通過踐行「敬業精神」令自己對生活的理解像兩位科學家那樣達到宗教的精神境界。「敬業精神」將在生命價值一章中具體闡述。

以達到宗教的精神境界，這是將科學、生活（哲學）、精神（宗教）合為了一體，他奏響了用邏輯思維表述「共生哲學」信仰的嘹亮前奏。

宗教培育情懷，包括敬畏情懷、普世情懷；哲學開啟心智，包括形象思維和邏輯思維；科學提供實踐，包括一切探索未知、呵護已知的行為。愛因斯坦的「科學導致對生活的理解達到宗教的精神境界」，是對儒學重視「生活」與修身的思想的確認，是對「參贊天地之化育」的生命意義的確認。科學是「生活」與工作的具體內容，能夠產生對「自然法則的和諧」所產生的最深層次的「敬的精神」，生活與工作的本質即是科學，符合生命規律的行為，當然也可以達到這種崇高的精神境界，以「人類根本利益為標準」的「敬業」行為即是最虔誠的「宗教精神」的具體「存在」。

楊振寧和愛因斯坦都從科學角度對宇宙規律與人類認識能力之間存在的「信仰能量」作了生動描述，只有這種「信仰能量」才配稱為宗教能量，他們為墜入星空與道德之深邃的康德打開了兩者聯通的生活通道和精神通道。正因為此，孔子「參贊天地之化育」的人生信仰是對「自然法則的和諧」做出的最真實、最深刻的價值反映，科學家終身努力揭示自然之美正是科技時代的「參贊天地之化育」。

3.4.3. 人的宗教與人的信仰

宗教和信仰來自社會實踐，是「先知」和「聖人」對社會實踐認識的總結和昇華，來自他們對「神性」與「真理」的感悟。「先知」與「神」溝通，「聖人」感悟「天道」，他們都是「人」。宗教和真理具有超越性並不能改變兩者都需要通過「語言」和「文字」由「先知」（人）或「聖人」（人）轉述（闡述）的事實，這是存在主義的立論根本。因此，所有宗教信仰都是「人的宗教」（人對「神」的認知），所有哲學信仰都是「人的信仰」（人對「真理」的認知）。

宗教和信仰隨着人類社會的發展而不斷變化的歷史也證明了宗教和信仰與「人」的發展和成熟密切相關。不同社會實踐產生不同「文明」，不同「文明」信奉不同的宗教、不同的信仰，這是人類社會發

展的自然狀態和宏觀特點。

　　人類不同「文明」都「共生」於人類社會，因此，不同宗教和信仰也「共生」於人類社會，雖然不同宗教和信仰之間互相否定，它們整體構成「人的宗教」和「人的信仰」。由於「共生信仰」以人類整體為立場，首次展現了融合不同宗教、不同信仰的意識形態。「共生信仰」從「共生」的立場不僅認同所有宗教（不包括極端宗教），而且認同所有信仰，因此既包括「人的宗教」，又包括「人的信仰」，「共生信仰」既是「人類的宗教」，也是「人類的信仰」。

　　基督教出現天主教、東正教、新教的變化來自「西方文明」社會結構發生的變化，源自社會結構的權重中心從「神」轉為「王」再轉為「民」。不僅從「西方文明」發展歷史中可以看出基督教變化的特點，而且當代，從這三種基督教信眾的地理分布結構即文明發育程度也可以看出三教社會知識結構、文化結構、「文明」特點的差異。

　　新教衝破了文化的束縛，全面普及了基督教的「普世情懷」，對基督教做出了系統性改革。在冷戰後，基督教的「普世情懷」被歸納為「普世價值」，得到了更廣泛的傳播。然而，新教的宗教改革無法超越人類的社會結構，「普世價值」被「現代社會結構」所限制。

　　在「現代社會結構」中，「市場經濟」以競爭為發展動力，私有產權是「個體」參與市場競爭的物質基礎，保護「私有產權」的法律機制（法權）是「市場經濟」正常發展的最重要保障機制，「市場經濟」成為「個體自覺」的培養機制。但是，保護私有產權並不等於「人」的本性是「自私」，保護「人權」並不等於賦予「自私」絕對的倫理地位，不等於僅僅保護「私有權力」。為了維護「市場經濟機制」而將保護私有權力作為高於一切的法律原則，是「市場經濟機制」對「普世價值」做出的法律限定，導致「普世價值」無法提升到整體意識的層次。很顯然，法律保護私有權力的同時必須保護「人」的「分享特性」（人性）的充分發展。在「市場經濟」中引入「節約」機制即是在保護「分享權力」，是在培育並弘揚「人性」。確保「人性」發育的價值立場與傳統宗教和信仰毫無衝突。這正是「共生價值」的立場，是正確普及「普世價值」的立場。

在「現代社會結構」中，「現代國家」為培育「群體自覺」做出了重大貢獻，但是「現代國家」缺乏培育「整體自覺」的機制，往往形成「國家利益」大於「人類利益」的社會意識。「美國優先」導致美國退出《巴黎協議》充分說明了僅僅關注國家利益，一定導致忽視人類根本利益。由此可見，「現代國家機制」限制了「普世價值」的發展潛力，把基督教的「普世情懷」降低到謀取「群體私利」的層次，降低到「國民意識」的層次，新教被改造成為「國民宗教」。建立以「人類根本利益」為基礎的「人類社會結構」，以人類整體高效運行為宗旨，這是「共生價值」的立場，是正確普及「普世價值」的立場。

衝破「文化」束縛弘揚「普世情懷」是新教改革的第一步，是十分難能可貴的進步，然而，衝破「貪婪」（個體利益和群體利益）的束縛呵護人類根本利益，才是新教實現宗教改革的最終目標，雖然已經取得了一些進展，還需提高發展視野、發展速度與發展深度。

「神」（天）從來沒有提倡過自私，反覆強調「人」必須克服「貪欲」，必須與萬物共生。以「自私」為一切法律的根本依據，是對「神」的公然背叛，是對「天」的挑戰，是對「人」（神跡和天賦）的污衊。人類最重要的特性不是「自私」，而是「博愛」和「仁愛」，「愛」（分享）是「神」和「天地」賦予「人」最重要的「神性」與「天賦」，是人類區別於動物最重要的標誌。以「人類根本利益」為核心的價值觀（共生價值）超越個體利益、群體利益，以「整體利益」引導人類社會發展，完全符合基督教「普世情懷」的價值觀，完全符合中華文明「天人合一」的價值觀，完全符合與萬物「共生」的價值觀，最充分地弘揚「人性」，最鮮明地彰顯「神性」（天賦）。因此，「共生信仰」是「人的信仰」，是宗教信仰與哲學信仰的完美結合。

3.4.4. 「共生哲學」的人生觀

「共生哲學」的人生觀是基於「人」的特性的人生觀。「仁愛」「以相互理解為基礎，「博愛」以相互平等為基礎，兩者角度不同，都是人類內部的「普世之愛」。因此，「共生哲學」的人生觀是基於「普世之愛」（人愛）的人生觀，是弘揚「人性」的人生觀。

　　「人能群」【79】與「獸能群」是兩種截然不同的群體發展。人類的「群體發展」以「人愛」為基礎，「人愛」以相互理解為基礎，以地位平等為原則；「利己」是動物特性（物性），是動物「物競天擇」的生存之道；「排他」是獸性，以殺戮為生存之道。

　　「人愛」包括對「利己」（物性）的認可和理解，也包括對殺戮的否定和制止。「人的世界」是「人性」發展為「大於（超越）物性」的世界，共生是「人的世界」的價值標準。「全球村」時代與以往任何時代都不同，人類的科技發展首次出現了全體人類都能夠共同分享「人類文明成果」的經濟基礎，同時首次出現如果不以「人類共生」（人類根本利益）為標準，人類無法繼續高速發展的客觀限制（物質邊界和精神分裂）。在「整體利益」日益清晰的新時代，「整體利益」顯現了必須約束「個體利益」和「群體利益」偏執發展的道德要求，同時，個體和群體以增強整體效率和維護整體利益為榮。

　　人類之間的任何殺戮，都是「獸性」的表現，排他性宗教和信仰（群體利益）是所有人類暴力和戰爭的總根源，是「利己」（物性）的惡性發展（獸性）。暴力與戰爭是一切「惡性競爭」的共同特點，是「物性」異化為「獸性」的證明。沒有「共生意識」的宗教和信仰、極端排他的宗教和信仰僅僅是謀求群體利益的工具，是最大限度地激發「獸性」的意識形態。「人的世界」是無兵的世界，唯一保持武裝的理由是制止極端宗教和極端信仰走向暴力。

　　「共生哲學」主張融合「仁愛」和「博愛」，兩者沒有內在衝突，「仁愛」是基礎，「平等」是標準；「共生哲學」同時主張以「利己」（競爭生存）恪守「物性」，以「共生信仰」蛻化「獸性」，「共生哲學」的人生觀是「人性」生發的人生觀，是「獸性」蛻化的人生觀。人類社會發展的歷史是「人性」不斷發育成熟的歷史，是「繼承、人愛、創新」三個人類特點不斷昇華的歷史，是以科學技術為核心的「知識體系」（物性知識）與倫理道德為核心的「學問體系」（感悟心得）不斷發展、不斷融合的歷史，是人類「學識體系」不斷豐富的歷史。

　　「共生信仰」是能夠與所有非排他性宗教「共生」的「普世信

【79】荀子界定「人」特點時的用語。

仰」，既包括提高全人類生活水平（物性），又包括提升全人類精神境界（人性），是涵括「唯物」與「唯心」兩個哲學派別的精神信仰。與崇拜抽象概念（本體）僅僅追求個體或群體精神依附和終極安定不同，「共生信仰」強調人生是獲得精神昇華的修行道場，落實在為「人類根本利益」點點滴滴的現實努力之中。「人」通過熱愛「生活」獲得精神昇華的能量，提高整體發展的水平。

3.4.5. 「共生哲學」世界觀

「共生哲學」的世界觀是「萬物共生」，地球上的世間萬物之間的關係是相依為命。從「整體性」角度看，「人」是宇宙的一部份，並非宇宙全部，宇宙是人類的生存條件，也是世界萬物的生存條件。從「生發」基礎角度看，人類與萬物同根同源，相依為命。以邏輯思維和實證科學為基礎的現代環保理論與中華文明先秦時代思想家通過形象思維得出的「利用厚生」的思想在科技時代完全吻合了。這是本書第二次提出形象思維和邏輯思維在兩千年後殊途同歸。科技不斷地證明着人類早期「先知」和「聖人」的感悟心得，隨着科學技術的發展，人類文明融合（殊途同歸）的現象將出現在人類發展的各個領域。人類需要珍視這個時代「文明融合」的寶貴機遇，這一機遇在人類歷史上稱其為「轉瞬即逝」毫不為過。

人類是個體人的集合，地球是包括「人」在內的萬物的集合，宇宙是包括地球在內的各種星體的集合，人（類）法地（球），地法天（宇宙），天法道（內在規律），道法自然（神和真理），多元趨向無限大。人是數不清的生物的宿體，這些數不清的生物是更小的細胞的宿體，多元趨向無限小。「多元整體」是無限大和無限小的事物共生在一個整體之內，因此有一個的共同特點，即「共生」，「共生」是「道」（內在規律），「道」是唯一通向「神」和「真理」的通道。

《聖經》說「神」用土造「人」，隱喻「人」是宇宙的一部份，故，人類按照宇宙規律發展自己不但不齟「神性」，而且是在弘揚「神性」。人類從地球生物中獲取營養，通過地球各種生物間接地從地球各種固態物質中獲取營養，這是人類與地球萬物「共生」的客觀證明。

在「共生哲學」的本體論中，「整體」與「個體」是內在圓滿的

統一體。「整體」包含「個體」，「個體」反映「整體」，沒有離開「整體」的「個體」，也沒有不反映「整體」的「個體」。正像人類文明（整體）是「中華文明」、「西方文明」以及其他所有「文明」的集合，「中西文明」的「共生」是人類文明的特質；人類文明與萬物共生，是人類文明的特質；「中華文明」或「西方文明」無法離開人類文明整體，任何一個「文明」都無法單獨代表人類文明這個整體；同時，「中華文明」或「西方文明」從不同角度反映了人類文明（整體）的不同特性和共性，否定任何一種「文明」即是在否定人類文明的整體性；否定「中西文明」與萬物共生的特性即是否定人類文明生發的基礎。

3.4.6. 「共生哲學」的宇宙觀

「共生哲學」的宇宙觀是「能量共生」，即宇宙所有能量處於共生狀態。宇宙是能量的集合體（能量體），各種物質、星球都是能量的宿體。

從「本體」角度看人，人是宇宙的一部份，人來自宇宙，人體的物質與宇宙的物質具有相同特點，都是能量的宿體，人類可以內在地感悟「宇宙能量」。個體感悟到自己精神能量的增加和「日日新」即是實現了「個體自覺」的證明。通過人人具有的「能量感悟通道」，「先知」能接收到「神啟」，「聖人」能感悟到「天道」，這些具有極高能量的個體引導人類形成反映時代精神的「社會價值」。

從人的角度看「本體」，人類可以利用外在的物質能量，科學家因此能夠發現科技原理，實業家因此能創造方便的產品，這些具有超常智慧的個體引導人類構建符合時代精神的「科學價值」。

「社會價值」和「科學價值」從不同角度反映宇宙「本質」，共同構成人類發展的「基礎價值」。

人類的認識能力是漸進的，發展過程中有局限性和偏執性。「工業革命」以後，人類強於「外在地」利用物質能量，科技發展令人類眼花繚亂，人類社會甚至發展到僅僅關注「科學價值」的程度，丟失了內在地感悟宇宙能量的能力。最明顯的證明是，關於人類自身「知識」的增加速度遠遠低於關於外太空和網絡「知識」的增加速度。在認識人類自身的研究中，以基因為基礎的邏輯性研究遠遠快於對「能

量感悟能力」的歸納性研究。計算能量和感悟能量是人類從生活中發展出來的兩種能力，偏執於一種能力的發展，最終會令人類成為數字的奴隸和演算法的走卒，或者成為「心包天」、真理代言的狂徒，人類將失去「人」作為生物體的特殊能力。人（生物體）獲得能量的天賦能力將在第三章探討。

人類對宇宙中的所有能量都具有感悟能力和交換的能力，「能量共生」不僅是尊重人的能量與宇宙能量「共生」的現實，而且是尊重人擁有的感悟萬物能量的內在能力，重視對「感悟能力」的認識與培養。遺憾的是，人類對「感悟能力」的開發近乎空白。「先知」和「聖人」證明了人類具有這種能力，這是「人性」超越「物性」的證明。在「空明」狀態培育和開發「能量感悟」與「能量交換」的能力是所有「個體人」都具有的能力，也是所有「個體人」應該持之以恆的「功課」。「能量交換」形成的「社會價值」對於發現和利用「科學價值」具有重要啟迪功能。

敬愛天地規律的本質是認知「宇宙能量」以不斷完善自己，正像有所發明的科學家通過生成深邃的信仰能量不斷完善自己、不斷有所發現一樣。人類整體在認識天地規律方面取得了偉大的成績，但是距離通過敬愛天地提高精神能量進而完善自己還有很大差距。

然而，無論人類取得了多麼大的成績，即便人類在向外開發的同時注重向內開發，由於「人」本身是動物，追逐一時或局部利益可能會損害「人」的整體利益或根本利益，「人」必須敬畏「神」的警告，必須敬畏「天」的約束，不斷降低內在的「獸性」，接受「神」和「真理」對「獸性」的審判。「神」與「天」的超越性對人類構成了永恆的約束，這個約束從信仰角度是「神」（天），從哲學角度是「真理」，是人類必須服從的「終極價值」。敬畏宇宙是「共生哲學」宇宙觀的基本立場。

3.5. 共生文化的價值要素「人性」

「文化」是對人類社會實踐及其成果所作的最高層次的概括，簡而言之，是人用腦（心）的結果。「人性」是對人類文化內涵的最高層次的概括。所謂「文以化之」，是「心（性）以化之，心智以化之。」

因此，文化的本質是「人性」，「人性」具有三個要素：繼承、人愛、創新，「人性」的核心價值是「人愛」。

人類文化發展的歷史是「人性」發展多階段成熟、飛躍的歷史，「工具」、「定居」是有文字記載之前文化發展的兩個階段，簡稱「原始文化」；「文字」、「科技」（包括工業革命和網絡科技）是有文字記載之後人類文化發展的兩個階段，簡稱「文明文化」。總而論之，人類的文化發展歷史是「人性」不斷成熟、「物性」不斷精微、「獸性」不斷蛻化的歷史。文化是人類社會發展的成果，「人性」是人類特質發展的結果。人類的文化發展千變萬化，姹紫嫣紅，百里不同音，千里不同字，萬里不同信仰；然而，萬變不離其宗，所有變化都是「人性」的展現和發展。「文化」的差異和不同，如「飲食文化」的特色不同，改變不了「人性」相同的本質。

文化是人類社會發展的最高層次，高於「信仰」。人類的「信仰」決定人類的價值觀，引導人類社會的發展方向，然而，「信仰」屬於人類的「精神文明」，是人類社會發展成果的一部份，並非全部，人類始終在不斷提高「物質文明」的水平，文化是人類「精神文明」和「物質文明」發展成果的總匯。

當「精神文明」達到一個新的高度的時候，即當實現「人類自覺」的時候，人類的「物質文明」也會隨之提高到更高的水平。屆時，人類發展「物質文明」與「現代時期」發展「物質文明」最大的不同在於從「人愛」的角度發展「物質文明」，符合三個標準：1）以「人類根本利益」為標準；2）以最大限度提高人類社會的整體「潛能」[80]為標準；3）以共同（整體）分享地球和宇宙資源為標準。人類用「顯能」開發地球，取得了無比輝煌的成就；人類用「潛能」開發宇宙，「物性」不僅沒有消失，反且更加「精美」，更加多元化，具有「現代人」所不能理解的「超越性」。「人類自覺」時代是人類「物質文明」極大豐富的時代，是人類開發無限宇宙的時代。

「未來」永遠存在於「過去」和「現在」中，「過去」的「文化

【80】專有名詞，與「顯能」相對應。人類文明迄今為止是人類「顯能」充分表現的結果，尚沒有充分調動人類「潛能」，對「潛能」的理解、修養、發展將在「生命價值」一章探討。

基因」發展成為「現在」的「文明基因」，進而發展成為「未來」的「自覺基因」。人正是因為有「自覺」能力，才能通過「工具」不斷提高生活品質；人正是因為有「自覺」能力，才能通過「文字」不斷提高「學識」水平。雖然人類「現在」的「自覺」能力尚不強大，僅限於「個體自覺」和「群體自覺」，而且「自覺」深度絕大多數僅限於「顯能」層次，然而，它們是形成「整體自覺」的社會基礎；「人」正是因為「現在」的「自覺」能力在不斷地提高，人類「未來」的「自覺」能力才會全面發展，「共生價值體系」以發掘人類整體最大「潛能」為宗旨。

　　人類融合各種「文化」的趨勢在生活和藝術領域已經初現端倪。例如，全球化時代的「飲食文化」越來越多元化，越來越精美。各大城市的「飲食一條街」彙集了全球最有特色的口味；西餐中融入了日餐和中餐的烹調技巧和原材料，越來越精緻；反之亦然。事實證明，「共生」（不是共存）飲食文化的文化特色不僅沒有消失，反而更加豐富多彩。此外，餐飲行業與醫學的結合日益緊密，食療正在成為文化趨勢。繪畫、音樂、文藝作品等，國際化趨勢越來越明顯，各種「文明」的文化特色相互影響，相互借鑒。當代影視作品中依然有許多暴力和勾心鬥角的內容，然而，反映人類社會團結一致開發宇宙的科幻作品正在潛移默化地塑造人類未來的價值理念，對增強人類整體意識有很大幫助。隨着智能翻譯的水平的不斷提高，文字造成「文明」分裂的時代將一去不返。

　　冬天到來，春天還會遠嗎？

3.6. 日新月異的新時代

　　「轉變思想觀念」是一場深刻的社會改革運動，節約、中庸、教化、共生、人性，五種價值要素的普及隨着社會發展層次的提高，難度也逐步提高。建設「共生社會」是萬里長征，需要根據改革的必要性和改革的難度制定循序漸進的發展計劃。

　　鑒於環境惡化已經到了十分危險的程度，在經濟領域提倡「節約」價值的任務十分緊迫，相比起其他領域，改革難度較小。聯合國可以首先提出提倡節約的宏觀戰略，一方面在可行性研究的基礎上推出新

舊產品易貨貿易的清單和獎勵機制，在全球推行；另一方面制定相對寬鬆的人均消費標準作為各國形成獎懲標準的參考。在推行「節約」戰略的時候，採取「小步快跑」的辦法，首先推出幾個重要產品，如電池與塑膠製品的節約政策，每年適度增加品種，同時增加第一批產品更為嚴格的管理措施，波浪式推進，一定能夠取得日新月異的改革效果。

政治領域提倡「中庸」價值反對極端化的難度比經濟領域推行「節約」價值的難度大很多。國家內部的族群矛盾（如美國和非洲）、地緣政治矛盾擴大、全球財富的兩級分化等，都是十分緊迫的社會問題，已經到了威脅「現代國家機制」正常運行的程度。兩害相逼取其輕，在所有政治問題中，貧富兩級分化是最為緊迫的問題，是造成族群分裂的重要原因，直接威脅「現代國家機制」的良性生存，加速「現代國家機制」的惡性發展，因此，通過「強制社保」、「強制投票」和建設全民公費醫療體系提高所有國家「社會經濟」的內涵，可以有效地緩解兩級分化的速度，可以加強政府與公民的溝通，可以保證國民的身體和精神健康，這是在政治領域推廣「中庸」價值的首選角度。每個國家具體情況不同，發展「社會經濟」採用的政策和手段不會完全一致，因地制宜地改革本國經濟結構和政治結構是所有政治家最緊迫的工作，一定要避免千篇一律的政治改革模式。只要抓住關鍵環節，一定能夠取得日新月異的改革效果。

在社會管理層次推行「教化」是更為困難的工作，涉及到建立「基礎價值」的理論體系，增強「基礎價值」的社會地位，必須與「信仰」層次的「轉變思想觀念」同時進行。最有效的辦法是從最簡單的角度突破，如系統地強調「家教」、「師訓」、企業文化等制度建設，以培育善良覺悟為起點，特別注意在學校中普及道德教育，強調老師與家長在德育方面的溝通；強調家長對孩子正常成長所負有的社會責任，加大力度消除家暴、酗酒、吸毒等破壞家庭和諧環境的家庭行為。同時，把經典哲學著作作為所有學習理工科大學生的必修課，把科技史作為所有社會科學大學生的必修課，融合社會科學與自然科學。礦癡認為，如果所有中國科技領域的大學生都精讀過《道德經》、《西銘》

和《心經》這三部短篇經典，學生們的精神視野和科技視野將會得到極大的拓展。把社會科學與自然科學結合起來是推行「教化」機制的重要內容，可以取得立竿見影效果，令知識界出現日新月異的變化。

在「信仰」領域推廣「共生」價值可能是所有改革中難度最大的，需要糾正一神論和真理說的偏差。根據「中庸之道」，萬里長征始於足下，只需在關鍵領域走出一小步，今後的每一個小的調整都會更接近成功，效果會更好。或許當前最重要的一步是防止新的宗教國家的出現，所有國家不再支持以宗教差異為理由建立新的國家，反對宗教領袖成為國家首領，對這樣的國家實行合理的限制，以及不再以宗教信仰為基礎建立行政自治區，盡量將已有的宗教自治行政區與周邊世俗社會融合。「全球村」的全體「村民」堅決制止極端宗教、極端信仰與政治載體相結合，人類在信仰領域的改革也會取得日新月異的成果。

本書的「中西哲學比較」嚴格地說並不是一篇哲學文章，而是從社會看哲學所感悟到的心得。因此，文章論述哲學問題時往往比較偏執，在界定「概念」方面近乎草率，新名詞此起彼伏。本書對「共生哲學」的探討也有同樣傾向，特別是對人類社會改革的具體建議，來自於個人對當代世界面臨問題的思考。這是因為礦癡總是在生活和工作遇到問題的時候，才有針對性地閱讀哲學著作。本書大量應用比喻和「同質比較」，這種看問題的方法既有社會實踐的啟發，又有礦癡長於形象思維的原因。在哲學研究領域，這種做法最大的貢獻可能是充分顯現「形象思維」與「邏輯思維」在研究思路方面的差異，一個側重「常識」和「輪廓」，一個側重「概念」和「具體」；這種做法也充分顯現華人學習哲學與西人學習哲學在角度上的差異，華人致力於解決社會問題，西人致力於構建思維體系。

至此礦癡簡單地梳理了「群體自覺」與「人類自覺」之間的關係。在梳理過程中，堅持「形象思維」色調（基色）單一的原則，採用在文化歷史、宗教歷史、社會歷史這三個層次中反復對比兩種基因的方法，用基因的「基色」勾畫人類社會意識的形成過程，通過夾敘夾議，不斷地將兩種基因的色調協調到相應的局部構圖之中，「黑白」兩色

（中西「基色」）的差異性貫穿經濟、政治、社會、信仰、文化五個層次，層次的凸顯彌補了色彩的不足，雖然整體闡述過程有些重複與單調，但是整體圖案越來越清晰，主題與問題的脈絡越來越明晰，概念剖析越來越深刻，充分彌補了「基色」較少的缺陷，一幅人類精神世界發展的「水墨畫」，若隱若現地呈現在讀者面前。

　　「中西文明歷史比較」和「中西哲學比較」都是十分宏大的題目，側重探討「群體意識」的形成過程、差異本源、差異深度，側重探討「群體意識」與「整體利益」之間的關係，側重探討人類社會整體性的問題和發展方向。任何個人都面臨三個最基本的問題：我是誰（個體意識）？我族（國）是誰（群體意識）？「人」是誰（整體意識）？首先認清個體所處的環境，即了解了「群體意識」與「整體意識」以及兩者之間的關係，才能更好地反觀自我，發靈魂之問，更好地認識個體生命的價值，這是前兩章討論希望達到的效果。這些角度對於經濟、政治、社會等專業的學者以及需要了解社會發展方向的企業家和事業家或許有些啟發，對於大眾讀者可能顯得有些脫離現實生活，缺乏對個體生命價值和生活意義等與「個體自覺」有關問題的探討。第三章《生命價值》對於「個體自覺」具有重要意義，不僅因為它探討生活、生命、意識、價值的關係，而且在於，哲學問題只有在探討「生命」的時候才觸及到哲學的本質問題，哲學探討在第三章不僅沒有消失，而是歸納出前兩章無法歸納的規律與判斷。傳統哲學認為，沒有哲學則沒有思想；礦癡以為，沒有哲學則沒有生活。簡而言之，第三章是對前兩章的概括與歸納。討論哲學問題，採用歷史信息比用生活信息容易，歷史素材可以剪裁，生活信息千姿百態，沒有歸納能力，很難觸及哲學本質；了解歷史比了解自己容易，正像了解他人比了解自己容易一樣，實現「個體自覺」所需的哲學思想需要通過結合具體生活才能獲得，才能令「個體自覺」成為生命的內涵。這是把對「生命價值」的討論放在最後的重要考量。

第三章

第三章
生命價值

　　要了解生命的價值，首先要了解兩個相關的問題，「我是誰」和「人從哪裡來」。前面說到有一些「先知」和「聖人」具有超強的感悟和判斷能力，然而，無論這些「超人」感悟能量多麼強大，他們也無法回憶自己在母親子宮內的生長過程，因為那個時候他的「意識」尚未形成。同理，無論「人類自覺」到了多麼成熟的階段，人類也無法追憶自己早期生成的過程，無法回憶「石器文化」或「木器文化」的具體進程。很顯然，「我來自父母」可以從其他人如何出生的過程中得到確認，觀察他人也可以知道自己，通過他人可以知道自己一定要經過幼年、童年、少年、青年這樣的成長階段，這是「同質比較」的重要作用。「人從哪裡來」也可以採用「同質比較」的方法，從其他生物如何產生的過程中得到確認，達爾文先生用這種方法提出了「進化論」。用「同質比較」的方法，人類也可以知道人類整體一定要經歷一定的成熟過程，就像個體有幼年和青年的成長過程一樣。前兩章說明了「中西文明」有各自的成熟過程，各自的價值觀，迄今兩種「文明」之間依然缺乏了解，一些核心價值要素無法簡單對接，說明人類作為一個整體，尚不能正確認識自己，即人類作為一個整體尚處於「幼稚階段」。在人類整體尚未實現「自覺」的時候，個體要形成全面的「自覺」有很大的難度。

　　這個判斷很重要。在「人類處於幼稚階段」這樣一個大的背景下，怎麼認識自我？個體能否正確認識自我？個體能否找到正確的價值追

求或者說能否提高生命品質？如果能夠，個體究竟應該如何提高自己的生命品質？這一連串的問題告訴我們，認識生命及其價值離不開哲學，離不開對群體和整體的認識，離不開「用腦（心）」。雖然都是採用哲學作為探討手段，前面兩章是探討宏觀趨勢，本章探討微觀措施，即提高「個體自覺」水平的具體方法。宏觀和微觀共為一體，趨勢就在措施裡，知所先後、知所輕重之後才能知所措施、知所新舊。礦癡嘗試從三個角度展開對「生命價值」的探討——生命與意識，生命與問題，生命與時間。

1. 生命與意識

討論生命的時候，我們可以從三種生物的「同質比較」觀察生命——植物、動物和「人」；可以通過觀察其「生存系統」的差異，了解「意識」的發展進程。植物、動物、「人」都是生物，特點不同，本質相同，可以進行「同質比較」，三者的根本的差別可以從三者「生存系統」的比較中顯現出來。

植物與動物之間「生存系統」的差異在於一個以「不動」（移動）的方法生存，一個以「動」求生存。植物依賴體內的「葉綠素」[81]，不需要移動，通過其根系和枝葉獲取足夠的生存營養。葉綠素通過光合作用構成植物的「能量系統」。「能量系統」是植物「生存系統」的核心。

動物是生物，與植物一樣有自己的「能量系統」。但是與植物相反，動物不能在不動狀態下獲取足夠的生存營養，特別是碳和氮，因此必須儲存能量，通過爆發力（動）來獲取營養（捕捉獵物），進而發展起來十分複雜的「神經系統」，眼睛[82]與肌肉之間通過「神經系統」的完美協調（動）完成捕捉獵物。「神經系統」是動物「生存系統」裡的「能量系統」的核心。

「人」是生物，具有「能量系統」，同時又是動物，具有「神經

【81】植物從土壤和大氣中獲取生存能量的具體生物要素可能已經發現了更多，不僅局限於「葉綠素」。這裡只是從「能量系統」核心要素的角度使用「葉綠素」這個名詞，盡量不介入具體專業術語的爭論。

【82】同樣為了簡明。許多動物不是靠眼睛捕捉食物，這裡只是為了不介入具體手段的爭論。

系統」。但是，由於其肢體條件弱於猛獸而不得不依賴「工具」求生存、謀發展，進而形成了製造工具所需要的「製造能力」（工具理性）以及面對大型猛獸以多取勝所需要的群體協調能力（倫理意識），人類這個「生存系統」既有對外的探索（工具理性）又有對內的探索（倫理意識）。在動物的「神經系統」之上，人類發展出來十分複雜的「精神系統」（思維體系），人類依賴這個「精神系統」分析「物事」和「人事」，分析「人事」與「物事」的關係。因此，「精神系統」是人類「生存系統」裡的「能量系統」的核心。我們可以通過對以上三種「系統」的綜合比較和分析得出一些有用的總結（歸納）。

第一，生物（包括植物、動物、人類）有「意識」。葉綠素需要陽光（光能）才能做出能量轉換，樹木向上生長追逐陽光，這種生發努力可以界定為「生存意識」。因此，植物的「能量系統」是一種有「意識」的系統。很顯然，動物追捕獵物是有「意識」的行為，因此「神經系統」是一種有「意識」的系統。進而，人類「製造工具」的行為以及群體協調的行為證明人類有「意識」，因此「精神系統」是一種有「意識」的系統。傳統哲學並不把植物的「能動性」與動物的「能動性」稱為「意識」，稱其為「本能」，只是把人類較為複雜的「精神系統」所產生的思維活動稱為「意識」。相對於無機物，「本能」是生物共性，是生物與無機物比較的最大特點，生物維持生命的「本能」即是「意識」，是「意識」的一種具體表現，折中一下，可稱其為「本能意識」。人類「製造工具」也是一種「本能」，依靠的是「本能」的反應。「意識」的第一屬性是「目的性」或者是「選擇性」，人們可以說植物和動物的「目的性」十分「原始」，或者說選擇範圍很窄，但不能否定其「目的性」或「選擇能力」，因此上述三個系統可以定義為是有「意識」的系統。換句話說，生物與無機物的差別是有意識（本能）。

第二，雖然人類的「精神系統」比動物的「神經系統」多了許多內涵、更為複雜，但是兩者的本源是一樣的，「精神系統」是以動物「神經系統」為基礎「創造性」地變異出來的，可稱其為「質變」或「飛躍」；這正像動物的「神經系統」是從植物或原始生物的「能量系統」

中「創造性」地變異出來的一樣【83】。人類的「精神系統」並非完全脫離了動物和植物的「生存系統」而是在它們的系統上有所發展，這種發展是「創造性」的，或者說是「突變性」的，是「質變」而非「量變」。因此人類既有動物的「神經系統」又有植物的「能量系統」，只是沿着「創造性進化」的道路比植物和其他動物走得更遠而已。人類是地球上在這方面走得最遠的生物【84】。由此出現了一系列有意思的問題，「人」是否有下一次「質變」？若有如何發生？是否如植物變「動物」以及「動物」變「人」那樣，實現「飛躍」的是極少數？這些問題若不能回答，哲學失去了意義。

第三，「創造」是一切生物的本性，內在於生物「生存系統」中，在生存環境不利的時候，「創造性」才可能被釋放。「人」是沒有肢體特長的動物，這使人類與其他動物相遇時處於不利地位，不得不創造「工具」以生存。人們常說，個體需要經過磨練才能有所創新，失敗是成功之母，都是同一個道理。以「精神系統」為核心的「創造性」是人類與其他生物最為不同的「特性」（人性），因此「人性」的核心要素之一是「創造性」（本能的昇華）。根據這一判斷，人類通過正確應用自己的「創造性」，已經實現許多「突變」或「質變」，與其他生物和「動物」的差別越來越大。很顯然，人類今後還會迎來許多「突變」或「質變」。「人類自覺」是實現「突變」的基礎條件，這個條件對個體尤其重要。對中西文明的正確認識只是全面認識個體的準備階段，是生命樂章的前奏。

第四，人群生存環境不同，其「精神系統」得出來的經驗也會不同，「石器文化」與「木器文化」導致「中西文明」的思維方式各自有所側重，自然而然，沒有對錯問題，只是一種「文明」習慣於一種思維方式並不習慣於另一種思維方式。但是，僅僅靠一種傾向性，在意識形態偏執的時候，無論是「西方文明」的傾向性還是「中華文明」的傾向性，永遠不可能形成下一次「質變」（整體性的昇華），只能形成向一個方向的「異化」（分裂性的變化）。例如，晶片入腦也是

【83】「創造性變化」是弗格森《創化論》一書所提出的觀點。

【84】這個總結同樣為了簡明，避免陷入具體比較之中。人類學習速度不如章魚。

人類發展的結果，也是一種突變，其性質更多的是科技異化人類，不是人類「精神系統」自我的、內在的能力的提高，而是人類的蛻化，借助外力生成智能，「人性」被「物性」取代。人類有一些自我能力提高的方法，但是由於人類對大腦的認知速度遠遠落後於對電腦的認知速度，導致科技異化人類的速度遠遠高於提高自我能力的速度。很顯然，充分認識人類「精神系統」以及尋找提高人類「精神系統」效率的方法，對應用科技發展人類自我具有重要的意義。

以上對「意識」的認識是一種宏觀的、大輪廓的判斷，是通過「同質比較」得出的感悟性判斷，是依賴「常理」進行的正向分析。這些判斷也可以做出反向驗證，西方哲學稱之為「邏輯反證」，「中華哲學」稱之為「內在圓滿」（雙向通暢）。有兩個例子能夠從反向說明「意識」與「生命」的關係。

在中國有很多高僧大德不但壽命很長而且逝去時十分安詳，即「坐化」。還有一些高僧大德能夠數月甚至數年「閉關」（僅僅飲水不食固體食物）還能夠保持矍鑠的精神。更有個別高僧大德坐化後真身不腐，皮膚始終富有彈性。前面兩個現象被稱為「修得正果」，後面那些個別案例往往被視為「神跡」。我們不妨從「生存系統」的角度試着理解這種現象。

如果通過食物攝取並儲存足夠多的「葉綠素」，通過提高「葉綠素」能量吸收效率和釋放精度，「人」可以像植物一樣通過皮膚（樹葉）從大自然中獲取足夠的生存營養，而飲水猶如樹木根系的功能，這是食素的作用。數月不食而精神矍鑠是生物「能量系統」充分發育、十分高效的結果，往往需要十年以上食素才能實現。然而，「葉綠素」獲取的自然能量並不能滿足「人」毫無節制的能量消耗，不能用這點能量去練舉重，「人」必須將其能量消耗限制到一定的範圍內，才能僅僅依靠皮膚和飲水獲取足夠的自然能量，不食而生存。由於大腦（神經系統）是能耗最大的器官，降低大腦對養分的需求是「閉關」的重要條件之一；同時，大腦在「澄明」的特殊狀態下還有從宇宙中獲取一定能量的功能[85]，有助於「閉關」，因此在一個月以上的「閉關」

【85】這個特點將在下面分析人類意識運作模式的時候闡述。

時期，人往往以靜修、禪坐為主。適度關閉大腦「思維體系」這種「修行」雖然與「高級動物」（人）的生存常態不符，但是並沒有違反「生物」的生存法則，沒有放棄或破壞生物的「能量系統」。個別高僧大德仙逝後身體不腐，栩栩如生，是因為其身體完全回復到了植物生存的狀態，其「能量系統」的效率此時已經遠遠高於植物，這個效率包括其儲存能量的數量以及釋放能量的精度。本質上是生物的人，可以通過皮（膚）毛（孔）吸納自然界的能量，像樹（植物）那樣生存，進入這種「生存」狀態時，「人」並不需要大腦和心臟。大腦和心臟停止運轉是定義「人」死亡的標準，「人已死皮還活」是「人」的一種死亡狀態。在北方，這些逝後若生的高僧大德的「仙體」一般縮小很多，而在南方則縮小得少些，這與「它們」能夠從空氣中攝取的水分多少有關。

雖然達到這種生存境界很不容易，成功率較低，這些案例證明，人類如果希望回到植物的生存狀態是完全可能的，而且這種「活」的時間很長，甚至可以接近樹木的壽命。顯然，植物與「人」兩個「生存系統」是相通的，從中可以得出許多關於人生的心得。

例如，食素是宗教習俗，有一定的倫理意義，但是把食素提高到「不殺生」的倫理高度是一種牽強附會。佛祖終生化緣食物，並不挑揀食物，食素並非佛祖所定規矩。植物和動物都是生物，食素殺的是植物，食葷殺的是動物，因此食素也是在殺生，不能因為植物繁殖很快，週期較短即可任意採殺。動物具有「靈性」（神經系統），植物不具有「靈性」（只有能量系統），也不能構成殺植物的理由。從倫理角度，殺植物與殺動物並沒有本質差異。準確地說，食素是個人對自己生命路徑和精神路徑的一種選擇，是「格物」的結果，這條路徑有助於在規律的、靜的世界實現生命的低消耗生長，可以令人通過靜修的方法與宇宙能量相融合，在減少許多人為需求的同時還能夠延長壽命，有利於走佛學不着「色相」實現「涅槃」、進入極樂世界的修行道路。這是寺廟僧人逐步形成的生活趣向，是一種精神修養路徑，與佛祖的飲食習慣無關。但是，延長僧人壽命並不等於可以延長所有人的壽命，更不能把僧人等同於科研人士。這個觀點把我們引入第二

個反證案例。

蘋果公司總裁約伯斯（喬布斯）先生受到高人指點，進入了佛學的澄明境界，修行水平很高。他身體出現問題之後不治身亡，並非由於他食素，而是在食素的營養條件下還要全力開動大腦的「精神系統」消耗能量，準確地說他還要令自己大腦的思維體系高速運轉，用植物的「能量系統」推動比動物「神經系統」更為耗能的「精神系統」，而且要求「精神系統」以超出常人的速度高速運轉。參禪可以在大腦進入「澄明」狀態時保持潛意識的運行，約伯斯先生在自己辦公樓裡用一間會議室作為禪房，他參禪與僧人有些不同，不是減弱大腦「思維能量」的消耗，而是在啟動大腦的「能量感悟系統」【86】。公司高管們在他參禪的時候靜坐一旁，等他從參禪狀態回到正常狀態的時候，開始問一些公司發展難題，包括科技路徑的選擇等管理問題，他往往能夠給出一些與眾不同的想法和角度，這是參禪時大腦潛意識勞作的結果。據說約伯斯先生正是在這樣回答問題的時候驟然失去知覺，此後很快去世。參禪令約伯斯先生自我感覺良好，這與參禪令人身心愉悅有關，其原因另述。但是他並不知道這種愉悅的感覺並不等於自身能量供耗平衡，能量入不敷出是他生病後「生存系統」逐步崩潰的主要原因。再如，拉馬努金在 19 世紀寫出來對 21 世紀人類研究「黑洞」有幫助的數學公式，他是數學界形象思維的奇才，由於他所信奉的宗教要求食素，他逝世時年僅 32 歲。他的案例還會在討論「生命與問題」的時候再次引用。

通過生物世界三個系統之間的整體性比較（形象思維的同質比較），我們知道人的「生存系統」中有「能量系統」、「神經系統」和「精神系統」，三個系統是一個整體，缺一不可；「精神系統」之所以比另外兩個系統更為精密深刻，主要是能夠對「外部現象」和「內部感悟」兩者作出抽象的「歸納推理」，並非僅僅對外或僅僅對內做出反應。正因為此，希臘哲學（西方哲學）把邏輯思維（意識與判斷）視為人類與其他生物截然不同的特性，十分正確。從這一角度看，唯心論有其根據。

【86】需要在探討大腦運作特點時具體闡述。

　　然而，人類智慧高於動物不僅僅因為有邏輯思維的特性，而且因為「人」的「內在感悟能力」也高於動物，這也是人類特性之一。僅認可邏輯思維，不認可形象思維，僅僅接受「推演法」，藐視「歸納法」是當代人類知識界的重大偏執。有一些案例證明，「感悟」也是「意識」的一種存在狀態。

　　在現代工業社會中，往往有一些工匠用手工加工材料的精度超過了機器加工的精度，在中國有一個電視節目《大國工匠》講了許多這種傳奇式的工匠。這些工匠並非像動物那樣用眼睛指揮自己的「神經系統」，而是用「感悟能力」在指揮自己的「精神系統」，用通俗的話說，不是用「眼睛」而是用「觸覺」達到用眼睛所做不到的精度。這種「感悟能力」是生物系統中十分獨特的能力，能夠精確到匪夷所思的程度（微米級），稱為「神跡」恰如其分。當然，這是對外的「感悟能力」，即觸覺形成的「感悟能力」。在現實中，每個人對自己的精神狀態也有自我感悟能力，這種能力是「自覺」，「自覺」的精度也可以達到匪夷所思的程度，例如一些高僧大德能夠準確地預見自己去世的時間，在探討「意識」形成特點的時候再對此進行探討。很顯然，上述工匠的「神跡」告訴我們，「神跡」不神，來自對自我「感悟能力」的正確開發。

　　以上案例告訴我們另外一個重要的現實，無論「人」與其他生物相比較多麼神奇，不能只看人類的「特性」，還要看人類與生物之間的「共性」，「人」與其他生物一樣，都依賴「能量系統」，「人」與其他動物一樣，都依賴「神經系統」。「人」有邏輯思維，有判斷能力；同時也有形象思維，有「感悟」能力；兩者共同構成「人」的「靈性」，雖然「人」超越其他動物，但是「人」依然是「動物」，從這個意義上說，唯物主義有其根據。

　　「現代哲學」一定要決定唯心和唯物哪個是第一性的，或者說一定要通過邏輯思維確定哪個是正確的，哪個是錯誤的，哪個反映「本體」（本質性本體），其性質是把生命和意識這個整體割裂地看，把「物性」和「靈性」（人性）割裂地看，把「人」的整體割裂地看。

　　雖然我們現在還不能用科學精確說明「人」是如何產生的，也不

能用科學精確地說明「意識」是如何產生的，但是通過「同質比較」
（生物之間的比較），我們不但知道了「人」與動物和植物的區別，
更重要的是知道了「人」與動物和植物之間的內在聯繫，知道了「人」
的「意識形態」與植物和其他動物的「意識形態」有重大差別，知道
了「意識」的昇華是「人」通過不懈努力令自己發生了「質變」的結果。
哲學十分擅長研究「人」的意識形態，從這一點看，哲學抓住了研究
「人」的核心角度。

　　對「大問題」的探討要落實到個體問題上才有全面的意義。辨別
三類生物「意識形態」的差異性是為了幫助我們了解「意識」的發展
路徑，促進「意識」的生發與昇華；正像對比「中西文明」的差異是
為了「個體」認識到如何發揮自己的長處（本「文明」的長處），如
何彌補自己的不足（本「文明」的不足）。

1.1. 人腦與意識

　　在人類最不了解的事物中，「大腦」位列前茅。礦癡不是專業學
者，在談論大腦與意識的關係的時候，依賴的不是科學知識，而是生
活常識；正像在探討中西哲學的時候，不是依賴哲學術語，而是用「常
理」觀察「中西文明」的差異，探討問題的角度源自生活。

　　人腦是意識的中樞，中樞不是一切，而是核心。「大腦」對身體
獲得的信息進行加工、儲存、檢索、分析、反應。形象地說，大腦是
一部「生物電腦」。當把大腦作為研究客體的時候，大腦可以作為一
個整體，當把大腦作為研究主體的時候，大腦分為左右兩部份（多元
一體）。在我們探討大腦與意識的關係的時候，大腦是研究主體，要
考慮大腦整體運作的狀態。大腦既有「一分為二」的主體，兩部份處
理信息的種類和方法不同，各自有各自的優勢和分工；同時，大腦的
又是「合二為一」的整體，兩部份始終協同運轉，缺少任何一半，大
腦不能良好地運轉。人們知道，左腦主管身體右側肢體，右腦主管身
體左側肢體，左右腦「交叉負責」，這是左右腦既分工又合作的證明。
然而，說到「思維意識」，左右腦功能的說法日趨模糊，如左腦主導
詞彙和分析，右腦主導立體和整體，雖然有實證方法確認這種判斷，

這種區別的具體意義模糊不清。

　　前文說，「西方文明」擅長邏輯思維，同時是主導現代社會發展的「文明」，因此邏輯思維成為人類主導性思維方式。然而，當我們討論「意識」的時候必須認識到，還有一個更為重要的、更為基礎的「客觀原因」，導致人類思維以邏輯思維為主，即人類積累「知識」依賴「眼睛」和「語言」，眼睛作出具體判斷，語言負責精確表達，這些功能都以左腦為主。說到這裡，我們暫時可以把重視邏輯思維的現象稱為「左腦主導」。伊安・默里斯先生在《為什麼現在由西方統治？》一書中用十分隱晦的語言說明，「西方文明」將繼續主導人類社會的發展。實際上「為什麼現在由西方統治」這個問題可以用一句話十分簡明地回答，因為人類「慣用」眼睛作出判斷，「西方文明」善用左腦，因此成為主導社會發展的「文明」。這不是主觀判斷，而是客觀事實，歷史證明的事實。

　　「大國工匠」是通過觸覺實現了微米級的精確，在形成觸覺經驗的過程中往往需要閉上眼睛，以便讓觸覺發揮最高的準確度，或者說，避免眼睛給觸覺帶來干擾。很顯然，「感悟」是一種能力，特殊情況下必須閉上眼睛才能達到「感悟能力」的最大化。參禪、冥想往往都以閉眼或半閉眼作為條件，約伯斯先生正是通過閉上眼睛才能感悟到他那些睜着眼的高管們感悟不到的事情或能量。這種「感悟能力」來自一直被「西方文明」忽略的右腦。很顯然，眼見為實的思維慣性嚴重壓制了右腦感悟能力的顯性發揮。

　　本書至此一直強調「中西文明」的差異來自兩種不同的「文化基因」和「文明基因」，始終只是從歷史客觀條件和社會基礎的角度談論兩種「基因」形成的過程，迴避從「意識」形成的角度對兩種基因在大腦中生成的過程作出判斷，多次聲明這一問題將在討論「生命與意識」的時候展開，這是考慮到在進行歷史比較的時候，盡量避免陷入具體問題的爭論和探討。在討論生命與意識的時候，在討論個體對生命的理解的時候，或者說從宏觀研究進入微觀研究的時候，必須開始研究「意識」形成的條件，從邏輯思維和形象思維在大腦的生成機制角度展開探討。

1.2. 右腦對思維的貢獻

愛因斯坦在描述他創新思維的時候說，「我思考問題時，不是用語言進行思考，而是用活動的跳躍的形象進行思考，當這種思考完成以後，我要花很大力氣把它們轉換成語言。」「跳躍的形象」很明顯不是「眼睛」形成的形象，而是腦海中呈現的形象，把腦海裡形成的形象用語言表述出來，是一個十分困難的過程，也就是說，用邏輯（語言）充分表述「腦裡的形象」十分困難，這說明，問題越複雜，形象越跳躍，大腦內部的協調越困難，大腦這部生物電腦運轉越耗能。如果左腦主導語言和分析，右腦主導立體和整體，這種困難顯然是左右腦之間溝通的困難，即出現了一個角度（跳躍的形象），左右腦以前沒有溝通過，因此很難相互表述，我們暫且把這個過程稱為「左右腦信息轉換的過程」。在哈佛大學教授生物學幾十年的榮譽退休教授 E·O·威爾遜先生也說，「研究人員是憑直覺在大腦中浮現圖像與過程的。人人都有像科學家一樣做白日夢的時候，若加以強化和提煉，幻想便是一切創造性思維的源泉。夢中浮現的圖像一開始非常模糊，它們也許會千變萬化，時隱時現。如果在紙上用圖表勾畫出來，它們就會變得明確一點；隨着實際例證被找到，它們逐漸煥發生命力」[87]。威爾遜先生只是用更為詳細的語言描述了愛因斯坦所說的「跳躍的形象」及其用邏輯（語言）歸納總結的過程。兩位傑出的自然科學家所說的「幻想」、「圖像」、「直覺」、「形象」都是形象思維過程中必然出現的現象。兩位學者的描述充分證明，形象思維對科學研究具有重要作用，形象思維是科技創新的重要方法，甚至可以說是「創新第一感」。

另一個能夠說明右腦「感悟能量」的是佛學[88]的創始人佛祖釋迦牟尼。佛祖說，宇宙有三個大千世界。據計算，三個大千世界的物體數量十分接近銀河系星體的總數，這是佛祖從宏觀角度感悟到的世界。佛祖還說，水中有十萬八千蟲。這是人類第一次說明清水裡有活

【87】摘自威爾遜教授 2013 年 4 月 7 日在《華爾街日報》網站發表的文章《偉大科學家不等於擅長數學》。

【88】這裡通過用「佛學」一詞的目的是要說明，佛祖是最偉大的「形象思維」的啟蒙者，是「形象思維學」的創始人。

的「微生物」存在，而且是在沒有顯微鏡的中古時期。很顯然，佛祖是通過「感悟」宏觀能量與微觀能量得出來的這兩個判斷，這些判斷是佛祖啟動右腦、令自身的能量與外界能量融合所感悟到的。佛教中常說「佛眼」，事實上，要「開佛眼」，需要閉上眼睛，因為「佛眼」是能量感悟之「眼」，不是折射物理世界的「色眼」。遺憾的是，由於現有科學知識尚不能解釋右腦如何工作，這些案例都被歸入「神秘」現象，或者被視為迷信，沒有引起科學界的重視。

在近代，有一個特殊案例說明了右腦具有判斷周邊環境的能力。一名女科學家泰勒博士（Jill Bolte Taylor）有一天突發腦溢血，左腦幾乎完全失去了功能，然而依賴右腦她卻經歷了最為神奇的一段人生。在眼睛失去功能的情況下，她居然撥通了電話，靠的是對周邊能量的感悟。當時她體會到了人與周邊能量合一的那種感覺，她把這種感覺稱為釋迦牟尼所說的「極樂」狀態，即個人的能量與宇宙能量融為一體。此時她所感覺到的是身體周邊的各種美麗的能量，她甚至無法看清自己的身體與牆之間的界限，居然能找到電話並且打通電話，「看不到」自己手臂的輪廓和運動方位，但是卻能「感覺手臂能量」與周圍能量的結合並且可以通過手臂能量的運動去感覺到手臂的存在，與此同時她能感覺到人與宇宙各種能量（包括物體能量）融合的狀態，那是一種快樂、輕鬆、自由的狀態。

這種狀態的出現並不難理解。由於左腦負責記憶、細節，負責界定周邊事物的物理邊界，如果能夠完全關閉左腦，可以完全忘卻一生的煩惱和負擔，自然會給身心帶來愉悅，如果長此修行鍛煉會令身心得到良好的淨化與頤養，這是佛祖的「忘我」境界，也是許多高僧大德修煉的成果。她的特殊經歷證明修行佛學是愉悅的，用右腦感悟世界是愉悅的，生命是愉悅的。

泰勒博士認為這種對宇宙各種能量感覺性的認知能力每個人都有，但是由於左右腦需要聯動，邏輯判斷把感覺能量大大弱化，系統地概念化了。她聯想到釋迦牟尼希望人們要徹底放棄色相與功利，禪宗說要超越語言和邏輯而「直指人心而見真性」，突然明白佛學修行「開悟」的努力方向是有意識地鍛煉右腦功能，把左腦主導讓位給右

腦主導，這樣做不是取消左腦，而是更好地做到兩腦相互協調，先整體後細節；如果能夠進入這種左右協調的腦力活動狀態，即達到了「極樂境界」。礦癡進一步認為，如果能夠保持這種狀態，對於個體形成創造性思維會有巨大幫助，對個體「精神系統」的升華會有巨大幫助，愛因斯坦先生和威爾遜先生所描述的「左右腦信息轉換的過程」會縮短，左右腦信息的溝通會越來越高效，「人」即進入了一個新的階段，即一次內在生發的「質變」。由於這是腦力左右協調能力的提高，故礦癡稱其為意識達到了「覺」的階段，在「生命與問題」一節中具體解釋「覺」的內涵。

　　泰勒博士康復後還能夠維持這種左右腦思維切換的功能。她在TED演講的最後階段說，當她以右腦為主導的時候，感覺到「我們」，感覺到50億人構成的能量如此美妙，人類是這個宇宙的「生命能量」；當她以左腦為主導的時候，她感覺到了「自我」，感覺到自我的利益和地位。如果從哲學角度來理解，這意味着「人」的右腦主管「整體意識」，左腦主管「個體意識」；「人」的右腦主導「感悟」認識，「人」的左腦主導邏輯推導。沒有親身體驗，人們幾乎不可能從「自我」和「我們」這兩個角度來區別左右腦的功能，這個發現和這個大腦分析案例對我們探討生命與意識、邏輯思維與形象思維、如何正確用腦都具有重要意義。對讀者理解前兩章中「環境生成歷史慣性」的觀點很有助益。極而言之地發問，哲學中的集體主義和個人主義的客觀條件是左右腦嗎？長期習慣於「眼見為實」導致增強邏輯思維並抑制形象思維，這種思維偏執無人能避免，這種偏執的慣性怎樣才能糾正？

　　由於很難了解右腦對思維的貢獻，學界一度認為右腦是大腦中一個逐步退化的部份。迄今為止，科學界依然不承認左腦強於邏輯思維，右腦強於形象思維，極端者甚至不承認存在兩種思維方式。由於科學界把許多「意識」導致的「神秘」現象作為特例，偏重於「眼見為實」，偏重於邏輯判斷，同時由於很難對「感悟能力」進行具體衡量和邏輯判斷，因此不理解「感悟能力」從哪裡來，僅僅把「感悟能力」作為「意識」的原始狀態，不理解「人」具有「感悟」外界能量和內在能量的能力，不僅能夠「感悟」外界生物的能量，而且能夠「感悟」外

界無機物的能量。這種科學發展狀態充分反映到哲學領域，哲學界認為邏輯思維是決定性的思維方式，形象思維只是輔助性的思維方式，一切「真理」必須通過邏輯與概念予以表達或證明。這是「西方文明」世俗世界「真理觀」的最深層次思想根源。「眼睛」是向前看的，看不到後面；「能量感悟」是全方位的，從來沒有前後之分；它們是兩種完全不同的「認知」系統。眼見為實（有形），感悟為虛（無形），虛實相間更接近事物的真實，用語言的「實」（邏輯）表述形象的「虛」（無形）是大腦的整體運轉的一種狀態，若愛因斯坦先生和威爾遜先生描述的那樣，若漢字描述抽象概念那樣。

　　泰勒博士的案例解決了礦癡一個長期的困惑。面對一個問題，西人常說用腦，或言「腦力」；華人常說用心，或言「心智」；而且這個「心」還不是心臟的心。「搞懂了」一個道理和「悟通了」一個道理不是同一個現象，「懂」是知識層面的理解，未必導致行動；「悟」是心理層面的「懂」，通常導致行動。由於右腦是能量感悟通道，因此右腦的「懂」影響到全身的能量，導致「心動」，這正是中華文明所說的「身心」。極而言之，「懂」是左腦的現象，「悟」是右腦的現象。此後書中出現用引號表示的「用腦」的專有名詞指的是左右腦協調的用腦，既有「懂」又有「心動」。

　　以上三個案例告訴我們，「人」的「感悟能力」深不可測，科學界對其完全缺乏系統的了解，這個空白來源於對右腦的運作模式缺乏系統的了解。如何訓練右腦以及如何令左右腦協調發展，是人類的一個研究空白，至少成果寥寥。這個現狀對每個人來說意味着只要積極培育自己的「形象思維」，準確說，提高邏輯思維與形象思維的融合，即可以極大地提高大腦的整體效率。把這句話擴展到「提高中西文明的融合可以極大地提高人類的整體效率」，雖然初看上去有些跳躍，仔細想想，內在邏輯甚為通暢。

　　此時，如果我們設身處地地考慮中西古人在一萬年以前所處的環境，「木器文化」周邊以生物世界為主，「石器文化」周邊以物理世界為主，自然會理解，生存條件的差異以萬年為時間單位令中華古人長於右腦感悟，令西方古人長於左腦判斷；或者用楊振寧先生的話說，

中華（古人）擅長歸納法，西方（古人）擅長推斷法。很顯然，否定任何一種「文明」（古人）的「心得」都是錯誤的。

可以想像，中華古人創造文字的時候，很可能是通過閉上眼睛，將外部現象變為腦中圖案，「右腦」【89】起了主導作用，換句話說，象形文字是當時最高水平學者對外部世界的高度抽象，來自感悟能量。這解釋了為什麼中華文字來自於祭祀和占卜，因為漢字是「看」的文字，「字」反映自然與規律。（發）音變，字不變；世道變，字（形）不變；字的「看」法，始終如一。信仰（看法）就在「字」中，文字決定信仰，漢字成為華人形象思維的練習工具，成為「中華文明」的「聖經」，構成了維繫「中華文明」的「文明基因」，令華人長於形象思維。

同理，西方古人創造文字絕對不能閉上眼睛，必須通過「眼睛」遵循字母與發音之間的邏輯關係，「眼睛」甚至可以通過「讀唇」判斷發音，西文是「聽」的文字，字母反映「音」，西文側重於「溝通工具」，來自於「工具理性」。由於文字以溝通工具（聽）為主要功能，「西方文明」的「百里不同音」導致「千里不同字」，進而導致「萬里不同信仰」，字母文字充分反映地理氣候帶給人類社區的變化。然而，正是由於西文的「工具理性」較強，需要西方宗教和哲學表達「西方文明」所具有的感悟能量，因此，「文字」與「信仰」共同構成「西方文明」的「文明基因」。也是由於西文工具性很強，「西方文明」才能開出萬紫千紅的科技世界。

劉豐先生將心性「感悟」分為幾個階段，首先是「感」光，白色的光或彩色的光，然後出現「線條」。他認為八卦是通過感悟「線條」形成的理論，因此是「感悟」的最基礎的思維功夫。這充分解釋了周公創八卦、孔子推卦辭之間有內在聯繫，由於「感悟」方法一致，幾百年的時間距離不但不會令八卦在兩人的理解之間出現邏輯混亂，而且使孔子能夠用文字補充許多周公八卦圖形表述不甚清晰的內涵。劉豐先生將「感悟思維」稱為「高能思維」，或許「能量思維」或「立

【89】尊重科學界的認知現狀，礦癡希望盡量不用左右腦來說明形象思維與邏輯思維的關係。但是，在說明大腦運作機制的時候，實在是沒有比這種方法更為簡明、生動的辦法。嚴格來說，沒有更為「真實」的方法來描述思維方式側重的本源。

體思維」更為貼切。「高能思維」試圖表示「超越性」，摻有地位意識。

　　人類有兩類「超人」，一種是揭示物理規律的科學家，長於眼見為實的邏輯思維，推演法運用到極致，能夠把「跳躍的形象」變成推演的概念，用科學看清億萬光年以外的外太空；一種是揭示人倫規律的「先知」與「聖人」，長於「感悟」能量的形象思維，歸納法運用到了極致，能夠把「萬物的內在變化」歸納成同質的線條，用線條描繪宇宙萬物的生發規律。如第一章所論證的那樣，「工具」與「科學」不是人類徹底脫離動物另成一類的根本原因，「定居」與「信仰」是人類徹底不同於「動物」的根本原因，引導人類社會發展的以「先知」與「聖人」為主，以科學家為輔。我們可以通過分析「先知」與「聖人」認識世界的方法和特點，觀察「意識」形成的一些規律和特點。

1.3. 精神昇華的道路

　　「先知」和「聖人」是人類精神昇華的引路人。所謂「精神昇華」指的是「人」的「精神系統」發生了又一次質變，從「精神系統」發展成為「精神能量系統」。了解「超人」精神昇華的過程旨在認識兩種系統的質變特點。

　　「中西文明」六位意識形態領域的「超人」實現「精神昇華」的道路不同，限於篇幅，不能具體展開每位「超人」的昇華過程，然而，通過對六位「超人」進行的「同質比較」，我們可以發現實現精神昇華有三個必要條件。

　　第一個是修行。修行需要時間，六位「超人」修行的時間長短都不一樣。老子開悟的年齡不詳，佛祖佈道在 30 歲左右，孔子從 15 立志到 30 而立，修行時間十多年，兩位修行成功的年齡相近；摩西和默罕默德都是中年開悟，耶穌也是在青年晚期才具有了佈道的能力。「神啟」或「開悟」是「精神昇華」的起點，這些世界上能量最大的「先知」和「聖人」都不是一生下來就具有引導大眾的「神性」。這充分證明了獲得「神啟」或感悟「天道」需要一段修養或成熟的過程。

　　人們都知道生命必須接受陽光雨露的滋養才能成長，除了陽光雨露這些已知的營養之外，還有許多人類尚不了解的射線、能量、場能

不斷地將宇宙能量浸透入人體，人體始終處於「宇宙能量」的「浸泡」狀態，因此「人」具有接受「宇宙能量」的能力。雖然許多未知能量被科技逐步認識，但是「人」接受「宇宙能量」的過程無法用實證的方法清晰地證明，這很正常。正像「人」無法用實證方法證明自己的所有發育方法一樣，然而「超人」證明了，「個體」的「精神昇華」過程最快需要 20 多年，證明「精神能量」是一個向量，向量大小取決於生命成熟程度和生命力強大程度等條件。

　　修行成功的共性是進入「忘我」的常態，「常態」一詞區別了普通人的開悟和「超人」的開悟。預言的能力並不是上帝（老天）隨意賦予幾個人的某種本領，而是傑出的稟賦修養到了出神入化的程度，只有修行到了完全「忘我」的程度（愛因斯坦有類似論述），才能收到「神諭」和理解「天道」。「聖人」和「先知」僅僅具有先天資質優勢還不夠，還需要修行。佛祖因為看到人有生老病死之難而參禪，正是出於這種慈悲心，佛祖找到了與萬物能量溝通的「極樂世界」，由「苦」轉「樂」的參悟過程即是修行的過程，是進入「忘我常態」的過程。「人」的左腦與尺度、界限、差別、輕重、快慢等「有形」世界相關，佛祖將其概括為「色相」，反復強調通往「極樂世界」的方法是「不着相」，「不着相」即是擺脫左腦主導的「利己狀態」，進入右腦主導的「能量融通狀態」，右腦的能量感悟沒有任何疆界，能夠與萬物能量「即時同步」地融合，這種「即時同步」融合狀態即是佛祖所說的「如來」狀態。「如來」即是能量動態的狀態。

　　第二是專注。意識的「昇華」需要極大的能量和超常的專注力，特別要排除「有形界限」即概念的干擾。科學家實現左右腦充分溝通十分困難，需要大量「腦力」（能量）。可以想像，關閉左腦（停止左腦控制狀態）需要更大的能量，樞軸時代的「先知」和「聖人」們都具有超常的個人能量，他們因此能夠接收常人無法接收的信息和能量。許多普通修行者進入冥想或參悟狀態後，都會出現空靈愉悅的「意識昇華」瞬間，這種「意識昇華」並非「精神昇華」，是一種愉悅狀態，有利於吸收能量，但是還沒有成為「意識升華」的常態化，還沒有實現「精神系統」的昇華。例如，約伯斯先生在參禪時已經觸摸到

了這一「意識昇華」境界。「精神昇華」接收能量的過程是在個體「感悟系統」與「宇宙能量系統」之間建立關係的過程。然而，長期用超常專注力融入「宇宙能量」的開放系統，往往要消耗大量個體能量，即便像六位「超人」那樣，擁有遠遠大於常人的個體能量，從「意識昇華」到「精神系統昇華」的過程中往往也會達到生命的極限，如摩西之大病，默罕默德之昏迷，佛祖之閉關，保羅之昏迷等等。許多「超人」經歷的「病態」是突破原有「精神系統」和「生命系統」的過程，是建立「能量感悟系統」的一個關鍵過程。礦癡猜測，這或許是打通左右腦溝通障礙的過程。沒有強壯的體魄和強大的個體能量往往會導致進入「能量感悟」常態的修行者早亡，孔子的學生顏子以及守仁先生的學生徐愛都沒有衝過這一關。很顯然，現代的約伯斯先生也有相同的經歷。

第三是機緣巧合。泰勒博士是由於「中風」，碰巧出現了右腦主導「生命系統」的現象。她因為親戚有病而立志學醫，醫學知識令她主動保持了這種左右腦溝通的能力，獲得了許多常人沒有的特殊感悟和心得。有許多修行者，由於種種原因突然獲得了特殊的「感悟」能力，成為「通靈者」，其中少數「通靈者」成為新型宗教的創始人。由於有些這種「通靈者」不具備足夠的修行基礎，他們所創新型宗教往往會有一些缺憾，甚至可能成為邪教，成為教主的御用工具。

礦癡認為「通靈」或「精神系統昇華」產生的原因是「人」改變了能量的攝取方法，除了通過動物「生命系統」獲得能量外，「精神系統」也可以從外界獲取「精神能量」；能量攝取方法的這種「突破」，決定了生命品質的提高，表現為「精神昇華」處於常態，導致「神跡」的出現。「先知」們的預言能力與他們能夠「感悟」到更大的能量體系有關。摩西和默罕默德兩位「先知」都帶領族人創造了匪夷所思的「神跡」，因為兩位「先知」獲得了超越性能量。同樣原因，老子、孔子、佛祖能夠提出來自己的系統性理論，從不同角度正確地描述了人類與宇宙之間的關係，這些理論經歷了數千年的檢驗具有合理性。

宇宙萬物的能量體系始終是處於融通狀態，「超人」達到了能夠「感悟」這種融通狀態並能夠進行能量交換的層次。暫且把「超人」

這種「能量融合常態」定義為「人」的「精神能量系統」，即增加了「精神系統」能夠汲取外部能量的特點，它超越了動物的「神經體系」，也超越了常人的「精神系統」，令「精神系統」不但能夠領引生命的「能量系統」，而且能夠直接汲取外部能量並激發內部能量，提高生命的能動性。「精神能量系統」內在於所有「人」，是常人「精神系統」的內在潛能，只是人類尚未正確認識這一體系，沒有找到調動這一潛能的正確路徑。「人」與萬物的這種「能量溝通」符合「量子糾纏」的三大特點，超距聯動，即時同步，全息全能，「先知」和「聖人」的「神跡」都具備這三個特點。「超人」證明了所有「人」都具有與外部能量融合的能力，正如佛祖所說，人人可以成「佛」；正如西方宗教所說，人人可以皈依「神」。

要想讓常人的「精神系統」昇華到「精神能量系統」，需要持之以恆的修養和專注。修養的本質是通過脫離「利益意識」實現與「宇宙能量」的融合，感悟萬物共生。從修行內涵看，佛學術語是「無我」，道教術語是「無為」，儒學術語是「仁愛」，基督教術語是「博愛」，猶太教術語是「虔誠」，伊斯蘭教術語是「讚美」。所有偉大的宗教和信仰都符合昇華「精神系統」這一修養方向。

人類「精神能量」的昇華是人類正確「用腦」的結果，是左右腦高度協調發展的結果，是一種全新的「意識形態」，一方面認識和利用有形物質，一方面認識和培育無形能量，因此是「功利意識」與「信仰意識」高度融合的結果。因此，礦癡認為偏執於一種思維方式或價值體系，不可能實現「精神系統」昇華。在「萬物互聯」的時代，增強對人類大腦潛力的發掘，探索「萬『能（能量）』互聯」的發展道路，可以充分發揮人類「「生命系統」」的最大潛能。「萬『能』互聯」不是臆想的境界，是「中西文明」的「超人」們已經證明過的境界。

1.4. 超人與意識

抽象地概括，「先知」與「聖人」是人類文明的引路人。具體地分析，每位「先知」感悟「神」都有獨特的內涵，因此形成不同的宗教；每位「聖人」感悟「天地」或「天理」也有獨特的內涵，因此形成不

同的信仰。在人類「意識形態」最高層次進行「同質比較」，可以認識到「意識」形成的特點和規律。首先看創造儒釋道三學的「聖人」或「神人」解釋世界都有哪些各自的特點和內涵。

老子認為，宇宙發展處於多元、層疊、動態、無限的狀態，即「人法地、地法天、天法道、道法自然」。「道」字起筆兩斷橫和一長橫代表「天地」（宇宙），然後是「自」字與「走」字，「道」字是「天地自行」這一道學思想的「卦象」。老子感悟的世界是超越的，「道可道，非常道；名可名，非常名」，超越人類的認識，不是人類可說、可名的。老子的宇宙觀和世界觀博大深邃，以宇宙時空變化之無限為核心，追求對宇宙發展規律的認識，在側重於宏觀求「真」的過程中，起「敬順」之心，反啟智用巧。老子「天人相應」的思想強調「天」之主導地位，從無限之「無」生成「無為」之治，安於「自然」，《道德經》是對古代文明歷史的總結和對「春秋百家」思想脈絡的總體批判，順從天地規律者為「真人」，改變天地規律者為「假人」或「損人」。道學是追求「真」的學問。

佛祖感悟宇宙的方法是放棄感官所建立的「分別心」（印象或色相），實現個體能量與宇宙一切能量的美妙融合狀態（涅槃），因此佛祖的世界是以生物世界為主的六道輪迴世界。佛祖的「能量感悟」能力無論從深度還是廣度，都遠遠強於老子，小到可以感悟到微生物的遊動，大到可以區別宇宙星空中的能量差異。佛祖的世界觀以「宇宙能量」融合之美妙為歸宿，起「忘我」之心，發「慧覺」之悟，通過否定感觀「諸象」，追求對能量融合之「慧覺」。「佛」字是對「人」已經形成的「界限」和「概念」的否定，即非（弗）常人（單立人）之境界。「佛眼」即人人都具有的「能量感悟」通道，故人人都具有成佛的基礎，修行所到，立地成佛。佛祖的宇宙觀側重於通透融合，追求個體能量與宇宙能量的和諧融合，個體人的能量與宇宙能量全面融合的狀態即佛祖所說的「極樂世界」，因此佛學是追求「美」（樂）的學問。

孔子感悟宇宙的角度是努力建立宇宙規律與人類規律之間的聯繫，終身以「天道」與「人倫」在抽象（規律）層次結合起來為使

命。孔子感悟世界的難度遠遠超出老子與佛祖，老子用「真」為標準看世界，佛祖以「美」為標準看世界，兩者都是單向感悟。孔子將宇宙與人倫兩個變數世界結合起來，形成的世界是「範式（規範）的世界」，即從人類整體發展的角度，努力把宇宙規律和人類行為聯繫起來，進而說明「天道性理」，形成人倫規範。孔子視天地為人類本原，生「敬孝」之心，發「有為」之志，行「參贊」之德。孔子的宇宙觀側重於宇宙與人之間的聯繫，追求對人類正確發展方向的探索與認識，孔子的「天人」思想強調「天人」之「合」，「合」則「生生不息」，「合」則「日日新」。儒學是識天道修人德的學問，是追求「善」的學問。

礦癡總結三聖思想特點未必精準，三聖各有特點是不爭事實。同時，三聖也有共性，共性中有差別。共性在於，老子、佛祖、孔子都強調人類要有主動行為，都強調「人」必須自己努力才能發展，「生生不息」是中華文明的核心精神；差別在於「順」、「融」、「合」的方法不同。老子是「無（為）」的立場，佛祖是「否（色）」的立場，孔子是「能（善）」的立場。無、否、能三字中「能動性」的強弱是儒學領袖三學的根本原因，說明「中華哲學」總體上是人本哲學、能動哲學。

雖然不知道人類起源的科學根據和過程，但是三聖清晰地感悟到了人類發展與宇宙息息相關，這些「感悟」不是用邏輯推導出來的結果，而是用遠遠超越常人的感悟能量獲得的「心得」，是從「人」的立場上獲得的「學問」，人類社會往往需要用千年實踐才能將他們的「心得」轉變成人類的意識（包括潛意識），將其轉變為常人都能理解的「常理」（包括哲理）。中華三聖是「人的世界」的開路人，他們共同提出了實踐根據、發展方向、可行法則。「人的世界」是實實在在的現實，三聖的道路不同，都是「人的世界」整體價值的一部份。

由於道學與佛學強於認識宇宙和世界，因此形成「出世」（超越性）的趣向；同時由於兩種「出世」的立場多從「個體自覺」的角度修行，旨在成仙或成佛（實現質變），因此形成「脫俗」（非社會性）

的趣向。三聖之中只有孔子從人類「向善【90】」和「能善」的角度認識宇宙和世界，因此形成既是「出世」（超越性），又是「入世」（社會性）的趣向；正是因為孔子是從人類整體角度既「出世」又「入世」，即主張從「人類根本利益」角度進行個體修行，固有「大同世界」的趣向，因此是個體修行與整體昇華之間的結合。堅信人類整體「向善」和「能善」，即人類整體能夠實現質變，是人類迄今為止（涵蓋中西文明）最為宏大的「善願」，「善」莫大焉！

「西方文明」具有最大感悟能量的個體人統稱為「先知」，他們能夠感悟「神」的意志，傳達「神」的旨意，是指明人類歸宿的「超人」。對西方三個最大宗教的創始「先知」做「同質比較」的結果與對東方三聖進行「同質比較」的結果相同，即「先知」既有共性，都能充分感悟到「神性」；又有特性，即「先知」們的「感悟」內涵各有側重。

摩西在族人處於危難之際，以「戒律」立教；基督在環地中海地區普遍用希臘語的時候，以「博愛」立教；默罕默德在民族分裂和危難之際，以「讚美」立教。共性在於，這些「先知」不是靠邏輯思維而是靠感悟能量創造了諸多神跡，不僅體現了宗教的超越力量，而且為社會帶來不同的價值意識。差異在於，摩西把「孝」提升到人倫意識的最高層次（真），基督賦予羅馬帝國「普世情懷」（善），默罕默德帶給荒漠民族「虔誠讚美」（美）。這些人性價值（真善美）通過千年的社會實踐，構成了「西方文明」世俗社會的倫理基礎。三位「超人」都令「西方文明」增強了人性、降低了獸性，因此，他們既是「神」的使徒，又是「文明」的引路人。

1.5. 文明引路人的啟迪

通過在人類意識最高層次（先知與聖人）進行「同質比較」，我們可以得出四個至關重要的常識認識。這四個判斷適用於前兩章的所

【90】台灣傅佩榮教授三十年堅持認為孔子主張人性「向善」，而不是人性「本善」，揭示了儒學以「能」立志的本質。人性如是「本善」，無需發「真誠」之心，無需「人」之能動性。傅教授由於這一觀點頗受主流學術界的非議，三十年始終「矢志不移」，令今學欽佩之至！沒有傅教授「向善」之解，即無「能善」之說。

有討論，同時也將與人類社會永遠共存。

第一，所有「超人」，無論他們創造的思想與信仰多麼宏大崇高，都是「整體」的一部份，沒有一位「超人」是全面的。形象地說，從共性角度看，「神」、「天」、「真理」是一個「聚寶盆」，是「整體」，「超人」能夠通過「感悟」進入這個超越的世界；從特性角度看，每個「超人」能夠取回來的「寶物」（神諭、天理、真理）各自不同，受個體經歷所限各有取捨。通過認真對比「超人」們從「聚寶盆」（神或天）那裡取回來的「寶物」（精神能量），人們也可以看到「先知」和「聖人」千姿百態的精神原貌。要讓摩西產生穆罕默德的「思想」（神啟）或讓穆罕默德產生摩西的「思想」（神啟）是不可能的，要讓佛祖得出孔子的「仁」或孔子得出佛祖的「極樂世界」也是不可能的，故有「道可道，非常道」，「道」各不同。從共性角度看，「超人」都是「人」，接受「寶物」的能力受「人」的最大能力限制，各種經典都是具體之「名」，故有「名可名，非常名」，「名」各不同。

把一宗之教視為普世之教，把一種主義或價值視為普世價值，把一種心性感悟視為普世學識，是人類尚處於幼稚階段的最好證明，是宗教信仰自以為是的表現。只有將所有「超人」的「寶物」以及人類千年社會實踐所積累的所有學識作為人類共同財富，不排斥任何一部份「寶物」的時候，只有從「共生」角度認識宗教與信仰的時候，人類才剛剛成熟，剛剛認識到其他人（其他文明）與自己（本族文明）是同路人，具有共同利益和共同立場，宗教和信仰才能具有普世意義。

第二，人腦既有分析判斷能力（左腦為主），又有感悟融合能力（右腦為主），「中西文明」始終都在同時應用兩種思維能力，只是側重有所區別，應用的領域有所區別。「西方文明」側重邏輯思維，這是從「西方文明」歷史發展軌

跡得出來的邏輯判斷，是根據西方文字特點得出的正確判斷。但是，這個判斷不等於「西方文明」沒有充分使用右腦的感悟能力。「西方文明」作為整體是將其右腦感悟能力應用到了難以具體量化和難以用語言表述的信仰領域，彌補了西文注重邏輯的偏執，因此，「西方文明」擁有強大的信仰能量。信仰的力量來自右腦，來自「先知」感悟「神」、「天」、「真理」的「心得」，反映在大眾跟隨「超人」的社會實踐中，「先知」的「心得」實實在在地轉化為強大的「普世情懷」。

「中華文明」側重形象思維，這是從「中華文明」注重人倫價值的歷史發展軌跡得出來的邏輯判斷，是根據漢字特點所作的正確判斷。但是，這個判斷不等於「中華文明」沒有充分使用左腦的分析能力，「中華文明」作為整體，將其左腦分析能力應用到了難以具體量化和難以用語言表述的「心性」領域，弱化了對物質世界的探索。「中華文明」的文化能量來自右腦，來自「聖人」感悟天地的心得，表現於華人實實在在地將「聖人」的「心得」轉化為強大的「家國情懷」。

「中西文明」思維方式各有側重是一個重大的宏觀判斷，說明兩種文明都還沒有做到和諧地使用大腦。以此為背景，探索如何在生活中正確地、和諧地使用左右腦，即把判斷能力和感悟能力相結合，這是人類所有「個體人」面臨的共性問題，是「生命價值」的本質問題。對群體環境背景認識清晰了，個體才能最大限度地開發自己的「精神系統」。這樣的本質問題有兩個，宏觀問題和微觀問題，暫且把個體如何正確用左右腦作為「微觀問題」，在思考修行路徑的時候再展開討論。

第三，意識形成突破之後會令生命具有更大能量。摩西和默罕默德兩位「先知」都帶領族人創造了令人匪夷所思的「神跡」，這與兩位「先知」獲得了超級能量有關。「先知」

們的預言能力與他們能夠感悟到更大的能量體系有關。老子、孔子、佛祖從不同角度提出來自己的系統性理論，描述人類與宇宙之間的關係，這些理論經歷了千年的檢驗具有合理性，這種在宏觀層次「識新」同樣需要巨大的能量，同樣需要通過融入更大的能量體系去認識「未知」。無論這個能量被認為是外在賦予的還是內在創生的，「精神系統」攝取能量的這種「突破」決定了他們生命能量的升級。人們將這些獲得超級能量的人稱為「先知」或「聖人」，因為他們通過「神啟」或「開悟」把「精神系統」提升到了一個質變的層次（精神能量系統），一個常人視為「神跡」的層次。

「先知」告訴人類：按照他們的修行道路，「人」可以得到「拯救」；「聖人」告訴人類按照他們的修行道路，「人」可以成聖成賢、成佛成仙。他們不僅展示了一個共同結果——人類的「精神系統」可以進入新的層次，而且認為個人（西方先知的觀點）和人類（東方聖人的觀點）照此修行都可以達到「先知和聖人」已經實現的層次，即「精神系統」的質變。

這個推論或假設十分重要。人類「文明的引路人」證明了人的「生存系統」發生了第二次「創造」（質變），第一次是從動物的「神經系統」發展到目前的「精神系統」，第二次是「精神系統」實現了升級，從生物的「能量系統」升級到了「超人」的「精神能量系統」，這個「精神能量系統」一直存在於人類自身，迄今只有極少數的人主動地啟動了這個系統，不多的人被動地啟動了這個系統（偶然性）。

第四，人類「整體地」實現「質變」只是許多可能性中的一種。正像所有動物中只有「人」發展了「精神系統」，「類人」與「人類」的差距揭示了這次「質變」的性質，人類從此成為「動物之首」。以此類推，未來也許並非所有「人」

都一定會實現「精神系統」的質變，或許只有少數人可以脫離「生物能量系統」而進入「精神能量系統」，從而出現一種完全不同的人（超人），這個差別類似猿人與類人、類人與現代人之間的差別，按照道學的說法這是「真人」與「行屍走肉」（假人）之間的差別，按照宗教的說法這是有「靈魂」的人和沒有「靈魂」的人的差別，這種差別隨着時間的推移將逐步擴大。佛祖不懈地向大眾表明還有另外一個世界，這個世界每個人都有條件進入，這與西方宗教認為所有人都能皈依「神」是相同的觀點。但是自從佛學變成佛教之後，信佛人士多以個體昇華（質變）為宗旨。為了個體獲得拯救而信仰「神」是所有世界級宗教具有的共同特點，東方宗教和西方宗教在這一點基本相同。與佛教和所有宗教相異，孔子的執着努力是寄希望於人類整體的「質變」，孔子的信仰是「人能」，善莫大焉！！以人類「能善」為信仰是「仁學」的本質。儒學與宗教不同的地方在於「覺悟」的立場，儒學「覺悟」立場既是個體的，又是群體的，更是整體的，信仰「整體昇華」是儒學「仁」的本質，是最大的「善」。人類如何實現整體「精神系統」的昇華是「生命價值」的第二個本質問題，暫且將其稱為如何用腦的「宏觀問題」，這是前兩章的主題，具體做法將在介紹修行路徑的時候探討。

在這裡必須再次強調，「中西文明」思維習慣的差異僅僅是傾向性差異，而非排斥性差異，兩種「文明」都既有形象思維也有邏輯思維，只是側重不同、角度不同、應用領域和方法不同。這個差異既不是不可逾越的障礙，也不是互相貶低的藉口，恰恰相反，正是由於了解了這種宏觀差異的大背景，正是由於知道了個人能夠主動加強左腦和右腦的協調，個體才能正確認識自我的「意識形態」，發揮自己的長處，彌補自己的不足，完善自我（修行或修養）也就有了具體方向，即實現「個體自覺」。對自我意識的自覺是最深層次的自覺。帶着如何提高自覺能力這個問題，我們進入「生命與問題」的探討。

2. 生命與問題

「生命與意識」和「生命與問題」的觀察層次不同，兩個層次以生命為中心緊密相關。「生命與意識」觀察「意識」的普遍性和特殊性，「生命與問題」觀察「意識」的生發與蛻化。

人類是在應對「問題」的過程中發展起來的，首先研究如何優化「工具」（石器時代），然後研究如何組織人力（定居時代），進而觀察事物深層次的規律與特點（信仰和科技時代），現在開始了認識人類整體（自覺時代），這個進程如果用「常識」進行描述，是一個連續不斷的「用腦」進程。到了網絡全球化時代，人類才開始意識到有一個如何認識人類整體的「問題」。具體到個人，通過「中西文明」差異性普遍存在的客觀事實，個體才認識到有一個如何認識個體意識的「問題」。「人」最獨特的特點是「用腦」，「軸心時代」以來哲人對「人」的界定有許多概念，那些「本質」的、抽象的術語（概念）往往僅僅對哲學家有意義。「常識」告訴我們，「人」是「用腦」生存的動物，「問題」是人類提高腦力（心智）的營養，是判斷「個體意識」是在衰退還是在昇華的核心標準。

如前所述，如何「用腦」有微觀與宏觀兩個角度，這是從外看「問題」。在具體討論「問題與意識」的時候，我們還要增加第三個角度。「問題」是「意識」對「存在」或「現象」的識別，有積極的角度和消極的角度，這是從內看「問題」，簡稱「能動性角度」。能動性是一個向量，存在於宏觀（大）與微觀（小）的整體中，是衡量生命質量的標誌。從消極的角度看「問題」，產生懶惰、煩躁、厭惡等負面情緒；從積極的角度看「問題」，產生認真、愉悅、興趣等正面情緒。「意識」普遍存在，「問題」普遍存在，「問題」可以是「意識」的營養或負擔，積極解決「問題」能夠增強「精神能量」，「問題」是營養；消極對待「問題」能夠降低「精神能量」，「問題」是負擔。「修養」的一個重要內涵是增加「生命能量」，增加「精神能量」。正像在健身房通過緩慢增加難度的鍛煉可以健身一樣，正確增加問題難度也可以增加「腦力」（心智），即增強「精神系統」的能量。「問題」是「健腦」的最好「工具」，是增強腦力的「啞鈴」，舉的次數越多（應

對問題越多），舉的重量越大（問題難度越大），肌肉越發達（腦力心智越強大）；迴避「問題」的次數越多，被放棄「問題」的難度越低，腦力越蛻化。因此，「問題」是決定「意識」生發與蛻化最重要的客觀標準。

2.1. 問題意識

礦癡觀察「問題」有三個心得。

第一，「問題」有大小。如何晾衣服，顯然是小「問題」；漢字的文化意義，顯然是大「問題」。

第二，所有「問題」都是相關的。雖然很多「問題」並非直接相關，但是從「用腦」的角度仔細地、長期地觀察，可以發現「問題」的內在相關性。首先，所有「問題」都是來自個體的大腦（身心），因此受個體生命力和生活經歷的約束。其次，應對「問題」的方法具有個體性和一致性。同樣是「晾衣服」，不同的人會有不同的習慣，處理「小問題」的習慣與研究「大問題」的習慣完全一致，統稱為「用腦的習慣」。換句話說，看似完全無關的「問題」有着各種內在聯繫，都是「大腦」這部「生物電腦【91】」的「記憶體」，不同的大腦，安排「記憶體」的方法不同，提取「記憶體」的方法也不同，這與個體的生活經歷、興趣、信仰等「用腦」的習慣有關。

第三，「問題」大小不關鍵，「問題意識」最關鍵。「問題意識」是對問題的敏感性或發現問題的能力，發現問題的能力約等於解決問題的能力，或者說得絕對些，發現「問題」等於找到了「問題」50%的解決方法。因此「問題意識」是「精神能量」非常重要的一個標準，可以視為唯一標準。例如，有「興趣」也可以說成對某個（類）「問題」的「問題意識」特別強，沒「興趣」是對某類問題的「問題意識」特別弱。「問題意識」的強弱決定解決問題的速度與品質，決定生命力的強弱和生命的品質。

【91】諾貝爾生理學或醫學獎獲得者埃里克·坎德爾·迪昂教授在《腦與意識》一書中提出「全腦神經工作空間」的假說，用許多實驗數據解釋這個「工作空間」的運行模式。礦癡的比喻來自對解決問題過程的觀察，是經驗的總結，與迪昂教授的實證理論有許多契合之處。

　　人們常說要呵護「人性」，不同的哲學體系對「人性」的定義不同。看清楚了「人」與「問題」之間的關係，即是懂得了「人性」，即是懂得了「人」的生存之道，即是懂得了「人性」（用腦）與「獸性」（縱慾）的根本差別。因此，努力解決「問題」是在呵護「人性」。礦癡認為「人性」是中性的，既不左，也不右；既不是唯心的，也不是唯物的；既有「靈性」也有「物性」。現在展開探討上述三個角度。

2.1.1. 大問題與小問題

　　我們首先來看「大問題」。「大問題」是那種對「群體」或「整體」有意義的問題。這種問題常常令個體人具有「使命感」，使命感是遠遠高於「興趣」的「意識立場」，這個「立場」指的是個體人的精力不用在滿足欲望（情趣）上面，而是用在在履行責任上面。如果一個人有了使命感，大腦不再關注令人擔心的信息（負面信息），而是始終在尋找解決「大問題」的方法，顯然完全進入了「正能量」和「積極態度」的境界，結果是生命力開始增強，其中一個最明顯的表象是較少生病。

　　我的一位朋友徐進先生大我一歲，2010 年以前身體一直不是很好，由於他具有較好的漢語文字水平，我鼓勵他研究漢字，當他意識到研究漢字的意義並把研究漢字作為自己終身使命的兩年後，身體不適的情況越來越少。2016 年我見到他的時候，整個人都顯得年輕了許多。2021 年他在中央電視台錄製了「一日一字」的節目，把漢字給講活了，令人們認識到每個核心漢字（獨立字）都有整體性的根源，因此漢字具有很強的生命力，「中華哲學」的「整體性」到他這裡即找到了本源。看到他的變化，我認識到他把說明漢字的文化意義作為生命中最重大的事情（使命），朝思暮想都是漢字，這種努力的直接結果是他的「精神能量」增強，自然導致他個體生命力的增強。另一位比我小五歲的朋友，與我同事了十多年，也出現了和徐進先生 2010 年以前完全相同的一些身體問題，他很好學，長於法律，興趣廣泛，但是，他的好學並沒有改變他的身體狀況，幾年沒見，好像弱了很多，他幫助我搬家，體力和精力反而不如我。很顯然，尚沒有一種事業或「問題」能夠激發他的「精神能量」，成為他「精神系統」的發力之處。

做個比喻，他只是在生活中漫步，從來沒有進入過健身房。這兩種現象很常見，它們說明「使命」和「責任」調動「生命能量」的作用很大。

　　「中西文明」差異是一個「大問題」。由於長期在中外合作的環境中工作，對「中西文明」差異有一定的觀察，逐步認識到這些差異不僅表現在個人行為方面，而且反映在民族和社會的方方面面，反映在經濟、政治、社會、信仰各個層次，因此，礦巉始終希望能夠簡明地、系統地說明這些差異，希望通過認識兩者的差異，找出兩種「文明」相互學習借鑒的思路。礦巉從 1998 年開始記錄這方面的心得，2011 年開始嘗試寫以「中西文明比較」為核心問題的書，2019 年成書時全書超過 1100 頁（電子版），研究「中西文明」差異成為我個人最重要的「使命」。在這個過程中，礦巉經歷了許多人生重大波折，這些波折令我看到自我的缺陷，看到完善自我的重要性，看到「使命」（大問題）對生命的意義，深深地體會到「中華哲學」中「以性領命」的意義。新冠疫情揭示了「中西文明」的許多差異，礦巉認識到這是國際社會理解「文明」差異的重要機遇，雖然有各種紛擾，努力把原著濃縮到 300 頁左右，力爭用最簡單的生活詞彙說明「中西文明」差異。刪減有許多割捨，是一番脫胎換骨的自我改造，從中真正體會到了「為生民立命」的含義和做到這一點的難度，不是難在說服別人，而是難在改造自己。從「以性領命」的個體生命到「為生民立命」的整體生命，是一個寶貴的認識過程，從關注發展責任轉變為關注自我完善。同樣的問題（中西文明比較）令礦巉完成了一個從外向內的認識過程。中華先哲們很早就認識到了這個過程。從本書闡述問題的過程看，這個過程是從認識「生命與意識」進而認識「生命與問題」的昇華過程。

2.1.2. 問題相關性（通）與潛能量

　　大問題和小問題內在相關，這個「問題相關性」與用腦習慣有關，與大腦這部「生物電腦」存儲「記憶體」和提取「記憶體」的習慣有關，因此涉及到獲取「知識」和「心得」的方法。

　　礦巉認為「學識」的增加有四個階段，懂、悟、通、覺。具體說，「懂」是明白知識的內涵，「悟」是知識激發個體意識，具有指導行

為的作用;「通」是認識到知識的相關性和整體性,認識到個體與整體的關係;「覺」是認識到生命與能量的關係,認識到生命與價值的關係。礦癡嘗試先從前三個角度說明這一觀點。

首先,從認識「問題」的角度看,只有達到了「悟」的層次,才能充分認識到「問題」的意義,解決問題才有動力,這是「懂」與「悟」之間的差別。例如,知道抽煙不利於健康是在「懂」的層次,但是很多人做不到戒煙。然而,當醫生說繼續抽煙可能導致生命無可挽回的時候,或病人只有若干年或若干月壽命的時候,病人很快戒煙了,這是病人對戒煙的認識從「懂」的層次提高到了「悟」的層次,令病人從「懂」變為「悟」的不是「知識」而是「病痛」或真正感悟到了「死亡」,這是「懂得字面意思」與「悟出事物意義」之間的差別,這是用腦與動心的差別。「悟」字從「心」(豎心旁)到「我」(吾),是「我」的「心」被震動了,這是「知識」融入個體意識(身心)的標誌。「悟」是知行合一的起點,是生成興趣的先決條件。

現在我們把「大問題與小問題」的概念代入這個認識過程。人腦猶如一部「生物電腦」,因為「問題」太大而放棄了對「問題」的思考,等於主動地在這個「問題」上指揮大腦「關機」,如此重複數次,大腦會失去檢索相關信息(問題)的動力。因為解決一些小「問題」比較麻煩,生成厭惡情緒,等於主動地調小了「生物電腦」搜尋解決方案的「功率」。這兩種做法(關機和調小功率)都不利於大腦充分發揮已有的潛力,不僅不能提高腦力,反而會令大腦可以運作的存儲區域越來越小,檢索速度越來越慢。此時,人們應該這樣想,「問題」在自己大腦中形成,因此一定與自己有關,只是當下並不知道為什麼與自己有關,因此絕不能迴避或厭惡「問題」。迴避和厭惡「問題」都是在降低大腦的負載,弱化大腦的潛能量,導致精神萎靡,最終可能導致生命力加速降低,這就像一看到「啞鈴」立刻失去了鍛煉的心氣。生命沒有了「心氣」,這是死亡的先兆;大腦失去了「心氣」,是腦死亡的先兆。正確的做法是,對「大問題」提高「興趣」,持之以恆地研究和關注,盡量做到把「興趣」提高到「使命」層次,這等於向大腦發出加強「檢索」、一定要找到答案的指令,這樣,對「大

問題」的「悟」的過程即成為提高生命力的過程，這種「悟」逐步增多，構成了從「悟」走向「通」的過程。對「小問題」始終尋找更好的解決方法，通過點點滴滴的改善，看到解決問題的成果，令大腦形成樂見「問題」解決的習慣，形成研究「問題」細節的習慣。重視「大問題」與重視「小問題」相結合是大腦運作逐步進入「通」的層次的重要步驟。

「通」並不是面面俱到，而是個人的「精神能量」一以貫之地解決問題的結果，即從每一個角度都能聯想到問題，力爭看到整體，看到局部與整體之間的互動關係。根據對「問題」的歡迎程度，每個人「通」的廣度和深度都不同。從礦業看天下，從天下看礦業，這是「通」的立場；從「文字」看文明，從文明看「文字」，這也是「通」的立場。從一個具有共性的角度（一），如「礦業」、「文字」，可以觀察人類社會的生發過程（整體），可以觀察到「整體」與這個「一」之間的互動關係。徐進先生從「文字」中看到「中華文明」的活力，「中華文明」的活力反過來提高了他的生命力，這是「通」的必然結果。整體與個體之間通過「生命力」建立了無形的聯繫，表象是「問題」研究越深則「興趣」越大，「通」令「興趣」逐步發展為「使命」，結果是生命力越來越強。細心的讀者或許會發現，「以性領命」是前文「興趣」概念的延展，區別是，一般的興趣有助於開動腦筋，「一以貫之」的「使命」是興趣的高級階段，不僅有助於開動腦筋，而且能夠生成新的思想，能夠增強生命力。這是一個十分重要的規律，怎麼強調也不過分。

第二，從用腦和用心的角度看，大腦和心智具有根據「問題」自動尋找相關信息的能力，因此「人」能解決問題。然而，只有在「使命」層次，自動尋找才能成為「常態」，常態的自動尋找是「通」的前提；同時，只有在「通」的層次，大腦和心智的綜合能力才能得到充分調動，「通」既是「綜合能力」的前提，也是「綜合能力」的結果，它令大腦進入最佳「存儲」和「搜索」狀態，令心智進入最為亢奮的狀態，不會漏掉任何與「問題」相關的現象與角度，令大腦和心智的運作具有了整體性，左右腦協調十分通暢。「通」是「精神能量」持續

增加最重要的起點。

當個體深切感悟到某個「問題」的重要性，所有的生活實踐與知識積累都會彙集到這個「問題」的思考中，從而開啟了「通」的通道，不僅因為「悟」令「問題」成為生命的一部份，而且因為在生活中時時關注這個「問題」，大腦（心智）處於高度關注所有相關信息的階段（通），此時，大腦（心智）既能根據「主動意識」（深入思考）的驅動，尋找相關信息，即通過「思考」和研究實現恍然大悟，此時以大腦為主；也能在沒有「主動意識」驅動的時候，依靠「潛意識」驅動（下意識聯想）自動尋找相關信息，通過「靈感」（感悟）給出解決「問題」的角度，此時以心智為主。大腦和心智自動尋找相關信息進入「常態」所產生的最重要的變化是「潛意識」十分活躍。換句話說，「人」既有思考「問題」的「顯能量」，或者稱其為「爆發力」；又有解決「問題」的「暗能量」，或者稱其為「持久力」。「興趣」只能激發大腦對感興趣問題的「顯能量」，「使命」能夠激發「精神系統」對「大問題」不斷輸送「暗能量」，「暗能量」來自於隨時隨地聯想「問題」的使命感，來自於「問題」成為生命的一部份，這是實現思維「通」的狀態的自然進程。礦癡的感覺是，大腦的「暗能量」（持久力）是「顯能量」（爆發力）的許多倍。換個角度，「歸納法」可以令「推演法」形成創新意識的原因是多角度「通」的歸納結果，沒有多角度則沒有歸納法，正如沒有「中西文明」的比較不會有人類整體意識。

研究人腦運轉規律十分成功的迪昂教授可以通過實驗說明「意識」的運作模式，認識到大腦檢索「記憶體」的規律，然而，迄今人類尚沒有對「精神系統」形成全面的認識，也沒有衡量「精神能量」的方法，礦癡對「精神能量」中「顯能量」和「暗能量」比例的認識來自經驗感悟，很難量化，只能費些篇幅簡略地說明這一認識過程。

礦癡小時有較為嚴重的自閉症，小學六年級開始了文化大革命，失去了在學校學習的機會，下鄉四年後作為「工農兵學員」到大學學習英語，算是有了大學學歷，但是，從「知識」水平角度看，充其量是小學水平，用「才疏學淺」來形容礦癡的知識水平，恰如其分。然

而，由於趕上了中國「改革開放」的歷史洪流，從「左」向「右」的時代大潮以及個人經歷的跌宕起伏令我改變了一切從「左右」和「對錯」看「問題」的習慣，增加了從「上下」看「問題」的角度和從「理解」看「問題」的立場，即歷史地、有機地看「問題」。在這個「左右」分裂的世界，持之以恆地從「上下」的歷史角度、從「理解」的「有機」角度看各種社會問題，令我對「中西文明」的比較產生了濃厚的「興趣」。以我個人的學識，要對「中西文明」差異進行比較，提出「人類自覺」的發展方向，這是一個無法完成的「使命」。例如，在探索一些高度抽象的問題的時候，讀或寫一、兩個小時就感到困乏，甚至必須小睡一下。1100 頁的著作有太多的時候寫不下去了，自己寫的東西，經常自己都看不下去，各種問題層出不窮。「腦力」特別是大腦「顯能量」不足的證明太多了！腦力不足的現象太多了！

有使命感的人都會持之以恆地學習和閱讀，鍥而不捨地追問和總結心得，對提高腦力至關重要，這是普遍認同的看法。在試圖提高「顯能量」的過程中，令我感悟最深的是，宏大的「問題」最大限度地激發了我的這個缺乏專業培訓的「精神系統」，激發了它的潛能。回首這段經歷，最令我震驚的是，這些「問題」的解決 80% 來自「靈感」，來自我沒有主動「思考」具體問題的時候突然冒出來的「念頭」，來自寫睏打盹之後的「下意識」修改，來自喝茶時的「走神」。常常出現的念頭是「為什麼不這樣想呢？」，角度一變，海闊天空！雖然這些「念頭」總是有些偏差，按照這些「念頭」去思考並非一路坦途，但是，它們都提升了原來看問題的高度，改變了看問題的角度，成為繼續研究「問題」的進路。「念頭」裡的一些角度以前從來沒有考慮過，自己都不知道「念頭」為什麼能想到那種角度。總結起來，一方面「專注」和「持之以恆」驅動「精神系統」自動搜索，充分調動了它的「潛能量」；另一方面，理解對立雙方和建立整體意識令大腦能夠找到那些看似無關的、看似對立的「記憶體」（通）；很顯然，「通」是「靈感」（潛意識）的源泉。潛意識經常顯現說明大腦的整體效率得到了提高，生命品質得到了提高，集中表現為「精神能量」的增強。此時，如果從個體的「通」聯想到「中西文明」實現了溝通和融合，

人類整體的潛能量一定能夠得到充分釋放。

　　拉馬努金是數學天才，小時候沒有接受過系統的教育，僅憑自學即能夠寫出十分複雜的數學公式。他剛入英國劍橋大學的時候，儘管他列出的公式可以解決具體問題，但是他不會證明自己列出的數學公式，因為他從來沒有練習過推導驗證，他的公式來自形象思維，來自歸納而非推演，省略了語言表述或公式演算的過程，因此被當時的學界所排斥。迄今為止，數學家們依然認為，學習數學只有一條道路，即是步步推演；承認一個公式必須有一個證明過程，只要不能反向證明，公式一定不能得到數學界的認可。然而，拉馬努金逝世後留下來了 600 多個沒有證明過程的數學公式，彷彿這些公式是從天上掉下來的一樣。很顯然，拉馬努金把許多「跳躍的形象」直接轉化為了數學符號與公式，省去了變成語言和推演的過程，這與中華古人把思考心得變為象形文字或八卦是完全一樣的做法。他的創新思維方式與愛因斯坦完全一樣，愛因斯坦是把「形象」先變為了語言（另一種系統性符號），然後變為了公式（數學符號）。在生命最後一刻，拉馬努金寫出來了一個沒有推演過程的公式，這個公式當時無人知道有什麼意義，數代人之後，人們才發現它對研究黑洞十分有用。在他那個時代，黑洞的概念尚未出現，因此他被視為「神」教出來的數學家——「神啟數學家」。他自己始終認為他的奇想都來自婆羅門教的一位女神。對此礦癡基本贊同。不同的是，礦癡認為，「感悟能量」是實現「通」的原因，形象轉為符號是「通」的成品，「通」即是通往「神」的通道，「通」即是道學通往深邃「自然」的「道」，「通」即是「天人合一」的通道。拉馬努金將「通」的狀態視為「神啟」，自然而然。漢字有「通道」一詞，該詞有了新解，「通」之道，亦可稱為「感悟之道」。「感悟」是全方位的，不受方向的約束，「感悟之道」的寬廣和神通，沒有經歷，無從了解；即便讀「懂」了「通」這個字，「悟」不到能量，「心」（精神能量）沒有啟動。

　　在此不得不再重複一次，十分遺憾的是，拉馬努金這位大腦「潛意識」高速運轉成為「常態」的數學家，因病逝世，享年 32 歲。這與他終身食素有重大關係。科學尚不了解大腦和身體之間的關係，無

法證明礦癡的這一判斷，因為礦癡的判斷來自「感悟心得」，雖然有一些驚天動地的案例，但是沒有科學證明。希望有同樣食素習慣的科學工作者們，寧可信礦癡的感悟是對的，寧可信其有，不可信其無，不要忽視這個問題。

2.1.3. 問題意識與日日新

「問題」的「日日新」帶來生命的「日日新」。

「通」是進入「覺」的層次的唯一通道。「自覺」是生命自我認識的最高階段，哲學家們對「自覺」有各種定義，礦癡對「自覺」有自己的心得。礦癡認為，「自覺」可以歸納為一個字——「能」，這是孔子成為「聖人」的意識進路。孔子學說的靈魂是「人能提高自己」，或簡化為「人能」，或再簡化為「能」。「能」的意識不能靠用「顯能量」去建立，只有在大腦「潛能量」的出現成為「常態」的時候，個體才能真正領悟到「能」，真正「悟」到什麼是「生命力」（能量）。說句極端的大俗話，僅在此時，個體才真正地、認真地看了自己一眼。僅此一眼，生命有了「覺」的起點，「能」是意識生發的起點。

歸納一下，「興趣」可以幫助開動腦筋，提高「人」的智力；「使命」可以調動生命能量，形成精神能量，提高「人」的生命力；「自覺」可以幫助個體生命融入整體生命，令個體生命品質發生質變（飛躍），其標誌是進入了「能」的層次，即能夠找到「問題」同時歡喜解決「問題」的生命層次，或者說生命進入了信仰層次。概括地說，「悟」在興趣層次，「通」在使命層次，「覺」在信仰層次。從提高生命品質的角度看，「覺」讓生命品質發生了變化，生命進入了「日日新」的狀態，「精神能量」不斷增強。「生命品質發生變化」這個判斷，來自許多角度，需要一些說明。

首先，認識到「能」，「我能」或「人能」，並不是意味着什麼事情都能做，不是「真理說」的「人定勝天」，而是意味着意識到了「人」具有改善「生命品質」的能力，「覺」以「內向的潛力認識」為特徵；更不是意味着個體能夠達到「超人」的水平，或者人類能夠達到「通天地」的水平，不是「心性儒學」的「心包天」，而是意味着個體充分發揮了個體的天賦能量和神賦人權，意味着人類能夠達到

與「天地萬物」和諧共生的水平，「覺」以「外向的共生價值」為特徵。

其次，每個人的個體能量不同，經歷和機遇不同，因此，提高「生命品質」的水平和進度都不會相同，「生命品質」沒有一個靜態的、統一的標準，只有動態的標準，「日日新」是動態的標準，描述的是不斷脫離「舊我」，不斷完善個體，其靈魂是由心地歡喜「新」，生命處於快樂勇敢的生發狀態。例如，我發現把一板 30 隻雞蛋放入冰箱往往導致冰箱由於開門太久而發出警告聲響。有一次我把冰箱裡的雞蛋格子拿出來，在外邊擺好 12 隻，然後再把另外 18 隻放入冰箱，冰箱沒有發出警告聲響。事情雖小，但是我意識到，在擺放雞蛋到冰箱裡這個「小問題」上，我從此告別了「舊我」，今後不會重複以往的錯誤，擁有了「新我」，有了一個更為有效的做事方法，因此獲得了一份欣喜。「小問題」永遠能夠給自己帶來「小欣喜」。想通了「大問題」和解決了「小問題」都是「日日新」的一部份，「日日新」是對生命進入良性生發狀態的描述，是生命品質逐步提高的標誌。不管哲學家們是否認同「日日新」是「人性」永遠不變的進步標準，人類正是這樣通過「日日新」，從「工具」時代走進了「科技」時代，從「定居」時代走向了「自覺」時代。

佛學把「覺」視為個體修行的最高成就。根據佛祖的實踐，「覺」意味着個體的「生命能量」與宇宙萬物的能量實現了融合（涅槃），個體「感悟」（覺識）到萬物一體的狀態。楊振寧先生與愛因斯坦先生通過科學實踐建立了神聖、莊嚴的宗教情懷（信仰），一方面對「宇宙和諧之美」充滿敬畏，一方面以「信仰的能量」全身心地發掘「宇宙和諧之美」，這即是將「個體自覺」提高到了「整體自覺」，實現了個體生命與整體生命的徹底融合。這是從科學路徑覺識到了萬物一體的狀態，這是一種全新的「意識」形態，即共生意識形態。時隔兩千多年，科學家與先知和聖人到達了同一個境界。科學需要證明，因此達到「神聖」境界需要時間。科學、宗教、信仰的融合，儘管目前僅僅發生在人類最高層精英的身上，是人類意識形態最偉大的一次變化。

與「真理說」的認知「真理」不同，佛教主張對「神」（宇宙萬

物）的「覺識」（感悟），這是所有偉大宗教的共同特點。「認知」
（判斷）與「覺識」（感悟）是「哲學」與「宗教」在「認識論」和
方法論領域最根本的差別，將宗教、哲學、科學分離是人類信仰分裂
的方法論本源，也是造成宗教異化的根源。例如，天主教強調「覺識」
多些，「新教」強調「認知」多些，兩教因此而形同陌路，曾經到了
大打出手、你死我活的程度。如果人類僅以「認知」宇宙作為「進步」
的標誌，即僅以科學技術作為「進步」的標誌，失去了對「宇宙」的
敬畏之心，失去了感悟「宇宙和諧之美」的「感悟能量」，人類已經
喪失了自有能量的一半，喪失了培育感悟能量的意識。這是老子和盧
梭先生希望人類「棄智」的原因，也是他們看到了實質「問題」的偉
大之處。

很顯然，並非所有個體生命都能夠像佛祖那樣實現個體能量與
「宇宙能量」的全面融合，同時，佛祖實現能量融合的修行實踐具有
特殊性，並非所有個體都能照做，亦非唯一的修行實踐。然而，個體
「自覺」的境界與佛祖「覺」的境界在本質上是相同的，都是認識（感
悟）到了個體生命與整體生命（萬物）之間的關係，這個境界普通人
通過社會實踐完全可以達到【92】，雖然不是每個個體都能達到楊振寧
先生和愛因斯坦先生那種科學水平，但是都可以在日常生活中對人類
整體發展作出貢獻，如節約更多資源，發明一種新菜。「問題」有大
小，解決大問題和解決小問題的性質是一樣的，百姓的生活與科學家
的研究是「同質」的社會活動。「自覺」充分表達了個體意識從「通」
的層次進入了「覺」的層次的「存在狀態」，即對個體生命力的「覺
識」，對「整體生命」能夠提高「個體生命力」的「覺識」；「自覺」
充分表達了個體的精神世界從「使命」層次進入到「信仰」層次的「存
在狀態」，即對整體生命力（宇宙人類）的「覺識」與敬愛。因此，
提高「問題意識」即是在培育和增強精神能量。

當我們充分認識到「問題」對生命力的重要意義的時候，我們可
以更好地認識「修養」對提高生命品質的重要意義。

【92】指的是個體通過「敬業」感悟與認識整體的路徑。

2.2. 格物修身

「中西文明」有共性，都注重精神境界與信仰，「中西文明」傳統的修行（修養）方法各有其優缺點。礦癡對儒學的「修齊治平」修養體系少許了解一些，在此，通過探討如何完善這一修養體系，分享提高個體修養效率的方法。

「修齊治平」中的「修」字是「格物修身」的簡稱，是修養四個階段中的第一階段。一般來說，格物強調了解事物的本末始終，修身強調培育精神的心正神清，格物略微偏重「物性」認識，修身略微偏重「人性」認識，兩者一體，相輔相成，旨在生命的正確生發。然而，由於「中華文明」側重形象思維，對「物性」的認識逐步淡出，對「人性」的認識逐步抽象為心性覺悟，格物修身簡化為一個「修」字，心性修養成為唯一修行內涵。這是「中華文明」走向衰敗的重要原因之一，迄今依然深層次地影響許多中華學者的修行趣向。格物修身不可分割，也分割不開，我們可以通過三個角度看「格物修身」的統一性。

第一個角度是「合德」。「合德」首先要做到「人性」與「物性」之「合」。一提到「修身」人們首先想到如何修養道德意識，如詠經頌典等儒釋道早課；一提到「覺悟」，人們首先想到「吾日三省吾身」，「自省」是對自己思想和行為的一種「道德審計」。「修身」確實有「道德修養」的內涵，「自省」也有「道德審計」的內涵，傳統的修行方法都是行之有效的好方法，但是將「格物」與「修身」、「知識」與「覺悟」分成了兩個部份，重視主導部份，尋求「歸一」，唯心或唯物，則偏執一端。聖人王陽明由於對着竹子「格物」不得要領，大病一場，最終不但主張「唯心性論」，而且徹底否定「格物」的意義。格物與修身偏執於一，令修養失去了「合」的整體（合之所）。「修身」也是對生命狀態的感悟和調養，換句話說，「修身」本身即是「格物」，「格物」本身即是「修身」，兩者是一種水乳交融的狀態，兩者始終處於「合二為一」的狀態，「人性」與「物性」合於「生命」（合之所）。「格物修身」渾然一體即是「合德」。這樣理解兩者的關係脫離了邏輯思維的窠臼，進入了形象思維與邏輯思維融合的修養境界。

例如，選擇食物既要考慮食物對生命的影響，即口味和營養（格

物），也要了解食物對精神世界的影響（修身），因此，吃飯既是格物又是修身，兩者渾然一體。將「格物修身」視為兩種截然不同行為的觀點是邏輯思維（一分為二）的產物，雖有道理，過於偏執。約伯斯先生忽略了吃飯補充營養的作用，沒有重視格物，十分重視吃素的修身作用（培育信仰），個人的「精神系統」得到開發，「修身」有所成就，但是「格物」失敗了，「能量系統」逐步崩潰。約伯斯的修養方法來自僧人，對僧人合適的方法不一定適用於所有人，「合德」即是要找到適合自己的方法，找到適合自己保持格物修身平衡的方法。「修養」是精神與物質的統一過程，精神世界的「修養」需要強大的身心能量，「格物修身」不可分，也分不開；如果分開了，會有「大偽」出現，會犯大錯誤，無論是個體、群體還是人類整體都會為此付出沉重的代價。

再如，茶既可以作為飲料，味道好壞是標準；同時，茶解百毒，可以用於食療，冷熱泄補是標準。同樣是茶，歷史上卻有不同的作用。在唐朝，茶用於粥，以調理身體為主。宋朝市場經濟十分發達，茶的好壞開始以味道為主，茶療的知識逐步丟失。雲南保山的王德寧先生製茶，繼承了「中華文明」的優點，根據不同茶對經絡的不同影響分類製作，用茶治好了許多疑難雜症。礦癡父母兄妹一家都有糖尿病，礦癡也服藥多年，按照他的方法礦癡飲茶三個月後血糖開始下降，此後停藥，一年後症狀消失，三年後吃甜食、冰淇淋，血糖依然在正常範圍。礦癡從此稱德寧兄為「茶仙」，茶仙的稱謂名副其實。由此可見，「格物」有大學問，飲食起居處處有「格物」的學問，格物亦是修身。

又如，市場經濟「以消費為本」的發展機制提高了人類「衣食住行」的品質，同時「高消費」造成了環境的污染和物質資源的短缺，人類開始認識到無節制的「高消費」最終會導致人類生存環境的惡化，「消費」與「節約」成為人類整體「修行」的重要課題，正確認識「產品」的使用壽命（格物）成為修身的重要內涵。因此，個體在衣食住行方面的價值標準，決定了一個人本質上是「人」還是「獸」，這是科技時代的「人獸之辨」。很顯然，如果一味滋養「獸性」，結果是

只能增強動物的「神經系統」，偏離「人」的「精神系統」，何談「精神系統」的飛躍？「合德」能力是「人」實現「質變」的基礎能力。

總而論之，在探討「意識」的時候，必須隨時不離「生命」，在探討「生命」的時候，必須隨時不離「意識」；在探討「物性」的時候，隨時不離「靈性」（心性），在探討「靈性」的時候，隨時不離「物性」；在討論「判斷」（左腦行為）的時候，隨時不離「感悟」（右腦行為）。人們從事不同行業，生命的需求不盡相同，既要正確地判斷外部世界，又要全面地激發內在的「精神能量」，滋補「能量系統」，兩者「合德」於個體生命，才能充分發揮個體的全部潛能，是個體最好的修行。

第二個角度是「興趣」。現在中國家長們都知道孩子高中畢業前選擇大學學科的核心標準是孩子對一門專業的興趣。「興趣」是「格物」與「修身」兩者的結晶，既有科學內涵又有個人趣向；更進一步說，「興趣」是右腦在調動「精神能量」，右腦至關重要；如果連竹子都不認識，不可能形成對竹子的「興趣」，左腦至關重要；產生「興趣」是左右腦和諧發展的結果。孩子在大學專業中找不到「興趣」容易導致孩子未來學習效率低。

「格物」在修身之前，無可厚非，然而「格物」如果離開了「修身」，人如果離開了「興趣」，則會失去自我。不知道自己喜歡什麼和今後要做什麼，知識與生命脫離了關係，知識成為負擔，再多知識也不能最大限度地發揮自己的潛能。因此，對於處於學習階段的中小學生來說，「格物修身」兩者「合德」於生命的結果是「興趣」。中小學生缺乏生活經驗，往往不能自發地產生「興趣」，家長和老師啟發學童形成個人的興趣對學童提高學習能力十分重要。

學校和家庭有着不同的功能，學校以教授公共知識為主（教育），而家庭以培養生活情趣和倫理意識為主（教化），相輔相成。現代知識系統的分類繁多，容易導致孩子在眾多選擇面前不知所措；分類繁多既是缺點，也是優點，意味着個體的選擇更多。華人家長都希望自己的孩子「不能輸在起跑線上」，很多家長沒有認識到，家長是孩子最重要的「精神系統開發教練」，啟發孩子找到學習興趣是家長必須履行的生命責任，家長即是孩子的「起跑線」。遺憾的是，許多家長

僅僅重視孩子的功課和考試成績，重視了公共知識的學習，忽略了發掘孩子的興趣。礦癡常向親朋好友建議，家長每天要陪孩子讀書一個小時，每週要陪孩子逛一次書店，讓孩子選一本自己有興趣的書，久而久之，養成了讀書的習慣，形成了尋找「興趣」的習慣；通過觀察孩子所看的書，家長十分清楚孩子的興趣，進而可以從各方面幫助培養孩子的這個興趣。看似簡單的措施，對調動孩子「精神系統」的潛能十分有效。父母、學長、老師幫助孩子找到「興趣」，令孩子在認識外部世界的同時調動自己的「精神能量」，這種增加知識與激發能量「合為一體」的方法，即是「合德」，即是格物修身。

第三個角度是「真誠」。情緒好，做事效率高，這是常識。煩躁、生氣、仇恨這些「負面情緒」，來自「功利得失」；而愉悅、認真、誠摯這些「正面情緒」，來自「真誠無我」。「格物修身」首要的是正心誠意，「正心誠意」即是「真誠無我」，指的是端正看待事情的心態，保持生命生發的「純真」狀態。這些修行術語往往被拔高了很多，其實很簡單，「真誠無我」指的是正確地看待事物與自身，西人既要看到自身的優點，又要學習華人的優點，不因為種族或信仰的立場而偏執地（負面地）看待與自己不同的人，這即是「真誠無我」的表現，華人亦然。「真誠無我」的外在表現是始終以「正面情緒」生活，內在表現是認真的行為習慣，形成把每件事情做好的習慣。

「真誠」是沒有利益攪擾，沒有我執，是形成「無條件的愛」的基礎。猶太教強調「虔誠」，與「真誠」同出一源。人們通過祈禱、冥想、讚美、思辨等方法修行「誠」，修行的內涵是在「真誠無我」的狀態中感悟「精神能量」，其本質是用「精神能量」主導利益思維，這一精神狀態是所有宗教和信仰生發的基礎。「人」的生活與工作是最基礎的修行「道場」，宗教與信仰存在於生活與工作中的分分秒秒，做事情以「正面情緒」為主導力量，「人」不是外在於「事情」，而是融入「事情」之中，這是「物我」一體的狀態，是培育宗教和信仰能量、提高「生命品質」最重要的修行方法，這是信仰帶給「人」力量的原因。礦癡將這種修養行為簡稱為「敬業」。

建立在理解基礎上的「愛」（仁），不以利益為標準的「愛」

（義），尊敬揖讓的「愛」（禮），解決問題的「愛」（智），裡外一致的「愛」（信），都是「真誠的愛」。「愛」是「精神能量」的本源，是延續生命的能量，是所有宗教的本源，是生命的本源。看似超越的、無形的「精神能量」是現實的、即時的、「如來」的，始終存在着，始終伴隨着人類，始終伴隨着每個人，只是因為有形的立場、習慣、觀點把生命與這個純淨的「精神世界」（愛）分離了，用佛祖的話，被「色相」阻斷了。從常識角度看，由於「人」依賴眼睛判斷世界，逐步形成「眼見為實」的判斷經驗，對超出「眼界」的、無形的「精神」和「精神能量」缺乏認識，對「宇宙能量」缺乏認識。

興趣、使命、信仰，是「精神系統」的三個層次，都是很難量化的生命內涵，是「精神能量」的存在狀態，是「靈性」的存在狀態，最為變化莫測，它們決定了一個人是生活在負面（死亡）世界還是生活在正面（生發）世界。用宗教術語描述，它們決定了一個人是生活在天堂，還是生活在地獄。今生即是天堂，表現為無限的愛；今生即是地獄，表現為無盡的抱怨甚至仇恨。培育和呵護正確的生命狀態，讓生命總是處於積極、能動的生發狀態是所有「修行」的最佳結果。

「格物修身」是在家庭環境中獲取「生命營養」的修養階段。「齊家治國」是從個體進入社會的時候，獲取「社會營養」的修養階段。

2.3. 敬業治國（公司）

儒學的修養標準從「格物修身」開始，上升到「齊家治國」，最後止於「平天下」。對「格物修身」的探討有利於擺正「物質與精神」之間的關係，有利於發現個體的「興趣」，擇業學習。對「齊家治國」的探討有利於擺正「小問題」與「大問題」之間的關係，有利於擺正社會實踐與生命價值的關係，有利於認識個體的「使命」，敬業通覺。礦癡認為在全球網絡化時代，這個修養的標準應該略微調整一下，變為「敬業治國」。

道學是中華民族精神的脊骨，「敬的精神」為靈魂；儒學為這個骨架培育了血肉，「仁」和「孝」是中華民族精神的「任督二脈」，造就了中華民族有血有肉的精神世界。中華文化的脊樑是一個「敬」

字，「敬業」是將中華文化的「精氣神」用於生活，用於工作，這種應用是「天人合一」的具體實踐。儒學曾經出現「敬心」過於偏執的問題，中華民族若要弘揚儒學，必須將儒學拉扯回到科技社會中來，令其從社會中獲得新的營養。礦癡通過礦業實踐體會到，儒學走「敬業」這個路徑可以做到在現代科技社會把形上世界與形下世界聯繫起來，可以把儒學的「基礎價值」與社會實踐聯繫起來，可以把「業」（事業）與宇宙規律聯繫起來，可以真正將儒學的精神本源栽種在社會生活的沃土之中，令其進一步茁壯成長。以「敬業」為主要社會實踐通道的「儒學」（敬業儒學）一定能夠為中西思想融合與「人類自覺」作出重大貢獻。

我們從三個角度看「敬業治國」的意義。

第一，「行業」提供人類科技社會需要的服務，這是「行業」（群體）與「整體」之間的有機關係，個體人參加工作，通過「行業」這個「群體」通向人類社會的整體，通向「整體的愛」。

在農耕經濟時代，「家」是最重要的社會單元，在中國「王朝時期」，「家」即是「社會」，處理好家事即是解決了最大的社會問題，「齊家」泛指圓滿健康的生命生發環境。「齊家」很重要，部份原因是因為個體一輩子在家庭「小社會」中生活和工作。在工業與科技時代，「行業」開始具有類似農耕時代「家」的社會功能，它是個體從家庭走向社會的實踐通道，「行業」構成現代科技社會生產關係的有機網絡，社會生產關係是社會道德的實踐道場，因此，從業精神成為一個人認識個體與群體關係的重要因素，也是個體通過「群體」認識「整體」的重要意識通道，「敬業精神」泛指正確的從業精神。個體大約有四十年左右的時間在「行業」（工作）中發展，猶如農耕社會個體在「家」中從事社會生產。

同理，「公司」可以視為以「行業」為基礎的「家」，成功的「公司」具有寬廣的宏觀視野和優良的企業文化；一些大的公司「富可敵國」，是一個行業中的獨立王國，網絡公司的「獨角獸」具有大於國家的宏觀影響力。因此，現代「治國」的含義應該不限於治理國家，還應該包括治理公司。由於「市場經濟制度」（生產關係）越來越偏

執，雖有高速發展之利，也有了急功近利之弊，導致每個行業都存在不符合「人類根本利益」的現象。在市場經濟初始階段，這些問題並不嚴重，但是隨着行業規模的擴大，市場經濟越來越發達，問題越來越嚴重，在積累到一定程度的時候，糾正錯誤行為的代價開始超出了單一企業的承受能力。更嚴重的問題是，越是近代新興行業，如電池、製藥等行業，越容易出現系統性問題，十分需要行業內的管理人員對本行業的發展方向經常進行自省性質的檢討，對「行業」的內在「問題」找到自律的解決方案。「敬業」精神是行業自律的基礎，是公司管理的靈魂。因為看到國際礦業公司能夠較好地解決礦業自律管理問題，礦癡在 1990 年代末期參加國際礦業公司，從成熟市場管理中學習到許多先進理念。

　　儒學修養強調自省和自律，特別強調重視警鐘長鳴，點點滴滴地防微杜漸。自省和自律不僅僅限於個人修養，也適用於「行業修養」。一個缺乏自省與自律的行業會出現違背「人類根本利益」的行為，這是該行業所有從業者的恥辱。例如，為了刺激高消費，有意識地降低手機的使用壽命；為了推銷電池，有意識地降低小包裝的供應。儒學對個體修養提出來「慎獨」的修養路徑，對現代行業來說，也有一個「慎獨」的問題。一個人是否是行業精英不僅表現在他所開創的企業是否成功，而且表現在他的企業是否能夠以「人類根本利益」為標準引領行業改革。「敬業治國」的核心標準是以「人類根本利益」為出發點來思考發展，其中一個重要內容是在發展（國家或公司）的過程中最大限度地降低對人類未來發展的負面影響。

　　沒有正確的「敬業治國」立場，不可能正確認識人類整體。「敬業治國」是在一個人走向社會之後應對「社會問題」汲取「社會營養」並履行「社會責任」的修養階段，企業的員工和管理人員都應該有社會視野，應該知道自己的企業對社會的貢獻以及對社會可能造成哪些負面影響，只有不迴避「問題」，時時刻刻想着如何解決「問題」，行業才能成熟，個體才能成熟。

　　行業發展的責任對於個人來說具有巨大的修養價值，「業無止境」，敬而精，精而優，優而神通，任何一個微小的改革都是一個進

步，一個行業的點滴進步與其他行業的點滴進步彙集起來可以導致「市場經濟機制」發生良性量變，當所有行業都重視「使用價值」的時候，即是「市場經濟制度」發生質變的時候。

第二，「工作」（行業）是個體利益、群體利益、整體利益的集合點。參加「工作」獲得工資收入是個人利益，為所在小單位或大單位創利增效是群體利益，通過「行業」為社會提供服務是整體利益，三者高度統一在每天的「工作」中。隨着「工作」經歷的逐步豐富，個人收入、集體榮譽感、整體責任感逐步增加，這個過程是通過解決「小問題」，理解、關心、解決「大問題」的過程，是「敬業治國」的修行過程。正確認識三種利益是提高個體「覺悟」的必由之路，在日常工作中正確解決三種利益衝突所產生的「問題」，是個體提高「覺悟」的基礎訓練。

例如，礦業為人類提供基礎原材料，除了瓢或竹筒以外，所有盛水和加工水的容器幾乎都是礦業原料製作的。在滿足人類需求的時候，礦業暴露出人類發展「物質邊界」越來越窄的問題（整體性問題），因此礦業從業者並非僅僅為了滿足資源供給，同時具有降低「物質邊界」壓力的直接責任。除此之外，礦業在「市場經濟機制」中還面臨許多政治挑戰和社會壓力，如資源國家所有和社區所有，國家和社區與國際投資者之間經常出現矛盾（群體利益問題）。一家公司再大，也解決不了所有這些問題，很多矛盾來自「市場經濟機制」內部自有的悖論，來自「現代國家機制」與「市場經濟機制」之間的悖論。然而，只要認真關注這些群體和整體問題，礦業的敬業者可以看清這些「大問題」，有利於找到解決問題的答案。

一個從事礦業的個體，既要保證個人的收入，又要維護股東的利益，同時要解決資源權屬與國家利益的衝突，而且要研究「市場經濟機制」內在悖論產生的原因以及尋找「市場與國家」之間機制性矛盾衝突的解決方法。所有這些都必須要處理好「小問題」，知道「小問題」與「大問題」的關係，在處理「小問題」的同時尋找緩解「大矛盾」的方法。此時，個體的「敬」真正地落在了「整體的愛」，「敬業」是在培育「愛」的精神，「治國（公司）」是在培育服務（奉獻）精神，

這些解決「問題」的經歷是認識生命價值的過程。生命價值是個體價值、群體價值和整體價值的統一體，這個統一體始終存在於行業發展中，存在於從業者的日常工作中。

第三，從一而終，敬（愛）由心生。「敬業」精神的培養需要持之以恆的努力，建立信仰需要持之以恆的修行；同理，從「工作」中認識生命價值，建立人生目標，也需要持之以恆的專注；對一個行業，從一而終，「敬」由心生。人生的工作時間大約 40 年，選擇未來要從事的「行業」是一個十分重大的決策，對「行業」的熱愛可以令「興趣」發展為「使命」，因「使命」而生成「信仰」。

提高「知識」水平靠的是個人能量和認真的學習精神，提高「學問」水平靠的是個人能量和認真的從業精神。「認真」的從業精神是「敬業」的具體體現，個體從家庭走向社會首先要學習的是認真的工作精神。「認真」的從業精神是發現「問題」和解決「問題」（增加學問）的基礎，是個體人「志於學」的起點。

敬業包括兩個方面，從科技角度完善行業，從人文角度有利萬物共生。行業在「西方文明」中主要是謀生手段，行業在「中華文明」中多是家傳技能，兩者都有偏執性。「中西文明」都有強大的「敬的精神」，「中華文明」是「敬天地」，「西方文明」是「敬神靈」，「敬業」是把兩種「敬」都落實在具體生命實踐中，而不是停留在飄渺的「形上感悟」裡。

孔子十五歲而「志於學」，三十歲學成（而立），四十歲學通（不惑），五十歲覺悟（知天命），這是「超人」的覺悟過程，需要 30-40 年。因此，持之以恆地投身一個行業（從一而終）是一個十分有效的修行之道，是實現「覺悟」的最短路徑。三天兩頭轉變行業，這山望着那山高，雖然有助於「通」的寬度，無助於「悟」的深度。

「行業」為人類提供服務，故是公司或「國」發展的客觀基礎。「治國（公司）」應該建立在實事求是的基礎之上。每個公司在「行業」中的條件不同，客觀基礎不同，提供服務的能力或影響力因此不同。同理，每個國家客觀基礎不同，在國際關係中的作用和影響力不同。例如，澳大利亞文明歷史較短，自然資源豐富，人文資源貧乏，現代

社會結構十分發達；中國文明歷史較長，自然資源貧乏，人文資源豐富，現代社會結構尚不健全；兩國具有極強的互補關係。

「公司」是法人，是法律管轄下的「獨立王國」，「公司」的總負責人是「王」，以「敬業」精神治理、發展「公司」是在「市場經濟機制」中推行「王道」。「敬業」與「治國」是一個人社會活動的一體兩面，隨着個體「社會營養」的不斷豐富，個體的「社會責任」會不斷增加。上述分析告訴我們：「敬業」是立場，是汲取「社會營養」的立場，有「敬業精神」才能「懂」行業，只有在「懂」行業的基礎上才能具有完善和改革行業的思考；「治國」是「行動」，是履行「社會責任」的「行動」，有「治國」的「行動」才能更為深刻地「悟」行業，只有在「悟」行業層次上，才可能具有完善和改革行業的能力。「敬業治國」是在一個社會單元內實現了「通」，就像在大腦這個「生物電腦」中建立了一個沒有死角的區域網絡，這個區域網絡是實現更大範圍「通」的充分必要條件。沒有「敬業治國」的修養實踐就不可能在「懂」和「悟」的層次認識「人類根本利益」。

沒有難「問題」，要腦子（心智）做什麼？沒有社會視野，幹企業做什麼？有了對「行業」社會地位的「感悟」，有了社會責任感，從業者對社會的貢獻會一天比一天大，「行業」對社會的負面影響會一天比一天少。

最後，迄今為止，所有「信仰」（宗教）都是基於「整體的愛」，或基於「仁愛」（儒）、慈悲（佛）、自然（道），或基於「虔誠」（摩西）、「博愛」（基督）、「讚美」（穆罕默德）。因此，不同「信仰」培育和表達「整體的愛」的方法，不盡相同。「中西文明」在「信仰」層次這些角度的不同導致「信仰」對中西社會發展的作用也不同。

在「西方文明」中，所有「信仰」都強調「忘我」與「奉獻」，即通過「忘我」與「奉獻」培育「整體的愛」。傳教士是「奉獻精神」的典型代表，傳教被稱為 Mission（使命），充分表達了個體生命與整體生命之間的關係。人類取得的巨大成就來自於眾多以「忘我精神」奉獻於「信仰」與「科學」的英雄人物。偉人毛澤東的詩詞對「奉獻」（犧牲）精神描述得十分形象，「為有犧牲多壯志，敢叫日月換新天」。

這句詩是對「西方文明」精神世界的生動描述。遺憾的是，在改造天地以方便人類的過程中，「天地」被污染了，人類的生存環境惡化了。在「中華文明」中，「信仰」也強調「忘我」和「奉獻」，但是更多的是以維護「性理」為目標，不但缺乏了改造客觀世界的熱忱，而且往往局限於士大夫階層。因此，「中華文明」的英雄人物以諸葛亮、文天祥、岳飛等悲劇式人物為代表。

然而，如果仔細觀察人類發展歷史，強調「忘我奉獻」的宗教和信仰給社會發展造成的破壞有時遠遠大於對社會發展水平的提高，宗教導致了羅馬帝國之後「西方文明」一千年左右的衰落，以信仰的名義發動的戰爭是破壞性最大的「忘我奉獻」。信仰立場的衝突和哲學立場的偏執證明人類社會整體尚不成熟。

礦癡認為個體生命與整體生命結合的方法是「覺我奉獻」，而不是「忘我奉獻」，一字之差，區別了真誠信仰與偏執信仰的差別。「覺我」的本質是「自覺」。這個「自覺」包括認識到個體「精神能量」的極大潛力，認識到個體生命與整體生命是一個整體，個體對整體的最佳奉獻方法是最大限度地發揮個體能量，是愛護和發展個體能量，而不是犧牲個體能量。沒有最大限度地發揮個體能量是個人抉擇中最大的浪費，既是個體能量的浪費，也是整體能量的浪費。不能處理好生命與精神的關係，不能處理好家庭與社會的關係，不能處理好使命與奉獻的關係，不是「覺我」，是「忘我」，只能說明其精神世界尚未達到「真誠」的境界。

只有通過「覺我」，「個體」才能將「格物修身」融為一體，不僅能夠最大限度地發揮個體生命的潛能，而且能夠最深層次地感悟（認識）到整體生命，從最廣的角度、最日常的行為中找到融入整體生命的方法，從而能夠從最和諧的生活中獲得生命能量。用犧牲生命的方法、用超負荷方法作出「奉獻」，往往是沒有擺正個體能力與整體事業之間的關係，往往導致「格物」與「修身」之間的不平衡，導致事倍功半。為了成功犧牲生命，這是所有極端宗教、極端信仰、極端機制所倡導的，是獸性不是人性。

在「覺我」狀態中，個體生命主動地、全面地、時時地融入到整

體生命之中，沒有任何恐懼與焦慮，「覺我」與「奉獻」沒有任何內在衝突，兩者相輔相成。「愛自己」是「覺我」的本質，「愛自己」是「愛整體」的基礎。沒有個體，哪有整體？這不僅是最基礎的哲學價值，而且是最基礎的生活價值。曬衣服是家庭生活的重要內容，是對和諧家庭的「奉獻」，是「愛自己」的重要行動；寫「中西文明」比較的文章，是個體與整體結合的重要內容，是對「文明」和諧的「奉獻」，是「愛整體」的重要行動。哪個更為重要？日常生活中如何安排時間，如何取捨？這是一個看似平常但有深意的問題，是一個十分生動活潑的價值問題。礦痴認為兩個都重要，用取捨的態度看問題，看到了衝突，沒有看到內在聯繫，看到了小利益與大利益之間的差別，沒看到小利益與大利益是價值統一體。以拋家捨業的「忘我精神」研究問題，把家庭與「使命」、工作與「生命」對立起來，證明思想中「下意識地」將「小問題」與「大問題」割裂開來，偏執的追求導致不能從日常生活和工作的點點滴滴中獲取生命能量，不僅會傷及身體健康和生存環境，一定會傷及精神健康。不能因為思考「大問題」而放棄創造愉悅的生活環境和工作環境，而應該更加重視解決生活與工作中的「小問題」，這樣做可以增加解決「大問題」的角度和經驗，愉悅的生活環境可以提高解決「大問題」的效率，磨刀不誤砍柴工。具有「覺我」境界的人不會參加任何形式的戰爭，不會鼓吹任何形式的戰爭。天下沒有來不及的事情，只有看不清的道理。事實上，真正由心而發的「大問題」正是從生活與工作中顯現出來的，解決「大問題」的能力是在解決「小問題」的過程中鍛煉出來的，潛能量是在兩種問題的結合中生發出來的。根據礦痴的切身體會，如果一個人連自己的家庭和社會交往等「小問題」都處理不好，證明其沒有能力對「文明」衝突（大問題）說三道四，其對「整體的愛」的理解一定會有偏差，往往是偏激的。個體與整體共為一體，分開了，有大偽。

2.4. 知識斷層與意識形態分裂

在第二章 2.5 節中簡單地談及了人類「學識體系」分裂的問題。這個問題在探討「敬業治國」的修行路徑時，有利於深入探討。

在高等學府中思考和解決「大問題」一般是用「知識體系」解決問題，若在礦業界，主要工作是解決如何探礦、採礦、提高礦山生產效率等技術問題，介紹此類「知識體系」的著作很多。與在高等學府中研究科學性「大問題」不同，在行業實踐中思考和解決社會性「大問題」需要「學問體系」，從社會中汲取「社會營養」所獲得的心得；「知識體系」和「學問體系」捕捉問題的角度不同，解決問題的進路也不同，各有千秋。然而，迄今為止，礦業「知識」信息浩如煙海，礦業「學問」信息寥寥無幾。

例如，在中國改革開放初期，中國礦業界急需一本總結「先行國家」礦業發展經驗的書，迄今為止《礦業天下》可能是唯一從社會發展角度做此嘗試的書。「後發國家」發展礦業遇到許多社會問題，「後發國家」做礦業的方法與「先行國家」200年前做礦業的方法完全相同，「先行國家」現在做礦業的許多先進方法和機制，「後發國家」由於各種原因無法應用，無法模仿，但是很難說清楚問題出在哪裡，很難說清楚「後發國家」怎樣能夠系統地借鑒「先行國家」的礦業機制或礦業發展經驗。「後發國家」的礦業公司只能重複人類（先行國家）以前所犯的錯誤，再次「摸着石頭過河」。當然，這種現象不是僅在礦業中存在，所有行業，所有社會機制，都有一個「後發者」無法避免「先行錯誤」的問題，都有一個「後發者」無法通過借鑒「先行經驗」降低發展成本的問題。完全避免重複錯誤不可能，但是盡量降低錯誤頻率和錯誤程度是所有敬業者應該承擔的責任。

這一現象的普遍性令人震驚！它證明人類思想界的「學識體系」有一個「大斷層」。其特點是，雖然知識信息浩如煙海，所有交叉領域都有「斷裂」現象，各說各的，特別是「知識」與「學問」缺乏溝通，導致社會科學對社會實踐的引領效率甚低，導致社會科學與自然科學恍若兩個世界。這個問題的例子不勝枚舉，如，經濟學家很少能夠投資成功，政治學家往往沒有能力參與政治競選，政治經濟學始終是經濟歸數學，政治歸哲學；迄今為止，「現代社會結構」通行了四百年左右，人類缺乏對這個整體的分析和判斷，對「市場經濟機制」與「現代國家機制」之間的關係缺乏系統性研究，更不要說從歷史的視野發

現「市場經濟機制」與「現代國家機制」之間存在系統性、結構性問題。

礦癡提出過許多「學問」觀點，例如，礦業是人類新型生產力和生產關係的發明者，石器與工具關係為證；從礦業發展的成熟程度可以知道一國經濟機制的成熟程度，商品經濟模式與資本經濟模式為證；提高礦業成熟水平的最佳路徑是完善礦業資本市場，一國「黃金地質儲量」是該國「或然外匯儲備」等觀點。這些觀點都是觀察礦業與社會發展之間關係的心得（學問），來自礦癡的敬業實踐，來自對中國礦業實踐與澳大利亞礦業實踐的綜合性比較，是「悟」礦業的心得。

「知識體系」和「學問體系」是內在一體的關係，「知識體系」和「學問體系」互為表裡，統稱「學識體系」。沒有科技「知識」，一國礦業的效率不高；沒有行業「學問」，一國礦業的管理水平不高；兩種「學識」缺一不可。當今世界，科技發展水平日新月異，政治經濟管理水平徘徊不前，這與人類社會重視「知識」忽視「學問」有關，這與知識界、思想界缺乏「行業視角」有關，這是人類精神世界產生分裂的根本原因之一。

2.5. 用「常理」完善哲學

如前所述，人類有兩種「用腦」（思維）方法，推演法和歸納法。西方哲學偏重於用「推演法」尋找事物的「本質」，用邏輯思維建立理論體系，統稱「哲理」；傳統儒學偏重於用「歸納法」發現事物的內在聯繫，用形象思維理解自然規律，統稱「常理」。「歸納法」比「推演法」難，因此「常理」往往建立在「長時段」行之有效的「常識」積累的基礎之上。要糾正當今思維方式偏執的現象需要提升用「歸納法」認識問題與發現事物發展規律的效率，最有效的抽象方法是「同質比較」，最有效的實踐方法是在「敬業」實踐中積累「常識」並不斷地把「常識」上升為「常理」，即「從行業看天下再從天下看行業」的認識路徑，亦可稱為「從生活看哲理再從哲理看生活」的認識路徑。

例如，在中澳礦業實踐比較的基礎上，用「常理」來比較兩種文化或兩種政治經濟發展模式，令兩種文化之間或兩種政治經濟發展模

式之間建立起了比較基礎和價值標準，兩種文化或兩種模式還是原來那個樣子，但是由於有了能夠匯通的角度（行業）和層次（成熟），兩種文化或兩種模式進入了「通」的狀態，進而可以發現「文化特點」與「生產模式」之間的關係。這種新的狀態是「學問體系」中的「心得」，是社會科學的「創新」（識新）。人類社會科學的「創新」不僅應該表現於「新概念」、「新主義」的出現，這些都是「哲理」的成果；還應該表現在「新實踐」和「新狀態」的出現和新精神能量的出現，這些都是「常理」的成果。例如，中國的改革開放正是這種「新狀態」層出不窮的過程，通過兩種機制的比較，不斷通過從舊向新的發展實現「日日新」。中國改革開放高峰時期是「社會日日新」的最生動畫面。

本書用「常理」說明，社會科學是一個「通」的有機體系，文化、信仰（宗教）、社會、政治、經濟五個層次之間，個體、群體、整體三個主體之間，文字、藝術、法律、哲學等諸多精神成果之間都是「通」的，都可以用「常理」聯繫起來，都可以通過「意識」具體地「感悟」和分析。社會科學院各個學科在自己的領域（學科）有所成就理所當然，但是這遠遠不夠，還要在「通」上下功夫，否則就像占山為王的「山大王」，久而久之會成為「通」的阻力。

「中華文明」用「感悟」方法捕捉「常理」，通過觀天地人文，形成《八卦》、《易經》、五行、風水、《黃帝內經》、大同世界等「學問體系」，這一「學問體系」數千年的實踐令中華民族確立了「大感覺」（感悟認識論）的地位，確立了有機整體的世界觀。然而，這個體系逐步遠離了嚴謹的邏輯判斷，令所有事物混沌一體，難辨主次先後，社會發展方向偏執。

只有全身心地「感悟」到這種社會意識的分裂，才能進入「通」的層次；「通」的境界是個體看到了世界上任何事情都息息相關，個體感到整個世界似乎「活」起來了，矛盾差異不再成為隔閡的立場，反而開始顯現其互補的魅力。「通」的境界是進入「覺」的境界的唯一通道。

「覺」的境界是個體全身心地融入了這個「活的世界」，對立衝

突不再是觀察問題的立場，「自覺」令人不僅能夠正視問題、解決問題，並且能夠從發現問題、解決問題的過程中獲得生生不息的生命動力。「覺」的階段是精神生命的新開端，人生從此永遠擺脫了「六神無主」的狀態。信教是因「信」而「覺」，是個體生命感悟到「大生命」、「大能量」、「大歸宿」的時候導致全身心的「覺醒」。所有宗教（極端宗教除外）都是從不同的角度啟迪信仰與道德，令個體找到精神歸宿，令個體獲得精神能量，都是在引導信徒走向「覺」的境界。

「覺」的狀態即是個體生命的「新形態」。達到了「覺」的層次，生命進入了「日日新」的階段，變化是常態，新東西層出不窮，興趣所在之處總有新概念、新心得湧出，源頭活水湧動不羈，生命的能動性就像進了「遊樂園」。董仲舒很小即進了類似的「遊樂園」，家人甚至為了讓他能夠走出書房，專門修建了花園，但是他完全不為花園所動，這是因為他在精神「遊樂園」裡的樂趣絕非草木花園可以比較。這是馮友蘭先生所說的「樂天境界」。源自宇宙、理解宇宙、享受宇宙、參贊宇宙，怎能不歡樂於宇宙？！這個「遊樂園」是猶太教與上帝共享的「學堂」，基督教普世之愛的「天堂」，佛教能量交匯的「極樂世界」，道教童貞不老的「神仙天國」，儒學真誠仁愛的「大同世界」。

這個精神「遊樂園」（天堂）在每個人的身邊，隨時可以進去遊玩，條件是要達到「覺」的境界，「覺」是「遊樂園」的「門票」。此時「覺」的個體對於宇宙中任何一個未知、生活中任何一個不方便、世界發展進程中任何一次轉折和動盪都會用愉悅的心情尋找改進方法，「問題」像孩童的遊樂機。個人如此，人類亦然。面向宇宙、面向未知，具有整體覺悟的人類將會遊戲其間而歡樂發展。個人通過把「個體自覺」與「群體自覺」、「整體自覺」融會貫通，能夠進入這個「遊樂園」；人類當然也能夠通過「群體自覺」的融合通向「人類自覺」，達到「覺」的層次。屆時，宇宙不是「未知」的威脅，而是人類的「天下」，人類的「遊樂園」。以地球為家，人類新的「定居區」將從「新月地區」擴展到浩渺星空，不是為了佔有資源，而是為了與

萬物分享。

當我們避開邏輯思維的概念陷阱，用形象思維從整體層面探討「意識」的時候，我們感到「生命與意識」的關係栩栩如生，「生命」具有鮮明的方向性，「意識」具有鮮活的能量形態，價值則是引導生命生發的「能量向量」，不同的修行路徑都是增強能量的方法，共同形成萬紫千紅的修行道場。老子的修煉方法以「敬順」的精神認識宇宙萬物，故順勢而為，其結果是世事通達、強身健腦、長壽純真；佛祖的修煉方法以「無我」的狀態融入宇宙萬物，故能量交匯，其結果是靜心生慧，無色無持，愉悅極樂；孔子的修煉方法是以「感悟」的能量參與社會實踐，故養性明志，其結果是人性誠摯，矢志不移，「參贊天地之化育」。

在家庭環境中通過「格物修身」獲取「生命營養」，這是個體人生成「精神能量」的基礎；當個體人走向社會的時候，面對一系列社會問題，需要通過社會實踐汲取「社會營養」，解決社會問題，這是「敬業治國」修養階段的全部意義。

百年個體生命與人類萬年的整體文明之間是什麼關係？個體修養與人類發展之間的有機關係是什麼形態？在百年生命期間汲取社會營養、解決社會問題，是否能對人類整體發展有實質性的影響？帶着這些涉及價值界定的問題，我們開始探討「生命與時間」的關係。

3. 生命與時間

觀察「生命與時間」的關係先看兩個角度，一個是微觀的、具體的角度，一個是宏觀的、抽象的角度。微觀具體角度對理解「格物修身」有幫助，宏觀抽象角度對理解個體與整體關係有幫助，對理解「敬業治國」有幫助。有一個真實案例能夠說明「生命與時間」的微觀關係。

朱勉生大夫師從名醫學習針灸，後移民法國開辦針灸診所。她用將近三十年的時間用法文向法國針灸學生介紹中國醫學中「天人相應」的理論，通過與法國學生的交流和互動，朱女士深化了對中華傳統學術體系的認識。朱大夫通過研習《黃帝內經》為中醫「天人相應」

理論增加了許多新的內涵，通過大量臨床病例的驗證，她提出了「時空針灸學」的理論，其中「穴位記憶特性」的發現是對中醫經絡理論的一個重大發展。朱大夫採用「時空針灸」理論在法國醫治好了許多十幾年求醫都無法治癒的惡疾頑症。

　　一位名為斯比赫的法國人患有 20 多年的皮膚瘙癢症，全身皮膚已經潰爛到了不堪入目的程度，他求助過各種醫療手段都無濟於事。初到朱大夫這裡，經過兩次針灸沒有明顯好轉，朱大夫要求斯比赫先生仔細回憶自己出現此病時有什麼特殊情況，病人對此深表不解，因為時間太久他也很難說清楚發病前的情況。經過朱大夫耐心的引導，他回憶起來自己在美國參加表妹婚禮的時候接了一個長途電話，告知他的狗死了，他心裡極其難受，皮膚瘙癢症開始出現，後來越來越嚴重。朱大夫要求他說明電話具體日期和時間，病人變得十分不耐煩，言語之中對朱大夫有了諸多不敬。畢竟表妹結婚是件大事，日期和時間並不難查。朱大夫根據年代和時辰，包括將美國時間轉變為法國時間，知道了斯比赫先生生病時穴位開啟與活躍的情況，找到了治病的主針（第一針）並根據他的病情和身體現狀設計了幾個輔針，兩次治療之後病人病情明顯好轉，經過幾次治療病人完全康復。斯比赫先生從此視朱大夫為「神靈」。

　　這個病例充分證明了生命與時間之間存在着緊密的有機關係。在當代，實證科技手段依然無法證明人的生命與時間的這種微觀關係，上述成功案例往往被納入「神秘」一檔。在中華「三學（教）」中，道學對「生命與時間」的研究最為深邃。道家修身養性最重要的是令身心與宇宙環境相適應，不僅作息餐飲要契合節氣時令，而且做事從業也要順天承命，量力而行，不違天道。認識「天時」是認識「天道」的第一個階段，正如「識天文化」是人類文明出現的第一階段。朱大夫的病例證明，「天時」不僅對農作物至關重要，對「人」同樣重要，因為「人」也是生物。由此可見，人類的「識天文化」遠未成熟，尚不能充分理解「天時」對人體的具體影響，這與人類僅僅重視外向開發有重大關係。

　　中醫從人體的整體角度診病治病，西醫從具體病變的角度診病治

病，「中西文明」的價值觀、本體論、方法論截然不同這個「問題」，在醫療領域表現得最為明顯。從醫療領域看人類文明的成熟程度最為客觀。在人類數千年文明歷史中，如何治病這種「要命」的「問題」都有兩種截然不同的方法，把人類對自我的認識（格物自知）定義為「尚處於幼稚階段」，十分中肯。礦癡定期用西醫手段檢查身體，平常靠茶療調養不適。這種做法從正面意義上說，是典型的中西醫結合；從負面角度說，是典型的精神分裂；從中性意義上說，是不得已而為之。迄今仍然沒有一個系統性的理論能夠合理地解釋「生命與時間」之間的微觀關係，更沒有一個人類共同認同的理論和措施應對這一微觀關係，即正確地選擇生活方式、修養路徑、治病方法，每個個體人只能按照本「文明」的意識形態看待生命，用習慣的思維方式應對醫療問題。「中西文明」分裂發展的歷史由此可見一斑。

人們期待基因醫學能揭示「生命與時間」的微觀關係，這是科學路徑，就像人們希望找到原子之後，能夠點石成金一樣。從哲學角度看，科學方法與感悟意識結合起來才能全面認識「生命與時間」之間的微觀關係。「格物修身」有利於完善個體的生活方式，很顯然，中西醫結合是正確的「格物修身」之道，「中西文明」全面接觸之後，在這方面雖有不懈努力，取得的成就少得可憐。中醫對抑制新冠病毒在體內惡性繁殖具有很好的療效，對降低新冠疫情導致的死亡率作出了重大貢獻，雖然在中國境內得到了充分的認可，在國際社會很難普及。

在探討「生命與時間」的宏觀抽象關係之前，首先需要說明「生命」和「時間」這兩個概念。

「生命」是一個「連續過程」，「連續」是生命的首要特徵，一旦不「連續」了，生命終止。「連續」有各種形態，因此「連續」是相對於特定生命形態而言。個體人「分分秒秒地」變老，不斷地離開「過去」經過「現在」進入「未來」，這個「過程」的最大特點是「連續」。個體人的「連續過程」是從生到死，群體人的「連續過程」是從群體的形成到群體的消亡，人類的「連續過程」是從人類出現到人類消亡。每個人、每群人或每種生命類別都有其獨特的生存「過程」。

漢字「孝」字描述的是這個「連續過程」，是「老」與「子」的銜接狀態，強調「連續」是生命的常態，因此「孝」字是生命連續的卦象，成為「中華文明」最重要的價值要素之一。

　　「時間」是衡量「一個過程」最常用的尺度，是一個抽象概念。談及個體人的「連續過程」，有「高壽」和「短命」之別。礦癡一直嘗試用形象思維的方法描述「生命價值」，即用圖案來勾畫「生命價值」這一概念，這既是一個大問題，因為它涉及到生命的意義；也是一個難問題，因為它需要高度抽象地觀察生命價值；同時又是一個十分必要的問題，即用形象思維描述一個重要的概念，揭示形象思維的創造性。既然時間是衡量生命最基本的標準之一，最好能夠用時間的抽象圖案來展現生命的價值。時間最濃縮的「常識」概念是「過去、現在、未來」三個階段，要展示「生命與時間」的關係需要畫出這三個時間階段（時間三概念）之間關係。圖5是礦癡在喝完茶調息時突然在腦海中跳出來的，天知道礦癡愚鈍的大腦對這個問題做了多久的下意識搜索和掃描！用圖案描述時間的想法出現於 2015 年下半年，在落筆論述「生命價值」問題之後不到三個月，這是礦癡「精神系統」密集地掃描各種信息尋找如何表述「生命價值」的三個月。至少在 2011 年動筆寫本書的時候，「生命價值」這個問題已經被我的「精神系統」註冊了，有一些思考角度，但是並不能形成清晰的畫面。從系統地思考「生命價值」到形成清晰畫面，用了五年時間，其中最密集的思考是圖形出現前的那三個月。圖5試圖用「過去、現在、未來」這三個最普通的「時間三概念」來展現生命的動態過程，看似是在說「時間三概念」本質是在說生命價值。圖5的含意需要一些解釋。

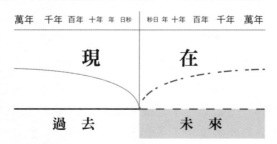

圖5 過去、現在與未來三者關係的概念圖

在「時間三概念」中最難解釋清楚的是「現在」。「現在」存在於「過去」與「未來」的因果關係之中，可以想像為「過去」與「未來」兩者的折射或倒影。「現在」是一個抽象虛擬的概念，這個概念在圖5中用實曲線表示「過去的折射」，用虛曲線表示「未來的折射」，「現在」用兩者之間的三角形區間表示。這種表述方法有如下邏輯思考。

首先，生命（現在）是一個不斷變化的過程，因此「現在」這個「時間概念」不斷地成為「過去」，並用與成為「過去」相等的「時間」（速率）走向「未來」。以「現在」這兩個字為例，在寫出或說出「現」字的時候，即「現」字已經成為「過去」，而「在」字還在「未來」狀態；在寫出或說出「在」字的時候，兩個字都已經是「過去」狀態，因此，「現在」是「過去」與「未來」的無縫銜接。圖5將「現在」的「現」字寫在中線左側，現在的「在」字寫在中線的右側，形象地說明了「現在」的抽象含義。換個方法說，「時間三概念」如果用數軸來表示，如果把「過去」作為「負數」、「未來」作為「正數」，「現在」是兩者之間的那個零點，是「負數」的終點，又是「正數」的起點，「現在」是「過去」與「未來」之間「連續」移動的「零點」，重點是其動態特點（連續）。

第二，存在着相對意義的「現在」，即相對於「過去」和「未來」而存在的「現在」。這個相對的「現在」的時間長度並不固定，不能用絕對數值表示，因為相對的「主體」不同，「現在」的時間長短不同。例如，在討論歷史問題的時候，「現在」往往指的是與「古代」、「中古」、「未来」等概念相對應的「現代」，這個「現在」的時間跨度比較長。若把這個意義的「現代」作為概念或形容詞界定一個事物，不能用具體的時間長短來界定，例如在「後現代哲學」這個術語中，「現代」不僅是時間概念，任何符合「現代哲學」的觀點都與「現代」一詞有關，這些觀點的產生可以在歷史中追溯幾百年，甚至千年，而且「現代哲學」的觀點在「未來」還會不斷出現，這個「現代」可以「大到無法界定」，因此有「現在」為無窮大的現象。反之，說到具體行動的時候，如「正在」吃飯，這個「現在」的時間寬度比較窄，窄到無限趨近於「零」，即「現在」有無窮小的現象。這是將「現在」

表述為一個區間的考慮。

圖 5 的時間座標的橫軸是一個從左向右的向量，由「過去」和「未來」構成，以「現在」作為動態區間，至少表明以下 6 個概念或意義。

第一，時間標示「生命」向量，不斷地從「過去」伸展到「未來」，因此這個數軸有方向。沒有「時間」就無法表示「生命」的過程差異。「生命」主體不同則時間跨度不同，山川、草木、人畜都具有生命，宇宙在膨脹和冷卻，因此也具有生命。現代科學把「過程」十分明顯且變化有一定規律性、有內生畸變動力的物種稱為「生物」或「有機物」，反之稱為「物體」或「無機物」。如前所述，「無機物」也有生命，也有「一個連續過程」，只不過無機物的「連續過程」相對於「生物」來說過於緩慢，其變化依賴科學儀器方可界定，變化「小到可以忽略不計」。例如，有些岩石壽命為幾億年，有些岩石的壽命是十幾億年甚至幾十億年，岩石這種「物體」就像人類中有青年人和中年人一樣。宇宙中各種星體、星系的壽命不同，人類通過科學儀器看到的一些星體實際上已經滅亡了，但是由於我們觀察的時間滯後，還可以看到它存在時的燦爛星光，這就像在人類社會中，眾多民族的壽命不盡相同一樣，有些民族已經消失了，但是它的文化在人類文化中尚有殘留。在同一個星系中地球的壽命與太陽的壽命不同，這就像人類同胞兄弟姐妹的壽命不盡相同一樣。從這個意義上說，宇宙是「連續」的「一個過程」，宇宙也是「生命」的一種形態。

「時間」是人類用來衡量「連續」的尺度，是「意識」創造的範式，因此不存在沒有參照主體的時間，要對不同主體作比較不能離開時間。認識生命與時間的關係，重點不是時間的長短，而是時間的先後，即事物的共生秩序。先有天地，後有萬物；再後有男女，進而有夫婦、父子；隨後有君臣，進而有上下。知道這個先後順序，敬天地，自然而然；人與人之間有層級秩序和倫理規範，也是自然而然；故有，知所先後則近道矣。西方哲學從絕對和永恆的角度看「本質」，從「本質」看，萬物平等，固有永恆的時間概念以及相應的「真理」價值觀；從時間概念看，中西哲學兩個角度不同，並無對錯之別。

　　第二，「過去」並沒有「消失」，「未來」一定會來，「時間三概念」是渾然一體的動態整體。書是「過去」的成果，是「活着的過去」；有些書，如《聖經》、《論語》、《古蘭經》、《心經》、《道德經》已經存活了千年以上，不但對「現在」而且對「未來」依然具有重大意義。「未來」並非不在書裡，好書也是「活着的未來」，這些書是迎接「未來」的精神能量，人們讀後會覺得這些書能在自己腦海中「活」許多年，甚至能影響自己未來的一生。人去樓空書尚在，百代過客靈猶存。

　　「生命」、「精神」、「時間」在書中既是「過去」的總結，又是「現在」的思考，也是對「未來」的預言或引領。曠癡「現在」寫書，寫的是「過去」觀察世界的心得，寫之目的是為了對人類「未來」的決策有所貢獻。在書中，「過去」與「未來」互為因果、不可或缺，缺了一個另一個也就失去了意義，「現在」的時間價值也相應降低，直至歸零。因此，不能離開「生命」來談「時間」與「精神」，離開「生命」就不需要「時間」了，離開了「時間」也無從談「生命」的價值。

　　第三，價值觀的核心是確立「時間」與「生命」之間的關係，確立個體短暫生命與無限時間之間的關係。西方傳統哲學（現代哲學）以總結「過去」為主，把玩「本質」，不關心「存在」，凡解決「問題」的思想均是「術」不是「本質」，心性儒學同其質；「後現代哲學」以總結「現在」為主，把玩「存在」，不關心「未來」，純粹的唯物論同其質；西方信仰（宗教和主義）旨在喚醒人們對「未來」的意識，面向「歸宿」，不關心「存在」，純粹的唯心論同其質。

　　認識「生命價值」是認識「生命」與「時間三概念」的動態關係，「現在」的生命是「過去」的果與「未來」的因，是具體的，即一定不是在零點，因此「個體」生命一定具有自己獨特的價值，這是「整體」生命具有獨特價值的解釋。生命價值的核心能量是在「現在」中擁有「過去」與「未來」，即清晰地認識「現在」之事與「過去」和「未來」的有機關係，知道「過去」和「未來」對「現在」影響的輕重，知道「現在」對「過去」和「未來」影響的輕重，知所輕重則價值出

現，故有，知所輕重則近義矣【93】。當下（現在）的「輕重」，放在「過去」與「未來」之間衡量其緊迫性、重要性，當下（現在）才能凸顯其「承上啟下」的作用，小事不小，重於泰山。一旦失去「時間三概念」之間的「輕重感」，猶如進入「失重」狀態，生命變得空洞無味，生命失去了價值，無所寄托，相當於在圖 5 的向量軸上，時間歸於零點，價值趨於零值。「前不見古人，後不見來者。念天地之悠悠，獨愴然而涕下」，這首詩是處於時間「零點」的時候，生命無所「輕重」導致的精神狀態，是對生命與時間失去有機關係的生動寫照。

第四，「現在」是一個變數，既有無窮小也有無窮大，無窮小與無窮大之間有着有機的結構性聯繫，共生於「現在」。「過去」的千年基礎、百年結構、十年潮流都在「現在」之中，導致「美國優先」在「現在」出現。同時「未來」的千年基礎、百年結構、十年潮流也都來自人類「現在」的具體實踐之中，「人類利益共同體」對人類發展將產生深遠影響，這是「當下」的努力具有意義的根基。這是圖 5 中「現在」表現為「對稱結構」的意義。

人們可以用百年結構看「現實」問題，例如，「為什麼澳大利亞礦業安全好過中國建築業」，這是中國礦業千萬個「現實」（1990 年代）問題之一，這個問題不僅可以反映企業精神，也可以反映國家所處的經濟階段性，更可以反映個體關注這個問題的精神狀態，既是「大問題」，又是「小問題」。「現在」的礦業問題既有「過去」的慣性又有「未來」的影響，既有一時一地的意義，又有人類發展史的內涵，這是無窮小與無窮大之間的關係。以「現在」的零點為中心，從最小到最大呈開放式地展開是「意識」充滿活力的狀態，開放幅度的大小表明個體「精神系統」能量的大小。

「現在」從無窮小到無窮大具有「生命」（主體）自有的變化速率，因此將其標示為曲線。每個人、每種生物、每一種物質（主體）都有自己的變化速率，不是「同一」速率；同時每個人對同樣「問題」

【93】這一總結不是與「知所先後則近道矣」的簡單對仗，而是內外側重不同。「道」超越人，「知先後」多是對外部世界和宇宙規律的認識；「義」是現實存在的價值，「知輕重」多是生命對內在價值的認識與追求。兩者本為一體，不可須臾分裂。

形成認識的速率也不同。孔子形成自主思想花費的時間較長（「三十而立」），用自主思想想通社會問題僅僅花費了十年時間（「四十而不惑」），用自主思想想通宇宙問題又花費了十年時間（「五十而知天命」）。孔子「三十而立」時，生命中「現在」性質的問題的時間跨度以個人壽命為最大值（百十年），「四十不惑」時，「現在」性質的問題的時間跨度則以中華社會形成「群體自覺」（文化自覺）為最大值（千百年），「五十而知天命」時，「現在」性質的問題的時間跨度則以「人類自覺」（大同世界）為最大值（萬千年）。我們說孔子「現在」還活着，是從「生命／意識／時間」三位一體的向量意義上說其生命價值，他不僅「現在」（當代）還活着，而且還會繼續活下去。人類「現在」依然在為實現「天下為公，選賢與能，和睦守信」的「大同社會」在努力。

第五，「現在」中「過去」和「為來」之間的關係並非像圖5中所畫是「對稱的」，在絕大多數情況下，甚至可以說在百分之百的情況下，「現在」所含的「過去」與「未來」的時間區間是不對稱的。例如，人學會喝水是一個漫長的過程，一開始最方便的是用帶奶嘴的瓶子喝水，對於嬰兒來說，主動「喝水」顯然是「未來」的事情，而且需要花費大量「現在」的時間來掌握。因此「喝水」這個成年人輕易可以做到的、「現在」性質的動作含有大量的「過去」積累，這是成人可以輕易喝水的原因。因此，嬰兒喝水與成人喝水雖然是完全一樣的「現在」的行為，其「過去」的含量截然不同。

第六，「現在」是一種特殊存在狀態，「存在」的特殊性是大中有小，小中有大，主要表現在「一個存在」與其他許多「存在」有着動態、有機的、須臾不離的聯繫。

「個體」生命與「群體」生命和「整體」（人類）生命之間至少有三層關係。（1）活着的「個體」既是「個體」生命的「現在」狀態，又是「群體」和「整體」生命的「現在」狀態；（2）其往者（過去的一秒的自我和所有逝者）既是「個體」生命的「過去」狀態，又是「群體」和「整體」生命的「過去」狀態；（3）其來者（未來一秒的自我和所有未來的人）既是「個體」生命的「未來」狀態，又是「群

體」和「整體」生命的「未來」狀態。根據這三層關係，每個人「現在」的努力既連着自己的「過去」與「未來」，也連着「群體」和人類的「過去」與「未來」。總而論之，個體、群體、整體從來都是「同一體」，過去、現在、未來從來都是「同一瞬」。「過去」的實踐加上「現在」的努力總會帶來「未來」的結果，人類正是在這種不懈的努力中發展迄今。

例如，「宮保雞丁」作為名菜傳承下來，創造該菜的是許多廚師，他們不斷地完善這道菜，到「現在」這道菜成為人類「飲食文化」的一部份。行行業業的所有小小的完善（敬業行為）都會自然而然地留存在歷史中，這是「敬業精神」的本質意義。王陽明弟子說「滿街都是聖人」，指的是在日常生活中不斷完善各行各業的敬業者，他們的「日日新」成就了人類的氣象萬千。故有，知所新舊則近聖賢，行行業業有「聖賢」。

生命與時間的關係清晰了，生命與價值的關係隨之清晰，此時才能真正「感悟」到生命發展的第四個層次——「覺」的層次。這個層次是個人生命與群體和整體「過去」和「未來」融合的層次，是「知先後」和「知輕重」相結合而知（近）「道」、知（近）「義」，以「道義」為標準鍥而不捨地完善本職工作即是「聖賢」（知新舊），人類正是這樣一路探索至今。「聖賢」價值始終在生命的過程中。

所謂「覺」的狀態是對生命的價值有了清醒的認識，將價值融入到生命實踐之中。「近道」是懂得「歷史」與「未來」無縫銜接的「現在」狀態，「近義」是懂得個體、群體、整體為一體的「現在」利益，「知新」是將「道」與「義」的價值在「現在」的大小實踐中落實（日日新）。由於個體、群體、整體在生命中不再有衝突，個體生命有了自己的根基、自己的判斷、自己的目標、自己的動力，有了拿得起的力量和放得下的從容，有了往來古今「來去自如不逾矩」的自由。「覺」的自由是人性的自然展現。「覺」的生命時時都在顯示着生命的全部意義，即圖 5 數軸的整體。從歷史而來，往「未來」而去，上下幾千年，縱橫「幾萬里」，個體的「精神系統」在古往今來的歷史中始終栩栩如生。這正是孔子所實現的生命價值。

不同生命的「能動性」的時間跨度是不同的，這個時間跨度也是該生命所擁有「問題」的時間跨度，問題有多「大」（時間跨度有多大），生命就有多「長」，孔子考慮的「問題」是「天道」與「人道」的關係，孔子的「精神系統」已經跨越了兩千年，且在「現在」和長久的「未來」依然具有正能量，因此孔子的生命價值是以千年為時間單位的一個連續過程，永遠伴隨人類。同理，牛頓提出萬有引力、愛因斯坦提出相對論，他們的生命同樣是以千年為時間單位的一個連續過程，永遠伴隨人類。倫理與科技是人類發展的成果，殊途同質，不應厚此薄彼。

傳統哲學脫離生命和生命實踐通過邏輯推理界定「本質」，尋找「真理」，尋找「意識」形成的總規律，猶如要尋找所有維度中的一元——「原子」（本質）。這是離開整體說本質，宇宙中還有那麼多未知，就敢用一個概念統攝宇宙萬物，這是傳統哲學失敗的根本原因，這也是一神論注定分裂的原因。這種設定「概念本質」的方法無助於認識物理世界，無助於認識人類社會，無助於人類提高自我覺悟，因此傳統哲學表現為無力指引人類發展方向。

「人類整體」生發在宇宙這個「大家庭」之中，還沒有生成全面的自我認識（自覺），沒有生成「人類大家庭」的意識，更沒有生成「宇宙大家庭」的意識，還沒有形成與宇宙萬物互動的能力和行為慣性，因此沒有形成對宇宙給予人類生發機會的感恩心態，更沒有以人類整體汲取「宇宙營養」的意識。總之，人類尚沒有形成與宇宙萬物共生的信仰。有史以來，人類的所有精力全用在開發資源滿足欲望上面，猶如一位依賴父母（宇宙）餵養的孩童，一位被「宇宙生命營養」（父母）嬌慣的少年，不斷地用各種手段（科技工藝）搾取父母（宇宙）的營養。

人類作為一個整體，必須先學會認識自我整體，先學會對宇宙萬物的「敬愛」，才能正確應用自我才智，成為「宇宙大家庭」中合格、「自覺」的一員。正像個體通過「敬愛」從家庭獲取「生命營養」，然後才能在行業中獲取「社會營養」。只有糾正為了滿足欲望而浪費資源、群鬥群毆的發展模式，形成從「人類根本利益」（大家庭）的

角度開發利用地球和宇宙資源的意識，人類才能進入整體上「格物修身」的階段，進而從宇宙中汲取近乎無限的「生命營養」；在此基礎上探索和開發宇宙，通過「敬業治國」汲取近乎無限的「星際營養」。人類不應該「棄智」，人類需要的是「自覺」，在「自覺」的基礎上更好地「啟智」。人類整體的「格物修身」來自於每個個體的生命實踐。

宗教始終在培育人類的「敬愛」情懷，因此宗教具有超越哲學邏輯思維的精神能量，宗教無論「過去」、「現在」還是「未來」，始終是人類認識宇宙、認識人類本源的精神通道。然而，以追求利益為目標、唯我獨尊的極端宗教，培育的是狹隘的「敬畏」與尖銳的「仇恨」，它們背離了宗教的根本立場。極端宗教永遠是人類生存和發展的陷阱，必須予以取締。

3.1. 敬天平天下

儒學把「平天下」作為修養的最高階段，「平天下」依然是當代人類尚未能及的發展願景。「全球化」的本質是所有人類共在一個「天下」，所有國家、所有「文明」、所有信仰、所有民族都願意在這個「天下」（地球）裡共生，都以「平等的地位」和「平和的心態」共生（平），「平天下」的時代將是一個分享的世界，一個「無兵的世界」[94]。因此，從人文發展角度定義「全球化」，正是「古典儒學」所說的「平天下」，也是孔子所說的「大同世界」。如前所述，儒學偏向理學和心學之後，放棄了對物質世界的開發，缺乏「究天人之際」的外向探索，「平天下」作為個體最高修養境界並不全面，還要加上「敬天」的境界才能圓滿。「敬天」（究天人之際）的立場是人類走出「地理閉路體系」的立場，是人類共同開發外部世界的立場，是人類通過對內認識自我了解宇宙萬物的立場，人類從這個立場整體地面向宇宙這一近乎無限的「能量開放體系」，建立人類新型的「開放社

【94】梁漱溟先生描述中華文明在王朝時代和平時期的社會形態時用的術語。這個術語能夠最充分地顯現人類社會的覺悟水平。人類實現過幾個數百年「無兵的世界」，雖然僅在人類社會的局部實現過，這些實踐具有永恆的歷史意義。

會」。這個願景是這個時代人們可以看到的、個體修養的最高境界。

人類要將宇宙作為人類發展的未來家園，必須確立「敬天」的價值標準，探索宇宙成功的關鍵是提倡「敬」的精神，包括人類整體的自省。本文從多個角度提出了「敬的精神」，這裡從宇宙觀的角度重申「敬的精神」主要來自四個方面的思考。

1）宇宙是人類的基因父母，是人類發展的客觀環境，是人類的衣食父母，是人類的家。現代科技告訴我們，人類始終沉浸在宇宙各種已知和未知的能量中，人類並非是宇宙的異化產物，而是「宇宙發展」的有機組成部份。宇宙是「德」之本源，這是人類必須純潔其「敬」的精神的根本原因。因此，只有以「敬愛」的精神認識宇宙，才能擺正人類和宇宙之間的關係，人類才能把認清宇宙發展方向作為人類正確發展方向的定盤星（合天德），才能合理利用宇宙資源，在實現高速發展的同時令人類的「家園」越來越美麗舒適。在科技時代，人類的道德體系從天地（地球）延展到宇宙。歷史證明，沒有「敬的精神」，把自然與人類對立起來，要麼導致自傲——破壞了人類賴以生存的客觀環境，要麼導致自卑——敬畏神而忽略人。

2）宇宙是人類已知的、最大的、最深邃的「未知」，宇宙的「未知性」是人類「能動性」的核心動力，是人類「靈性」的本源。生產力的提高令人類整體的「能動性」從謀生為主變為探索為主，這是人類「精神系統」將會出現飛躍或質變的重要徵兆。

了解宇宙包括向外探索和向內感悟兩個方向。人類迄今為止較多地向外探索宇宙，較少地向內感悟宇宙。人類來自於宇宙，汲取宇宙的營養而生存，因此與宇宙一脈相連，能量一體，從而具有了解宇宙的內在能量通道，認識並修養這種認識宇宙的內向能力（能量感悟能力），既是「承上」又是「啟下」，是對宇宙的理解與聯動。星空規律的精密與道德情懷的精微是內在統一體。星空與道德的聯繫不需要借助任何中介而是內在於宇宙和人，兩者原本就是一個大整體的一體兩面。這個「大整體」是「生命」之本體，認識宇宙也是在認識人類自身，認識人類自身也是在認識宇宙。宇宙是「真」的價值本源，是「真」之總滙。

3）人類是宇宙中新出現的生命能量，這種新的生命能量在宇宙中層出不窮，人類不僅要了解宇宙而且要了解宇宙不斷發展的本質及其發展方向，做到與任何已知的、未知的新生命能量和諧相處，就像人類早期與地球上的生命能量和諧相處一樣。科技時代的「仁」不僅僅是「個體」人與人之間的關係、「群體」人與人之間的關係，也包括人類與宇宙中所有「已知」和「未知」能量之間的關係，「仁」將上升為人類與宇宙這個大家庭中所有成員（能量）和諧相處的卦象，「仁」將成為人類面向宇宙開放體系的重要價值要素之一，是「宇宙時代」所有「善」之總滙。

4）在人類把地球變為「地理閉路體系」的時候，從人類整體利益角度，集合人類全部力量開發地球以外的宇宙資源和防範宇宙中未知能量的負面影響是人類發展的必然選擇。沒有對宇宙中各種巨大能量的「敬畏」就不會有人類實現「整體自覺」的動力。人類聯合起來面對宇宙則會有近乎無限的發展潛力。為近期利益而內鬥，人類發展道路則會越走越窄；面向宇宙無限空間，以人類根本利益為標準，人類發展道路則會越走越寬。因此，對宇宙「敬的精神」是團結人類整體的核心精神，是人類外向宇宙發展、內向「人類自覺」的不盡能量源泉。可以想像，人類所有人的精神能量都能像佛祖那樣與宇宙能量融為一體，人類將進入佛祖描述的「極樂世界」。宇宙能量融合即是「美」的本體，是「美」之總匯。

總之，以「敬的精神」面對「未知」（宇宙）是人類全球化時代的必然選擇，是人類精神世界發展的正確方向。

弗里德曼先生曾經提出一個觀察世界的「新角度」——「世界是平的」，這個「平」字描述了在經濟領域世界走向全球化的總體趨勢以及這一趨勢對人類政治發展的影響。在他看來，在全球化時代沒有一個國家可以不與其它國家發生關係而獨善其身，由於政治經濟信息在網絡和媒體的「高速公路」上高速流動，從而帶動資本在全世界流動，信息世界突破了政治疆域的隔閡令全球化成為當今世界的主流趨勢，資本的能量可以熨平地緣政治隔閡，這是他得出「世界是平的」這一判斷的主要觀察，生動地反映了世界在經濟與政治兩個層次實現

「現代社會結構」大一統的現狀。「世界是平的」是一種十分優美的形象描述，生動、簡明、深刻。

無獨有偶，「中華文明」兩千年的奮鬥目標也是一個「平」的世界，故有「平天下」之最高政治修養。公羊學家們所說的「太平世」、孔子所說的「大同世界」即是這種「平」的社會。儒生將「平天下」作為政治責任，他們憧憬的人類「大同世界」與弗里德曼先生所描述的全球化世界十分相似。由此可見，只要採用形象思維，遠隔千年的學者們會不約而同地採用相同的詞彙來描述其政治理想。現代科學家和思想家與中華先秦思想家們發生思想共鳴的現象越來越多！

如前所述，在經濟、政治、社會、信仰、文化五個層次，當今人類社會只是在「經濟結構」（市場經濟機制）和「政治結構」（現代國家機制）兩個方面實現了「大一統」。即便在這個國際社會普遍認同的「現代社會結構」中，也有許多不同的地方。如前所述，即便在「市場經濟機制」中，在貿易、投資、金融三個經濟層次上，世界只有在貿易層次大致地統一了世界規則，投資領域的統一規則剛有了一些雙邊協定，科技領域的投資不但沒有融合還被「新國界」所阻斷，貨幣領域還處於壟斷與競爭高度糾纏的階段。在「現代國家機制」中，有歐盟的聯盟主義、中國的家國主義、日本的群體主義、美國的個人主義，還有家族統治、宗教統治、君主統治等不同模式。因此，細觀當代的「全球化」體系，「平」的部份很少，不平的地方很多，有些地方溝壑深邃，不可逾越，若千年戰火之中東，若百年戰火之巴爾干。很顯然，「平天下」依然是一個願景，是一個極富挑戰性的偉大事業。

然而，仔細觀察，在最需要協調的領域，如貿易活動，人類可以實現協調，而且相當成功，雖然有中美貿易戰的干擾，大的趨勢已經形成。中歐投資協定竟然在中美貿易衝突中脫穎而出，說明兩大經濟體有意願共同走向投資協調。2021 年 20 國集團通過決議在全球推行公司最低稅率標準[95]，這是世界經濟機制改革的一個重大的進步。由此可見，「平天下」是人類發展的自然選擇，是可以實現的願景，

【95】關稅是商品經濟的核心機制，所得稅是資本經濟的核心機制，全球最低稅率標準的制定標誌着世界經濟進入了資本經濟協調發展的階段，儘管這只是第一步，卻是十分重要的一步。

是一個值得為其奮鬥的偉大事業。汲取宇宙中的「生命營養」，彙集宇宙中的「星際營養」，人類通過「敬天平天下」最終將形成與宇宙發展共進退的「宇宙家園」。

3.2. 修養與生命價值

格物、敬業、敬天是「意識」的發展和成熟過程，更多地側重「意識」對外部世界的認識，三個階段表明，隨着個體「意識」進入社會的深度不斷增加，認識世界的深度在不斷加深，「問題」的廣度也在不斷增加，其最高階段「敬天」是從人類與宇宙共存的角度認識外部世界。

修身、治國、平天下也是「意識」的發展和成熟過程，更多地側重「意識」對內部世界的認識，即個體對自我能量的修養和培育，三個階段表明，隨着個體「意識」進入社會的深度不斷增加，個體的融和能量越來越大，融合廣度在不斷增加，外向的平和能量不斷增強，最高階段「平天下」即是從人類整體共生的角度生活、工作、治理天下。

個人（個體）通過「格物修身」獲得「生命營養」，公司、行業（群體）通過「敬業治國」獲得「社會營養」，這些營養為了「平天下」的願景，不僅有意義，而且能夠增加做事者的生命能量，能夠調動做事者的潛能量；每做一件小事，每次完善一個「過程」，都具有了意義，千里之行始於足下，向着這個願景，每一步都能充分體現「生命價值」。「格物修身」、「敬業治國」、「敬天平天下」是內在一體的，是生命成熟的過程。真理不僅在邏輯中、文字中、信仰中，更在行動中，正確的行動是通向真理的唯一路徑。修養是行動。

修養本質相同，路徑不同，「中西文明」的修養路徑不盡相同。「西方文明」通過宗教信仰保持着巨大的精神能量，這是人類最為重要的精神財富，宗教信仰的修行路徑與傳統儒學的修行路徑不同，兩者本質都是「敬」與「愛」，人類精神世界最重要的營養。兩者中「敬的精神」唯一的差別是「神」與「天地」，如果從「生發」和「歸宿」兩個角度理解這兩種「敬的精神」，兩者不僅沒有衝突，而且都是整

體的一部份，兩者具有互補性。

礦癡根據傳統儒學的修養路徑所提出來的修養路徑，核心在「敬業」，以行動為主。「工作」或從事一個行業是個體人生持續時間最長的一段經歷，是個體對社會貢獻最大的一段經歷，是個體與群體和整體銜接最緊密的經歷，因此「敬業精神」是自我修養的核心內涵，強調「知行合一」。正是通過從一而終地「敬奉」礦業，達到癡迷程度，被「阿舍利手斧」的「高科技含量」所震撼，礦癡開始對哲學和人類歷史感興趣，開啟從礦業看天下的視野。礦癡總結自己的心得並非要獨創一套儒學體系，而是提供一個參考，提供一個觀察角度，提出高科技時代儒學的實踐路徑。許多中華學者希望振興儒學，從各種哲學角度做了不懈的努力，礦癡認為，唯一實現了中西哲學融合的哲學理論是成中英先生所創的「整體哲學」，即以整體為研究核心的「本體詮釋學」。礦癡的哲學思想和修養路徑也為振興儒學提出了一個角度，或可稱為「敬業儒學」。「敬業儒學」的普及將可以使所有真誠的從業者理解儒學，理解信仰，理解生命價值，最大限度地宣傳和呵護「人類根本利益」。

後記

　　書中說，礦癡從「精神系統」角度認真地「看了自己一眼」，奠定了「覺」的起點，雖然礦癡距離「自覺」尚遠，「覺」心已動。本書用脈絡透視的方法描述人類文明歷史，為人類自我觀察提供一個新的角度，期望有助於人類走向「人類自覺」。在結束本書的時候，礦癡嘗試對全書觀點作出輪廓性的描述與展望。

　　「中西文明」歷史的比較，勾畫了當代人類社會存在的兩種最大的歷史慣性。人類在最近的三四百年間，由「西方文明」的異化路徑所主導，開出了萬紫千紅的人類文明，物質文明突飛猛進。這一異化進程逐步變為社會結構的分裂，人類的社會結構難以形成改革的合力，難以聚焦「人類根本利益」。此時，需要轉變思想，從「文明異化」轉為「文明互補」，「中華文明」具有融合差異的歷史慣性，有利於人類社會實現思想轉變。「中華文明」全力以赴地學習「西方文明」大約 200 年，好的壞的都學過。如果不是左和右的極端都試過，不會有中國目前的高速發展現狀。學習成績的好壞，仁者見仁，智者見智。然而，「西方文明」自從鴉片戰爭以來，以勝利者姿態看待「中華文明」，只有批判，沒有系統的學習，現在到了認真想想怎樣互相借鑒學習的時候了。「文明互補」的角度對「西方文明」中的所有「文明」都有參考價值。缺乏理解和共同利益是所有衝突之源，中美衝突亦然。虛心使「文明」進步，驕傲使「文明」落後。笑一笑十年少，學一學十年俏，傲一傲十年妖。「文明」虛心了，才有人類的真正文明。

　　中西哲學比較，勾畫了「中西文明」各自深層次的思想基礎。總

307

體看，中西哲學在價值軸上各居一端，主要原因是人類從來沒有真正在人類整體層面觀察過人類的精神世界，人類從來沒有保護人類整體利益的、以百年為時間單位的社會實踐，國際環保實踐剛剛起步，步履蹣跚。中國的社會科學體系全面學習西方哲學與西方價值體系，雖是兩種「文明」融合的切實努力，一是只有短短的二百年，二是單方面的學習也可以說是按照「西方文明」的意識形態同化「中華文明」的意識形態。中西哲學的比較清晰地指出，建立「現代社會結構」這場革命是用一種「文明」的基因改造其他「文明」的基因，是「文明」的純化運動。同則不繼，純化運動導致人類社會偏執發展。同時，後現代的學者們已經厭惡了通過建立思想體系尋找人類發展方向的「大敘事」，打擊任何完善理論體系的探討，這種對完善「理論體系」的厭惡心態是「腦死亡」的第一徵兆。人類社會正確的發展方向是中西哲學融合一體，形成「共生哲學」，「基礎價值」與「終極價值」融為一體可以為改革「現代社會結構」提供理論指導。「共生哲學」既不是「中華哲學」為主，也不是西方哲學為主，而是兩者優點的結合，兩者缺陷的捨棄。哲學價值體系繼續判斷對錯的同時，克服排他性，轉向互補性，一定會迎來「後現代哲學」的春天。本書的核心價值觀是共生，全書唯一堅決反對的是意識形態的極端化，堅決反對用「絕對正確」征服世界，因此本書是衡量社會、信仰、宗教是否極端偏執的試金石，是衡量「反人類」意識形態的試金石。

　　生命價值，勾畫了如何在實踐中融合「中西文明」兩種價值觀。生命、意識、精神，興趣、使命、信仰，本書用「常理」描述它們的內在聯繫，不再走細化哲學術語和創新推理邏輯的道路，這本身即是在融合中西哲學。沒有哲學術語，討論框架不明，本書令中西哲學體系差異十分清晰；沒有「常理」內涵，理論沒有生命，本書說明共生價值體系潛力巨大。人們常用「十字路口」形容歷史發展的關鍵時期，令人遺憾的是，人類已經走過了形成「共生倫理」的「十字路口」，它出現在世界貿易組織高速發展之際。「奧巴馬世界」的政治判斷、「美國優先」的政治決策是政治家們清醒地錯過路口的最好證明，目前的人類社會正在以前所未有的速度走向分裂。在這個時期，每個人

都具有彌合分裂的使命，都具有糾正社會發展偏執的責任，都能夠推動人類共生信仰的形成。生命價值是由生命的每一分鐘構成的，是每一個具體行動構成的，熱愛自我、感悟「自覺」，個體、群體、整體融為一體，其樂無窮。

對世界未來的判斷總會有樂觀和悲觀之別。礦癡用樂觀的精神描述了人從哪裡來和人向哪裡去，因此，用樂觀主義的精神看此書，這是關於人向哪裡去的探討，是建立信仰（人能）的努力。全書悲觀主義情緒不多，本書從悲觀主義角度看是寫給人類文明的悼文。

專業水平不高，遣詞用字不準，從感悟心得中自創的概念較多，讀者尚能陪伴礦癡至此，深表由衷感謝，順致誠摯歉意。願與讀者以「敬業共生」共勉。